나쁜 예수 · 그 오해와 진실

당신이 하나님을 더 깊이 알아 가고 더 널리 알리는 사람이 되는 것, 이 책에 담긴 예수전도단의 마음입니다. 말씀을 통해 저자가 깨닫고, 원고를 통해 저희가 누릴 수 있었던 그 감동이 책을 통해 당신에게도 전해지기 원합니다. 그리고 당신을 통해 그 기쁨과 은혜가 더 많은 이에게 계속해서 흘러가기를 기도하겠습니다. 이 책을 통해 당신이 받은 은혜를 다른 분들에게도 나눠 주십시오. 사랑하고 축복합니다.

Originally published by InterVarsity Press
as *Jesus Behaving Badly* by Mark L. Strauss.
ⓒ2015 by Mark L. Strauss.
Translated and printed by permission of
InterVarsity Press, P.O. Box 1400, Downers Grove,
IL 60515, USA. www.ivpress.com

This Korean Edition Copyright
ⓒ 2018 YWAM Publishing Korea,
Seoul, Republic of Korea.

본 저작물의 저작권은 도서출판 예수전도단에 있습니다.
저작권법에 의해 보호받는 저작물이므로 무단 전재와 복제를 금합니다.

마크 L. 스트라우스 지음
안정임 옮김

나쁜 예수
그 오해와 진실

◇◇◇

예수는 왜 그렇게 이중적인 행동을 했는가?
그리스도인으로서 예수의 이중적인 행동을
어떻게 이해할 것인가?

예수전도단

나쁜 예수
그 오해와 진실

일반적으로 사람들은 예수가 다정다감한 선생이었다고 생각한다. 그러나 복음서를 조금만 자세히 읽어보면 예수가 한 말씀과 행동에서 그런 장밋빛 환상이 깨어지는 걸 발견하게 된다. 『나쁜 예수』는 그 이유를 파헤쳤다. 단순한 변론이 아니라 복음서의 네 가지 묘사 속에서 예수를 3차원의 역사적 인물로서 온전히 보여준 역작이다. 대충의 캐리커처가 아닌 전신사진을 담아내고 싶었던 이 책의 목표가 저자의 학식과 재치로 십분 달성된 셈이다.

니제이 K. 굽타Nijay K. Gupta
조지폭스 복음주의 신학교 교수

O 추천사

우리가 예수의 이미지를 얼마나 공들여 세탁했던지 이 세상에 그를 안 좋아하는 사람이 없을 정도가 되었다. 대체 왜 그 좋으신 분을 "십자가에 못 박으라!"고 외칠 만큼 미워했을까? 복음서를 자세히 들여다보면 그곳에는 걸핏하면 지도자들에게 욕을 하고, 마찰을 빚고, 나무를 저주했던 이상한 사람이 눈에 들어올 것이다. 고향인 나사렛에서조차 돌에 맞아 죽을 뻔한 것도 어쩌면 "완악하고 패역한 아들"이어서가 아니었을까?(신 21:18-21). 다행히 그런 혼란과 우려를 잠재워 줄 책이 세상에 나왔다. 오랫동안 많은 사람이 궁금해하던 것들을 속 시원히 풀어줄 책이기에 예수를 더 깊이 알고 싶은 사람이라면 학교에서든, 교회에서든 이 책을 반드시 공부하라고 권하고 싶다.

E. 랜돌프 리처드E. Randolph Richards
팜비치 애틀랜틱 대학 교수

마크 스트라우스는 다정하고 온순한 예수는 주일학교가 꾸며낸 가공의 인물이라는 사실을 유머와 지혜를 섞은 글로 세상에 드러냈다. 복음서의 예수는 동정심도 보였지만 분노를 표출하기도 했고, 평화를 외쳤는가 하면 성전을 발칵 뒤집어놓기도 했고, 창녀들에게는 친구였지만 종교 지도자들에게는 원수였고, 당대의 가족 우선주의에 저항했고, 심지어 유대교의 혁명을 꾀했던 분이었다. 이 책을 읽는 독자 중에는 어쩌면 생전 처음으로 이런 예수를 만나는 사람들이 있을지도 모르겠다.

마이클 F. 버드 Michael F. Bird
호주 멜버른 리들리 대학 신학과 교수

마크 스트라우스 교수는 역사적 상황이라는 틀 속에서 예수를 자신의 말로 정확하고 선명하게 그려냈다. '예수는 혁명가였는가?' 혹은 '예수는 왜 무화과나무를 저주했는가?'와 같은 난감한 문제들이 저자의 풍부한 학식과 유려한 문체를 통해 미로를 벗어나게 되었다. 목회자에게나 신학생들에게 복음서의 예수를 만나게 해줄 참으로 귀하고 가치 있는 책이라고 생각한다.

린 H. 코히크 Lynn H. Cohick
휘튼 대학 교수

사랑하는 아내 록산느와
우리 아이들 다니엘, 제이미, 루크에게 이 책을 바친다.

나쁜 예수
그 오해와 진실

○ 차례

추천사 04

01 12
모든 사람이 예수를 좋아한다

02 22
혁명가인가 평화주의자인가?

03 50
성난 고발자인가 온유한 목자인가?

04 78
환경 파괴자인가 환경 보호론자인가?

05 104
율법주의자인가 은혜로 충만한 자인가?

06 132
지옥 불을 외치던 전도자인가 온유한 목자인가?

07 152

가정파괴자인가
가정 화목을 바라던 자인가?

08 178

인종차별주의자인가
포용주의자인가?

09 202

성차별주의자인가
성평등주의자인가?

10 218

예수는
반(反) 유대주의자였는가?

11 232

실패한 선지자인가
승리한 왕인가?

12 266

부패한 시체인가
부활한 구주인가?

주·색인   285

나는 유대인이지만 나사렛 사람이라는 선각자에게 매료되었다.
| 알베르트 아인슈타인 |

나는 역사학자이고 기독교인이 아니지만 나사렛에 살았던
무일푼의 전도자가 역사의 중심이라는 사실을 인정하지 않을 수 없다.
예수 그리스도는 인류 역사를 통틀어 가장 두드러지는 인물이다.
| H. G. 웰스 |

나는 당신의 그리스도는 좋아하지만
당신의 그리스도인들은 좋아하지 않는다.
당신의 그리스도인들은 그리스도와 너무 다르다.
| 마하트마 간디 |

1

모든 사람이 예수를 좋아한다

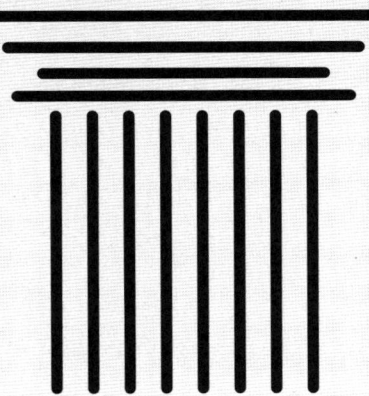

예전에 두비 브라더스Doobie Brothers라는 록 밴드가 "나는 그냥 예수가 좋다니까요."Jesus is just alright with me[1]라고 노래했는데 그 가사가 모든 걸 말해준다. 정말로 모든 사람이 예수를 좋아한다. 무슬림들도 예수를 좋아해서 아랍어로 '이사Isa'라고 부른다. 그들은 예수가 능력과 권위 면에서 모하메드Mohammad보다는 한 수 아래지만 그래도 위대한 선지자라고 생각한다. 특히나 예수가 보여준 병 고침의 능력을 대단하게 여긴다. 나중에 멍청한 그리스도인들이 사실을 왜곡해서 불경스럽게도 '이사'를 하나님의 아들로 신격화했다고 그들은 주장한다.

뉴 에이지 신봉자들도 예수를 아주 좋아한다. 이 세상 최고의 현자로서 자신의 신성과 진정한 합일(合一)을 이룬 사람이라고 말한다. 그의 도를 따르면 내면의 신성과 만나는 참된 영적 각성에 이른다는 것이다. 이것이 요가, 두부, 밀 싹으로 대변되는 자연주의자 예수이다.

유대인들도 비슷하다. 적어도 역사 속의 예수를 알고 있는 유대인들은 예수에게 호감을 느끼고 있다. 오만하고 위선적인 지배계층에 맞서 개혁을 시도했지만 로마 관리들에게 잡혀 십자가형을 선고받고 비극적 최후를 맞은 유대인 선지자로 그들은 기억한다.

심지어 대다수의 무신론자도 예수를 좋아한다. 서로를 사랑하라고 가르치며 뺨을 맞으면 다른 뺨도 대어주라 했던 성인이었으나 권력에 눈이 먼 교회들이 그 겸손한 선지자를 기적의 성자, 즉 하나님의 아들로 둔갑시켜 인류의 죄를 대신해 죽었다는 억지 교리를 꾸며냈다고 그들은 이야기한다.

자, 이런 식으로 따지자면 세상 사람들 대부분이 예수를 좋아한다고 해도 과언이 아니다. 비록 자기들 머릿속에서 튀어나온 색다른 버전의 예수이긴 해도 자애롭고 덕망 있는 분이라는 데에는 누구도 큰 이견을 보이지 않는다. 교회학교에서 아이들을 무릎에 앉히고 동화책을 읽어주는 다정한 로저스 아저씨 정도의 이미지라고나 할까? '원수 사랑의 대가' 예수는 언제나 다른 뺨도 돌려대는 분이고 '선량한 목자' 예수는 어린 양을 어깨에 올려놓고 인자하게 양 떼를 몰고 가는 분이다.

그러나 정작 신약의 복음서들이 그리고 있는 예수는 그보다 훨씬 더 어둡고 냉정하고 복잡다단한 면모를 갖고 있다. 사실, 예수가 로저스 아저씨 같은 분이었다면 어떻게 친구보다 원수를 더 많이 만들었겠는가? 그런 사람이 어떻게 종교계 전체를 뒤흔들어 저 인간은 위험인물이니 제거해야 한다는 여론을 끌어냈겠는가? 그런 사람을 왜 로마 관료들이 체포해서 가장 무자비한 방식으로 처형해 버렸겠는가?

복음서에서 예수가 했던 말과 행동은 좋게 말하면 뜬금없었고, 나쁘게 말하면 반사회적이라 할 정도로 파격적이었다. 사람들에게 가족을 미워하라고 하질 않나, 신체 일부를 잘라버리라고 하질 않나, 자신의 살을 먹고 피를 마시라는 말까지 서슴지 않았으니 당시로써는 기절초풍할 발언들이었다.[2] 또한 자신의 추종자들에게 완벽을 요구했고 대다수가 지옥으로 직행하고 있다는 경고(마 4:48; 7:13-14)와 함께 올바로 살지 않으면 피 터지게 맞을 각오를 하라는 말까지 했다(마 25:51//눅 12:46).

유대인이 아닌 사람들을 '개'라고 부르면서 흔히 말하는 자민족 중심주의(더 정확히는 '인종차별'이라 불러야겠지만)를 드러내며 유대인들을 특별한 인종으로 치켜세웠고 12명의 제자를 전부 남자로 채움으로써 남성 우월주의자적 면모도 보여주었다. 어떤 경우에는 분노조절 장애를 의심할 만큼 난폭한 행동도 서슴지 않았다. 열매가 없다는 이유로 멀쩡

한 무화과나무를 저주하는가 하면 성전에서 장사하는 사람들을 채찍으로 내어 쫓기도 했고(막 11:12-24//마 21:12-22; 눅 19:45-47). 2천 마리가 넘는 돼지를 바다에 빠트려 몰살시킨 적도 있었다(마 5:1-20//마 8:28-34//눅 8:26-39).

유일하게 예수를 위대하지 않다고 했던 영국의 철학자 버트런드 러셀Bertrand Russell은 *Why I Am Not a Christian*(나는 왜 그리스도인이 아닌가)라는 논문을 통해 한 세대 후에 재림하겠다던 예수의 예언은 실언이었고 무화과나무를 저주하거나 수많은 돼지를 몰살시킨 건 비윤리적 행위였다고 주장했다. 또한 예수의 가르침 중에도 비난받을 대목이 있음을 지적했다. "나는 예수 그리스도의 도덕성에 한 가지 큰 흠이 있다고 생각하는데 그것은 지옥이 있다고 믿는 것이다. 정말로 자비롭고 인도적인 사람이라면 영원한 형벌을 믿지는 않을 거라고 본다."[3]

우리는 예수의 나쁜 행동은 슬쩍 넘어가고 우리 입맛에 맞는 (꼭 우리 같은) 예수를 만들어내고 싶어 한다. 알베르트 슈바이처 박사는 한 세기 전에 *The Quest of the Historical Jesus*(역사 속 예수에 대한 탐구)라는 고전에서 그 사실을 간파했다. 이 책은 18~19세기의 이성주의 학자들이 복음서에 나오는 자애롭고 온순한 예수 뒤의 '진짜' 예수를 찾으려는 시도에 제동을 건 일명 최초의 역사 탐구서였다.

여기서 슈바이처 박사는 학자들이 1세기 유대주의의 문화적 특성을 전혀 고려하지 않았다고 주장했다. 현실에서의 예수는 날카로운 눈매의 종말론적 예언자였지만 그들이 그려놓은 예수는 19세기의 전형적인 젠틀맨이자 인도주의자였으며 하나님 아버지의 사랑과 인류의 형제애를 강조한 전혀 위협적이지 않은 전도자에 불과했다. 다시 말해 그들은 예수라는 거울에 그냥 자기 자신의 모습을 투영했다.

오늘날에도 사정은 크게 달라지지 않았다. 교회학교 선생님이 상냥하게 들려주는 이야기들 속 예수는 흡사 산타클로스를 연상시킨다. 부모님 말씀 잘 듣고 착하게 살라고 다독이는 영락없는 산타클로스 할아버지다. 그 이야기를 경청하고 얌전히 있으면 교회에서 주는 음료수와 과자도 먹을 수 있다. 반면에 남선교회 집회에 가면 예수는 갑자기 상남자로 변신한다. 투박한 손에 근육이 울퉁불퉁한 사나이(예수는 목수였으니 맞는 말이기도 하다)는 성전에 들어가서 불도저처럼 장사치들을 쫓아낸다. 아무도 그에게 함부로 덤비지 못한다.

중국 교회에 가면 벽에 걸려있는 그림 속의 예수가 아시아인이다. 서양 교회의 예수는 노란 머리에 푸른 눈을 가진 백인이고 아프리카 아메리칸 교회에 가면 흑인 예수도 볼 수 있다.

나는 해마다 복음서를 가르치는데 첫 수업에서는 항상 여러 영화에 등장하는 예수의 모습들을 짧은 영상으로 편집해서 보여준다. 놀라운 건 그 다양성이다. '위대한 생애'(1965)에 나오는 예수는 고매하고도 초연한 모습이고 뮤지컬 '갓스펠'(1973)에 등장하는 예수는 어릿광대 같은 표정의 포크 싱어다. '그리스도 최후의 유혹'(1988)에서는 갈등과 의혹에 가득 찬 너무도 인간적인 예수가 그려져 있고 1999년 제작된 영화 '예수'에서 예수는 호탕하게 웃으며 제자들과 물장난도 친다.

대체 이 갈릴리 청년은 왜 이리 변화무쌍하고 종잡을 수 없는 걸까? 일단 인류 역사상 가장 영향력 있는 분이 예수라는 사실에는 누구도 이견을 달 수 없을 것이다. 현재 전 세계 인구의 3분의 1이 자신을 그리스도인이라고 말한다. 우리가 날마다 쳐다보는 달력도 그의 탄생일을 기준으로 삼고 있다. 예수가 태어나기 전의 세상은 BC_{Before Christ}에 속하고 그 이후의 세상은 AD_{Anno Domini}에 속한다. 세상에서 가장 많은 이야기가 돌고, 가장 많은 책이 쓰이고, 가장 많은 논란이 제기되고, 가장 많은 존경을 받는 분이 예수지만 그와 동시에 가장 알다가도 모를 분이 예수이다. 지금까지 쓰인 무수한 책들은 언제나 똑같은 질문을 던졌다. 대체 나사렛 예수는 어떤 분이었는가?

간단한 질문이지만 대답은 절대 간단하지가 않다. 그 이유 중 하나는 신약 성경 자체가 예수를 매우 난해하고 기이한 분으로 그리고 있기 때문이다. 예수의 말씀 중에는 이해하기 힘든 부분이 많아서 전문 학자들조차 머리를 긁적거릴 때가 많다. "죽은 자들로 자기의 죽은 자들을 장사하게 하고"는 무슨 뜻인가?(눅 9:60). "사람마다 불로 소금 치듯 함을 받으리라"는 건 또 무슨 말인가?(막 9:49). "성령을 모독하는 자는 영원히 사하심을 얻지 못하고"의 뜻은 무엇이며 왜 용서를 받지 못한다는 것일까?(막 3:28-29//마 12:31-32). 천국을 "침노하는 자"는 누구이며 그들이 어떻게 하나님의 나라를 빼앗는다는 말인가?(마 11:12). 참으로 이상하고, 해괴하고, 엉뚱하기 짝이 없는 말씀들이다.

어떤 경우에는 뜻이 모호해서가 아니라 너무 분명해서 문제가 되기도 한다. 마크 트웨인이 남긴 명언처럼 "나를 불편하게 하는 건 이해되지 않는 성경 말씀이 아니라 이해되는 말씀들이다!"[4] 그런데도 어쨌든 예수는 논란의 여지가 될 만한 말씀들을 꽤 많이 했다.

도대체 예수는 어떤 분이었나? 집권층을 무너뜨리기 위해 추종자들에게 칼을 들라고 부추겼던 선동가였는가? 아니면 원수를 사랑하고 반대편 뺨도 대어주며 아무 보상도 바라지 않고 오리를 더 가주라던 평화주의자였는가? 회개하지 않으면 불타는 지옥에 떨어진다고 핏대 세워 외치던 전도자였는가? 아니면 하나님의 조건 없는 사랑을 전파했던 선량한 목자였는가? 결혼생활을 지키고 자녀를 사랑하라고 가르쳤던 가정적인 교사였는가? 아니면 부모와 배우자와 자녀를 미워하고 (오늘날의 어떤 이단처럼) 영적인 가족만 중시하라고 했던 반(反) 가정적인 교사였는가? 신약의 복음서들을 자세히 읽어 보면 희한하게도 위의 모든 질문에 '그렇다'라는 대답을 해야 할 것 같다!

우리가 항상 조심하고 경계해야 할 것은 예수를 우리와 똑같은 사람으로 생각하는 일이다. 예수는 21세기 그리스도인이 아니다. 남자와 여자, 로마인과 유대인, 노예와 자유인 사이의 차별과 불평등이 극심했던 1세기의 시대를 살았던 분이다. 그런 불평등이 해소되기 위해 궁극적으로 어떤 방향으로 가야 할지를 암시한 적은 있었지만, 예수가 나서서 손수 그것들을 타파하려고 시도한 적은 없었다. 또한 우주여행, 원자공학, 다국적 기업, 비디오 게임 같은 것들을 아는 것처럼 말하지도, 행동하지도 않았다. 오늘날 우리하고는 완전히 다르게 세상을 바라보는 그 시대의 한 사람으로서 그들처럼 말하고 행동했다.

따라서 노예와 가족에 관한 예수의 몰인정한 처사와 돼지들을 몰살시키고 무화과나무를 저주한 것도 그의 관점으로 해석해야 한다. 요즘의 유명 인사들이 평등이니 환경 문제니 하는 것들을 중심으로 21세기 잣대를 들이대면 곤란하다. 그 해석이 마음에 안 들 수도 있겠지만 마음에 들기를 바라서도 안 된다. 결국 우리의 선택은 한 가지밖에 없다. 예수의 머리 꼭대기에 앉아서 그를 판단할 것인가, 아니면 그의 발밑에 앉아서 그의 말을 듣고 이치를 깨우칠 것인가?

이 책은 예수가 한 언행 중에서 상식에 벗어난 듯한, 심지어 옳지 않아 보이는 것들을 재조명해서 제대로 이해하려는 의도로 집필한 것이다. 여기서 한 가지 명심해야 할 점은, 예수의 가장 이해하기 힘든 언행 속에 가장 심오한 뜻이 숨어있다는 사실이다. 처음에는 놀랍고 의아하겠지만 깊이 생각하면 할수록 더 깊은 진리를 깨우치게 될 것이다. 예수와 그의 사명에 대해, 나아가 우리 자신에 대해 우리가 꼭 알아두어야 할 아주 중요한 사실들이 그의 수수께끼 같은 말과 행동에 깃들어 있기 때문이다.

1

모든 사람이 예수를 좋아한다?

1 ·

예수 그리스도는 누구인가?

2 ·

다른 사람들은
1번의 질문에 어떤 대답을 할 것 같은가?

3 ·

당신이 좋아하는 예수의 말이나
일화는 무엇인가? 이유는 무엇인가?.

4 ·

당신이 볼 때 가장 이해하기 힘든 예수의
말과 행동은 무엇이라고 생각하는가?

5 ·

버트런드 러셀은 예수가 무화과나무를
저주하고, 수천 마리의 돼지를 몰살시키
고, 많은 사람이 지옥으로 갈 거라고 말한
것은 모두 비윤리적이라고 말했다.
당신은 그의 말을 어떻게 생각하는가?

온유하고 겸손하신 사랑의 예수님

비록 보잘것없는 우리지만

불쌍히 여기시고

주께로 나아가게 하옵소서

| 찰스 웨슬리, "온유하고 겸손하신 사랑의 예수님" |

2

혁명가인가 평화주의자인가?

왕과 그의 왕국

'투나잇 쇼'The Tonight Show의 진행자였던 제이 레노Jay Leno의 '제이 워킹Jaywalking'이라는 거리 인터뷰가 한때 큰 인기를 끈 적이 있다. 그는 "사람들은 정말로 그렇게 바보일까?"라는 제목으로 길거리에 오가는 사람들을 붙잡고 아주 상식적이고 기본적인 질문을 던졌다. 어느 날 "최초로 달에 간 사람은 누구입니까?"라는 질문에 어떤 여성이 "암스트롱"이라고 정확히 답을 맞히자 제이 레노는 그의 이름이 무엇이냐고 물었고 여성은 "루이"라고 대답했다. (루이 암스트롱은 미국의 재즈 트럼펫 연주자이다.-역주) 그러자 이번에는 미국 국기를 가리키며 "국기 안에 별이 몇 개가 있나요?"라고 물었고 여성은 "모르겠어요. 하도 바람에 펄럭여서 셀 수가 없네요."라고 말했다.

언젠가는 사람들에게 미국과 국경을 맞대고 있는 나라들의 이름을 대라고 했는데 한 남성이 "음…. 오스트레일리아하고…. 하와이인가?"라는 답변을 내놓았고 제이 레노는 '바보 찾기'의 강도를 더 높이려는 듯 다른 사람을 붙잡고 "말콤 엑스의 자서전을 쓴 사람이 누구인가요?"라고 물었다. (이 책을 읽고 있는 교양 있는 독자들을 위해 질문의 정답은 이야기하지 않겠다).

자, 그러면 여기서 누구도 당황하지 않고 곧바로 대답할 수 있는 아주 쉬운 문제 하나를 내 보겠다. "화평케하는 자는 복이 있나니"라는 말과 "다른 뺨도 돌려대라"고 말한 사람은 누구인가? 나는 대부분의 사람이 예수의 말을 기억할 거라고 생각한다. 예수에 관한 한 적어도 그가 사랑이라는 윤리기준의 새로운 지평을 열었다는 것쯤은 알고 있으리라 믿기 때문이다.

그러나 예수의 다른 말씀들은 그만큼 유명하지가 않다. 가령 "화평이 아니요 검을 주러 왔노라"(마 10:34)라든가 "내가 불을 땅에 던지러 왔노니"(눅 12:49)와 같은 말씀들이다. 만일 이 말을 한 사람이 누구냐고 제이 레노가 사람들에게 물었다면 '칭기즈칸'이나 '네로 황제'나 '사담 후세인' 같은 대답이 나왔을지도 모른다. 어느 누가 그것이 예수의 말씀이라고 상상이나 할 수 있겠는가?

사람들은 예수가 마하트마 간디, 마틴 루서 킹Martin Luther King Jr., 쭈쭈공룡 바니를 적절히 섞어놓은 평화주의자인 줄 알고 있다. 하지만 예수는 그와 정반대되는 칼, 불, 죽음(살해당함)과 같은 말들을 많이 했다. 그 내막을 이해하기 위해서는 먼저 1세기의 세상이 어떠했는지부터 살펴볼 필요가 있다.

1세기 팔레스타인: 달아오른 혁명의 분위기

세상에는 사람들이 꺼리는 이름들이 있다. 어떤 부모도 자기 딸에게 '이세벨'이라는 이름을 지어주지는 않을 것이다(이세벨은 하나님의 선지자들을 죽이고 이스라엘을 우상숭배로 몰아간 구약시대의 사악한 여왕이었다). '아돌프'와 '네로'라는 이름도 마찬가지다. '유다'라는 이름 역시 남자 이름으로서 선호도가 아주 낮다. 자기 아들의 이름을 은화 30냥에 예수를 팔아버린 희대의 배신자 이름으로 지을 사람은 없을 것이다. 그런 이름을 가진 아이는 분명 학교에서 놀림거리나 샌드백이 되고 말 것이다.

그러나 유대 역사로 옮겨가면 이야기가 달라진다. 유다히브리어로 '예후다Yehudah'는 이스라엘의 12지파 중 왕족 가문이었고 장차 메시야가 태어날 것이 예언된 지파였다(창 49:9-10; 렘 23:5-6). 이스라엘의 가장 위대한 지도자인 다윗 왕과 더불어 부와 지혜로 유명한 그의 아들 솔로몬 왕이 속한 지파이기도 했다.

기원전 2세기 마카베오Maccabees 시대에는 유다라는 이름이 더 큰 명성을 떨쳤다. 오랜 기간 외세에 시달리던 유대 땅에 유다 마카베오 Judas Maccabeus라는 인물이 나와 시리아의 독재자 안티오코스 4세 Antiochus IV에 항거하는 반란을 일으켰기 때문이다. 안티오코스는 자신을 에피파네스Epiphanes라고 불렀는데 그 말의 원래 뜻은 '신성한 자'였지만 반대자들은 그를 에피마네스Epimanes, 즉 '미친놈'이라고 불렀다. 변덕스럽고 괴팍한 데다 과대망상에 사로잡힌 폭군이었기 때문이다. 안티오코스는 셀레우코스Seleucid, 시리아 제국의 통일을 꿈꾸며 유대교를 근절하고자 유대인들에게 자국의 우상숭배를 강요했다. 예루살렘 성전을 더럽히고, 돼지를 잡아 희생 제사를 지내는가 하면 유대인 남아들의 할례 금지령을 내리기도 했다. 상상도 못 할 위기 앞에서 유대 종교는 소멸의 벼랑 끝에 몰려 있었다.

어느 날, 이방 제사가 제대로 드려지고 있는지를 감독할 시리아 관리가 모데인Modein이라는 유대 마을로 파송되었다. 그때 유다 마카베오의 아버지였던 마타티아스Mattathias가 강력하게 반발하며 우상 제사를 거부했고 이에 분노한 다른 유대인들이 제사를 강행하려고 하자 마타티아스는 창을 들어 시리아 관리와 유대인 동족을 찔러 죽였다. 그 뒤 마타티아스와 그의 가족은 산으로 도망쳐 민병대를 조직하고 시리아인들과 싸우기 시작했다. 그의 아들 유다(전쟁에서의 용감성으로 인해 사람들은 그를 '망치'라는 뜻의 마카베우스Maccabeus라고 불렀음)가 이끄는 민병대는 마침내 예루살렘을 탈환하고 성전을 재봉헌했다. 오늘날 유대인들은 당시의 승리를 기념하여 '하누카Hanukkah'라는 명절을 만들어 해마다 축제를 벌이고 있다.

유다를 영웅으로 만든 마카베오 운동은 외세의 압제를 벗어나기 위해 분연히 일어났던 민중 항쟁으로 유대 역사에 길이 남았다. 마카베오 가문은 약 100년간(166-63 BC) 유대를 통치했지만 나중에는 또다시 외세에 무릎을 꿇고 말았다. 이번에는 서구의 신흥세력으로 떠오르던 로마 제국의 먹잇감이 된 것이다. BC 63년, 폼페이우스Pompey 장군이 군대를 이끌고 팔레스타인에 도착했을 때 유대 국가는 내전으로 이미 사분오열된 상태였다. 그때를 놓칠세라 폼페이우스는 재빨리 그곳을 점령했고 유대인들은 또 다시 외국의 지배를 받는 속국으로 전락했다. 로마 제국은 헤롯을 분봉 왕으로 세우고 유대인들에게 무거운 세금을 부과하는 한편 반란의 싹이 자라지 못하게 강압적인 방법으로 유대를 통치하기 시작했다.

유대인 중에는 '팍스 로마나Pax Romana', 즉 로마의 평화가 주는 안정 상태를 환영하는 이들도 있었으나 그것이 자신들의 배역에 대한 하나님의 징벌이라며 마지못해 받아들이는 이들도 있었다. 그런가 하면 민병대를 조직해서 로마 정부와 그들에게 동조하는 유대인 배신자들을 제거하려는 이들도 생겨났다. '시카리Sicarii', 혹은 '단도(短刀) 찬 남자들'이라고 불렸던 조직이 그중 하나였다. 그들은 긴 외투 속에 날카로운 단도를 숨기고 축일에 모인 군중 속에 섞여 있다가 목표물로 삼은 사람들을 칼로 찌른 후 재빨리 도망가는 수법을 사용했다.[1]

1세기 동안 이런 식의 항쟁이 산발적으로 일어나 로마 정권을 위협했지만, 그때마다 로마 군대는 잔혹하게 반란군을 진압했다. AD 6년에도 그와 유사한 사건이 일어났다. 또 다른 유다('갈릴리 출신의 유다')가 과중한 세금에 반발해서 항쟁을 일으킨 것이었는데 유다는 인간 위정자가 두려워 세금을 내는 동족들을 겁쟁이라고 비웃으면서 자신들의 진정한 왕이자 통치자인 하나님을 신뢰하자고 부르짖었다.[2] 이후에 그가 어떻게 되었는지는 알려진 바가 없지만, 그의 두 아들 야고보와 시몬은 나중에 체포되었고, 로마의 티베리우스 율리우스 알렉산더Tiberius Julius Alexander 집권 시절에 십자가형을 선고받고 처형당했다.[3]

그 밖에도 1세기에는 많은 독립운동이 연달아 일어났다. 선지자를 자칭했던 드다Theudas(유대인 역사가인 요세푸스'Josephus'는 그를 '사기꾼'이라고 불렀음)는 AD 44~46년에 자신의 추종자들을 모아놓고 자신의 명령 한 마디면 요단강이 갈라져서 그 안의 마른 땅으로 강을 건너게 될 거라고 호언장담했다(수 3장 참조). 하지만 결국 갈라진 건 요단강이 아니라 그의 몸과 머리였다. 유대 총독이었던 파두스Fadus가 반란군 진압 전문 로마 기병대를 파병해서 드다를 사로잡아 목을 벤 후 그의 머리를 예루살렘에 가지고 와서 로마 정권에 대항하는 자는 이런 최후를 맞이할 거라는 강력한 경고로 삼았다.[4]

벨릭스Felix 총독 시대(AD 52-58)에는 한 이집트인 선지자가 광야에서 4천 명의 암살단(시카리?)을 이끌었다는 기록이 있다(행 21:38). 요세푸스는 그 이집트인을 '거짓 선지자'로 단정했고 그의 추종자가 3만 명에 이른다고 말했다. 그는 자신의 말 한마디면 여리고 성처럼 예루살렘 성벽도 무너져 내릴 거라고 했지만(수 6장 참조) 물론 그런 일은 일어나지 않았고 대신 로마 군대의 창칼에 반란군은 일망타진되고 말았다. 결국 무너진 건 예루살렘 성벽이 아니라 유대인들의 해방에 대한 소망이었다. 반란의 주동자였던 이집트인은 도피에 성공해서 행방이 묘연해졌으나 그를 추종했던 유대인들은 로마 군인들의 손에 학살되었고 간신히 목숨을 건진 자들은 뿔뿔이 흩어졌다.[5]

자칭 구원자들이 나타났다 사라지기를 반복하는 가운데 예수시대의 유대인들은 언젠가 하나님이 보내주실 진정한 왕, 다윗의 혈통에서 난 메시아, 선지자들이 예언했던 바로 그 구원자를 간절히 염원하고 있었다. 그들은 이사야의 희망에 찬 예언을 기억했다.

> 이는 한 아기가 우리에게 났고
> 한 아들을 우리에게 주신 바 되었는데
> 그의 어깨에는 정사를 메었고 …
> 또 다윗의 왕좌와 그의 나라에 군림하여
> 그 나라를 굳게 세우고
> 지금 이후로 영원히 정의와 공의로
> 그것을 보존하실 것이라(사 9:6-7)

이 위대한 왕은 이스라엘의 원수들을 물리치고 공명정대한 왕국을 건설할 것이라고 그들은 믿었다.

> 공의로 가난한 자를 심판하며
> 정직으로 세상의 겸손한 자를 판단할 것이며
> 그의 입의 막대기로 세상을 치며
> 그의 입술의 기운으로 악인을 죽일 것이며(사 11:4)

예수는 그러한 역사적 시대 상황 속에서 세상에 탄생했다. 갈릴리의 소작농들이 잔인한 외국인 소유주와 막중한 로마 세금으로 허덕이고 있을 때, 좌절한 청년들이 광야와 산으로 가서 반란군에 가입하고 독립 전쟁에서 영웅이 되기를 꿈꿀 때 예수는 이 땅에 내려왔다.

수많은 유대인이 그랬던 것처럼 예수도 하나님이 구원자를 세워서 로마 정부를 뒤엎고 하나님의 왕국이 세워지길 바랬을까? 그 자신도 구원의 야망을 품고 자신이 진짜 메시아라고 생각했던 걸까?

예수는 혁명가였는가?

1967년에 S.G.F. 브랜든S.G.F. Brandon은 *Jesus and the Zealots*(예수와 열심당)이라는 책에서 예수가 로마 제국에 맞서 민중 봉기를 일으키려다 처형된 독립 운동가였다고 주장했다. 최근에 이 책은 레자 아슬란Reza Aslan이 2013년에 발표한 『젤롯Zealot』이라는 뉴욕 타임스 선정 베스트셀러를 통해 부활했다. 예수가 비록 극렬한 독립투사는 아니었다고 해도 열심당의 이념처럼 하나님만이 이스라엘의 통치자이고 로마 정부는 불법 점령자라는 민족주의적 세계관을 가진 분이었다고 아슬란은 말했다. 이러한 열심당의 이념, 더 정확히는 예수가 성전에서 보여준 행동이 로마인들에게 해방 전사로 비추어져 처형을 당했다는 것이다.

아슬란은 극소수의 성경 본문을 인용해 독자들을 자신이 내린 결론으로 이끌어갔다. 게다가 자유주의 신학 계열의 신약학자라도 절대 부인할 수 없는 예수가 한 언행의 증거들을 전적으로 무시했다. 그는 나사렛 예수가 보여준 실제적인 역사적 증거가 아니라 1세기 팔레스타인의 일반적인 혁명 분위기를 빌려 자신의 주장을 관철했을 뿐이다. 하지만 이런 방법론적 허점에도 불구하고 그가 제시한 근원적인 물음은 여전히 유효하다고 할 수 있다. 예수는 정말로 정치적 혁명가였는가? 이 질문이 대두된 데에는 몇 가지 이유 있는 근거들이 제시되었기 때문이다.

1. 하나님 나라와 그 나라의 임박한 도래가 예수의 주된 메시지였다는 건 누구나 알고 있는 사실이다. 처음 공생애를 시작했을 때 예수는 "하나님의 나라가 가까이 왔으니"라고 했다(막 1:15). '하나님의 나라'라는 말이 1세기 유대인들에게는 어떤 의미로 들렸을까? 현대의 그리스도인들은 하나님의 나라가 영적이면서도 내면에서 이루어지는 어떤 것으로 생각하지만 예수 시대를 살았던 유대인들에게는 '세계의 종말이 여기 있다!'라는 표지판을 들고 길거리 한 구석에 앉아있는 사람을 떠올리게 했을 것이다. 이를테면 예수의 말씀은, 시저가 아니라 하나님이 왕이고 그렇기에 예루살렘과 성전을 손에 넣은 로마 정부는 엄연한 불법 정권이라는 것을 재확인시켜주는 말로 들렸다는 얘기다. 그렇다면 예수는 하나님이 곧 로마 제국을 멸망시킬 것임을 공개적으로 말했던 걸까?

2. 예수의 제자 중 한 명이었던 시몬은 '열심당'의 당원이었다(마 10:4//막 3:18//눅 6:15; 행 1:13). 그렇다면 예수를 따르던 자 중에는 분명 혁명의 의지를 가진 사람들이 있었다고 볼 수도 있다.[6]

3. 불 심판이 임할 거라는 세례 요한의 말에 예수도 동의했다. "이미 도끼가 나무뿌리에 놓였으니 좋은 열매 맺지 아니하는 나무마다

찍혀 불에 던져지리라"(눅 3:9//마 3:10)던 세례 요한의 외침은 곧 다가올 사회 변혁을 의미하는 것이었다. 그는 또한 "손에 키를 들고 자기의 타작 마당을 정하게 하사 알곡은 모아 곳간에 들이고 쭉정이는 꺼지지 않는 불에 태우시리라"(눅 3:17//마 3:12)는 말로 투사 메시아의 무력적인 응징을 기대하게 했다.

4. "내가 불을 땅에 던지려 왔노니 이 불이 이미 붙었으면 내가 무엇을 원하리요"(눅 12:49)라는 예수의 말도 그의 임무를 확언하는 듯이 보였다.

5. 예수는 자신이 온 것은 화평이 아니라 검을 주려 함이고 가족끼리 불화하게 하려는 것이라고 말했다.

사람이 그 아버지와,
딸이 어머니와,
며느리가 시어머니와 불화하게 하려 함이니
(마 10:34-35//눅 12:51-53)

누가 봐도 무력적인 투쟁을 의미하는 것으로 해석할 수 있는 말씀이었다. 게다가 사방에서 원수들이 물고 뜯는 상황에서 제자들에게 외투를 팔아 검을 사라고 말했다(눅 22:36-38).

6. 제자들이 예수를 '그리스도'로 믿고 있었다는 점에는 의심의 여지

가 없다. '예수 그리스도'라든가 '그리스도이신 예수'라는 표현이 초기 기독교 문헌들부터 발견되기 때문이다(살전 1:1; 갈 1:1, 3; 약 1:1; 2:1 참조). '그리스도'헬라어로 크리스토스christo는 히브리어 '마쉬아흐mashiach'를 헬라어로 번역한 것이며 '기름부음 받은 자'라는 의미다. 원래는 이스라엘의 왕(여호와의 기름부음 받은 자)을 가리키는 칭호였지만 1세기에 이르러서는 하나님의 나라를 건설할 이스라엘의 최종 구원자를 의미하는 말로 사용되었다.

학자들은 메시아·그리스도라는 명칭이 예수의 부활 전부터 쓰였는가, 아니면 그 후에 쓰였는가를 놓고 의견이 분분하다. 하지만 제자들이 처음부터 그를 메시아로 인정했다는 점은 부인할 수 없을 것이다. 1세기 유대인들이 메시아의 정체성과 성격을 제각각 이해하는 면이 있기는 했다. 다만, 한 가지 공통점은 다윗의 혈통에서 한 왕이 나와서 이스라엘의 원수들을 무찌르고 불의한 관원들을 응징한 뒤에 정의롭고 평화로운 하나님 나라를 건설할 거라는 믿음이었다. 예수 시대 직후에 쓰인 유대 시편들에도 '다윗의 아들'(메시아)에 대한 염원이 잘 드러나 있다.

보소서, 여호와여, 그리고 그들의 왕을 세워주소서
다윗의 아들, 당신의 종 이스라엘을 다스릴 왕을
당신의 때에 세워주소서
예루살렘을 짓밟은 이방인들로부터
예루살렘을 정결케 지켜주고

불의한 통치자들을 멸할 힘을 주시어

지혜와 의로움으로 죄인들을 몰아내

그들이 상속받지 못하게 하소서

도기를 깨뜨림 같이 죄인들의 교만을 치시고

그들의 모든 재산을 쇠 지팡이로 흩으시며

그의 입에서 나오는 말로 불법의 나라들을 멸하게 하소서

(솔로몬의 시편 17:21-25) **7**

한 가지 의문스러운 건, 왜 제자들이 굳이 예수를 '다윗의 아들'이라고 불렀느냐는 것이다. 예수의 말과 행동이 예언된 왕이라는 사실을 확신시켜주었기 때문은 아닐까?

7. 유월절에 예수가 성전에서 과격한 행동을 했다는 것과 그것이 결국은 그를 십자가에 못 박히게 했다는 건 이미 널리 알려진 사실이다(마 21:12-16//막 11:15-18//눅 19:45-47; 요 2:14-25 참조). 성전 지도자들의 권위에 대한 도전은 신성모독이자 용서할 수 없는 행동이었고 종교와 정치 지도자들에 대한 노골적인 공격으로 여겨졌다.

8. 예수는 '유대인의 왕'이라는 죄목으로 로마인들의 손에 십자가형을 당하고 죽었다. 네 복음서 모두 십자가 위에 그런 푯말을 걸어놓고 예수를 조롱했다고 기록했다(마 27:37//막 15:26//눅 23:38//요 19:19). 학자들은 그것이 역사적으로 고증된 일이라고 입을 모은다. 다른 기록과 문헌들을 봐도 십자가에 못 박힌 죄수들의 죄목을 그

런 식으로 공개하는 건 흔한 일이었다. 아울러 그 관습은 초기 그리스도인들이 만들어낸 것이라고 보기 어려운 측면이 있다. '왕'이라는 표현은 당시 그들의 예배에서는 잘 사용하지 않는 단어였다. (보통 주, 메시아, 하나님의 아들이라고 했음). 처형의 순간에 '메시아'와 '유대인의 왕'으로 조롱받았다는 건 그것이 예수의 죄목이었음을 알게 해 준다.

9. 마지막으로, 반란 주동자들과 나란히 십자가 처형을 당했다는 사실이 예수의 죄도 그들과 같은 것으로 간주하였음을 시사해준다. 예수의 양옆에 못 박힌 사람들을 마태복음과 마가복음에서는 '강도들'이라고 했고(마 27:38//막 15:27) 누가복음에서는 '행악자'라고 했다(눅 23:32). 하지만 강도나 도둑이기보다는 십중팔구 반란의 선봉들이었을 것이다. 로마인들은 그런 식으로 반란자들을 묘사해서 그들이 혁명가(너무 고상한 표현이니까)가 아니라 흉악한 범죄자라는 사실을 강조했다. 그건 오늘날도 마찬가지다. 혁명을 지지하는 사람들을 '자유의 투사'라고 부르지만, 반대편에서는 '테러리스트', '흉악범', '범죄자'라고 부르지 않는가? 예수 옆의 사형수들도 항쟁과 살상으로 유명했던 죄수 바라바의 동지들이었을 가능성이 크다 (마 27:16//막 15:7//눅 23:19). 예수는 '유대인의 왕'으로서 십자가에 못 박혔다. 왕의 행세를 했다는 죄목으로 두 명의 반란자들과 함께 처형당했다.

자, 그렇다면 예수는 로마를 상대로 무력 항쟁을 부추겼던 혁명가가 맞는 걸까? 지금까지 나열한 성경 말씀과 역사적 사실에도 불구하고 예수가 무력과 보복 행동에 반대했다는 증거가 훨씬 더 많다는 점을 간과하면 안 된다.

화평케 하는 자는 복이 있나니

예수의 가르침 중에서 가장 독보적이고 논란의 여지가 없는 것은 원수를 사랑하고, 복수하지 말고, 악을 선으로 갚으라는 말씀이다. 산상수훈에서는 하나님 나라가 도래했음을 선언하면서 "화평하게 하는 자는 복이 있나니 그들이 하나님의 아들이라 일컬음을 받을 것임이요"라고 했다(마 5:9). 무력을 사용한 보복과 투쟁이 일반화되어 있는 세상에서 예수는 상대의 뺨을 때리지 말고 다른 쪽 뺨도 대어주라고 했다(마 5:39//눅 6:29). 만일 누군가가 나를 고소해서 겉옷을 빼앗아 가면 외투까지 벗어주면서 그를 축복하라고 했다(마 5:40). 말하자면 유대인들이 증오하는 로마인들에게도 그 말씀을 적용하라는 것이었다. 혹시 로마 병사의 배낭을 들고 다니는 일에 징집되었다면 정해진 거리의 두 배도 군말 없이 가주라고 예수는 말했다(마 5:41).

참으로 파격적인 권고였다. 인습적인 도덕관에서는 친구를 사랑하고 원수를 미워하라고 가르친다. 예수는 마태복음 5장 43절에서 그런 도덕관을 언급했다. "또 네 이웃을 사랑하고 네 원수를 미워하라 하였다는 것을 너희가 들었으나". 이 구절의 첫 부분은 구약의 레위기 19장 18절 말씀을 따 온 것이다. 그리고 두 번째 부분의 '원수를 미워하라'는 건 성경 말씀이 아니라 예수 시대 대중이 사랑하던 금언이었다. 유대인의 지혜를 담은 '집회서'란 책에 보면 이런 대목이 나온다. 이 책은 예수가 탄생하기 얼마 전에 쓰인 대중적인 책이다.

> 하느님을 공경하는 사람만을 도와주고 죄인은 도와주지 말아라.
> 겸손한 사람에게 선심을 베풀고 교만한 자는 돕지 말아라.
> 그런 자에게는 빵도 주지 말고 남이 주는 것도 막아라.
> 그가 너보다 힘이 더 강해질까 두렵다.
> 그리고 네가 그에게 선을 베푼 대가로 그는 너에게 두 배의 악으로 갚을 것이다.
> 지극히 높으신 분부터 죄인들을 미워하시고
> 악인들에게 응분의 벌을 내리시니
> 너는 착한 사람만을 도와주고 죄인은 내버려두어라.
>
> (집회서 12:4-7)

1세기에는 '에세네파'로 알려진 유대인 공동체가 있었다. 사해 문서를 만든 장본인이기도 한 이들은 비슷한 신념과 사상을 공유하며 사회에서 격리되어 공동생활을 하면서 예루살렘의 유대인 지도자들이 부패했다고 생각했다. '공동체 수칙'이라고 불리는 사해 문서에는 공동체 일원들에게 "빛의 아들들을 사랑하고 … 모든 어둠의 아들들을 미워하라"고 지시한 내용이 적혀있다.[8] 여기서 '빛의 아들들'은 자신들의 공동체에 속한 사람들을 말하고 '어둠의 아들들'은 예루살렘의 제사장들, 로마인들과 그 동조자들을 뜻했다. 친구를 사랑하고 원수를 미워하는 건 그 시대의 상식이었다. 아니면 왜 그들을 원수라고 부르겠는가?

그런데 예수가 그 상식에 도전장을 내밀었다. 제자들에게 "너희 원수를 사랑하며 너희를 박해하는 자를 위하여 기도하라"(마 5:44)고 말했다.

어떤 분야의 학자들이건 이 말씀이 가장 특이하고 두드러지는 예수의 말씀이라는 데 의견을 같이한다. 예수가 어떤 분이고 무엇 때문에 이 땅에 왔는지를 말해주는 말씀이었다. 또한 마하트마 간디와 마틴 루서 킹처럼 민권운동을 위한 비폭력 저항을 표방한 것도 아니었다.[9]

게다가 예수는 시저의 통치를 정당화하는 말까지 했다. 예수를 미워하는 자들이 덫을 놓기 위해 가이사(시저)에게 세금을 바치는 것이 옳은 일이냐고 묻자 예수는 "가이사의 것은 가이사에게, 하나님의 것은 하나님께 바치라"고 대답했다(막 12:17//마 22:21//눅 20:25). 물론 그 질문은 함정이었다. 로마에 세금을 내는 게 정당하다고 말하면 로마의 압제와 세금에 반발심을 가진 일반인들이 분개해서 예수를 경멸할 거라는 사실을 종교 지도자들은 잘 알고 있었다. 그러나 만약 로마에 내는 세금을 반대한다면 이번에는 로마인들이 가만있지 않고 그를 모반의 앞잡이로 몰아갈 것이었다.

예수의 재치 있는 답변은 특정 영역에서 가이사의 권한을 인정하지만 하나님께 속한 것에는 아무 권한이 없음을 뜻했다. 예수의 답변이 재치 있었던 이유는 당연히 그 모호함에 있었다. 모든 권한과 권세는 궁극적으로 하나님의 것이므로 가이사의 것을 가이사에게 주라는 의미는 결국 아무것도 주지 말라는 것이었다. 모든 것이 하나님의 것이기 때문이다! 이것이 예수가 한 말의 진짜 속뜻이었는지 아닌지는 분명치 않더라도 가이사의 권위를 전면 무시하라는 혁명적 발언이 아닌 것만은 확실하다.

혁명가인가 평화주의자인가? 예수의 사명과 하나님 나라

자, 그럼 예수는 과연 혁명가였는가, 평화주의자였는가? 이 땅에 검을 주러 왔는가, 올리브 가지를 주러 왔는가? 이 역설의 해답은 우리를 예수의 사명, 그리고 하나님 나라의 목적과 비전의 본질로 우리를 데리고 간다.

어떤 왕이었는가? 앞에서도 말했듯이 예수는 왕의 행세를 했다는 명목으로 처형을 당했다고 할 수 있다. 반란을 꾀한 자들과 함께 머리 위에 "유대인의 왕"이라는 팻말이 달린 채 십자가에 못 박혀 돌아가셨다. 제자들은 그를 '기름부음 받은 자(메시아·그리스도)', 즉 다윗의 혈통에서 나신 말세의 왕이라고 생각했다. 하지만 정작 예수는 자신을 어떤 메시아라고 했을까? 그리고 그가 이루고 싶었던 포부는 무엇이었을까?

그 질문에 대한 대답을 찾으려면 예수가 갈릴리에서의 바쁜 사역을 마친 후 제자들을 데리고 영성 수련을 위해 물러났던 때를 기억해야 한다. 그들은 갈릴리 호수 북쪽 지방을 벗어나 울창한 숲 지대인 빌립보 가이사랴 지방으로 가고 있었다. 요단강 상류 부근이었다. 길을 가는 도중 예수가 한 가지 질문을 했다. "사람들이 나를 누구라고 하느냐?" 제자들은 예수에 대한 무성한 소문부터 이야기해드렸다. "세례 요한이라 하고 더러는 엘리야, 더러는 선지자 중의 하나라 하나이다". 그 말에 예수가 다시 물었다. "너희는 나를 누구라 하느냐?" 종종 대변인 역할을 했던 베드로가 이번에도 제자들을 대신해 정답을 이야기했다. "주는 그리스도시니이다"(막 8:27-29; 마 16:13-16//눅 9:19-20). 베드로는 예수의 권위 있는 가르침과 놀라운 기적들을 직접 보고 들은 사람이었다. 그리하여 마침내 예수가 이스라엘을 구원할 약속된 왕, 즉 메시아라는 결론에 이르게 되었다.

그러나 여기서 예수는 매우 충격적인 발언을 했다. 자신이 메시아임을 부인하지는 않았지만, 대신에 아무에게도 그 사실을 얘기하지 말라고 제자들에게 당부했다(막 8:30). 이것이 소위 메시아의 비밀이라고 부르는 복음서의 가장 이해 못 할 부분이다. 마귀들이 예수를 알아보면 입을 다물게 하고, 병을 치유 받은 사람들에게도 어디 가서 그 사실을 말하지 말라 하고, 제자들에게는 자신의 정체를 비밀로 하라고 당부했다. 예수의 그와 같은 행동은 학자들 사이에서도 많은 논란을 불러일으키지만 한 가지 분명한 건 예수가 자신의 메시아적 성격과 역할을 자기 방식대로 정의하려는 결단과 연관되었다는 점이다. 그 사실은 다음의 말씀에 정확히 드러나 있다. "인자가 많은 고난을 받고 장로들과 대제사장들과 서기관들에게 버린 바 되어 죽임을 당하고 사흘 만에 살아나야 할 것을 비로소 그들에게 가르치시되"(막 8:31; 마 16:21//눅 9:22).

베드로가 예수가 메시아라고 정확히 얘기했을 때 예수는 메시아의 성격이 다윗의 혈통에서 난 전통적인 전쟁하는 왕의 개념이 아니라는 점을 분명히 했다. 자신이 이스라엘의 적군을 무찌르고 하나님의 통치를 예루살렘에 확립할 사람이 아니라고 규정했다. 그 대신에 더군다나 잘 알려져 있지 않은 유대적인 뿌리에서 자신이 이사야 53장에 나오는 고난 받는 주의 종이라는 사실을 이끌어냈다.

> 그가 찔림은 우리의 허물 때문이요
> 그가 상함은 우리의 죄악 때문이라
> 그가 징계를 받으므로 우리는 평화를 누리고

그가 채찍에 맞으므로 우리는 나음을 받았도다(사 53:5)

예수는 메시아가 이스라엘의 지도자들에게 버림을 받아 죽임당할 것이라고 말했다. 그 말을 도저히 받아들일 수 없었던 베드로는 즉각 자존심 강한 유대인으로서 애국심을 발휘하여 그런 패배 의식에서 벗어나야 한다고 예수를 나무랐다. 그러자 예수도 즉각 더 심한 말로 베드로를 꾸짖었다. "사탄아 내 뒤로 물러가라 네가 하나님의 일을 생각하지 아니하고 도리어 사람의 일을 생각하는도다"(막 8:32-33).

대체 베드로의 어떤 말이 사탄의 말이라는 것일까? 예수가 공생애 초기에 광야에서 받았던 시험을 잠깐 떠올려보자(마 4:1-11//눅 4:1-11; 막 1:12-13). 예수는 세 가지 영역에서 사탄의 시험을 받았다. 첫째는 굶주림을 해결하기 위해 돌을 떡으로 만들라는 것이었다. 둘째는 하나님의 보호하심을 알아보기 위해 성전 꼭대기에서 아래로 뛰어내리라는 것이었고, 셋째는 세상 왕국에 대한 권세를 물려받기 위해 사탄에게 절을 하라는 것이었다. 세 가지 모두 메시아로서 쉬운 길을 택하라는 유혹이었다. 하나님을 신뢰하지 않고, 그의 방법을 따라가지 않고서도 예수의 소원을 이룰 수 있는 편법을 제시한 것이다.

하나님은 예수에게 먹을 것(떡)을 공급하실 계획이었다. 하지만 그건 예수가 극심한 굶주림을 경험한 다음이어야 했다. 보호와 구원을 베푸심도 하나님의 계획이었지만 먼저는 인류를 위해 예수가 목숨을 내어주어야 했다. 하나님은 예수에게 세상 왕국을 유업으로 넘겨줄 계획이었지만 죽음과 부활과 승천으로 하나님 오른편 보좌에 앉은 다음에야 실행될 일이었다. 영광으로 가는 길은 반드시 고난을 거쳐야만 했다.

다윗 자손의 용사인 왕은 먼저 자신의 백성을 위해 자기 자신을 희생제물로 바쳐야 했다.

어떤 형태의 왕국인가? 싸움은 시작되었다. 메시아의 성격이 고난받는 종이라고 한다면 예수는 이를 통해 무엇을 이루려고 했던 걸까? 이 땅에 어떤 왕국을 건설하려고 한 건가? 이 질문의 열쇠는 예수가 행하는 권능에 있다. 우리는 예수가 병자들을 불쌍히 여겨서 치유의 기적을 일으켰다고 생각하며 또한 그것이 신적 권위의 증거라고 믿는다. 물론 틀린 말이 아니다. 하지만 그것만이 다가 아니다. 예수의 기적은 하나님 나라의 성격과 그가 온 목적이 무엇인지를 알려주려는 상징적 행동이라고 할 수 있다. 복음서에 기록된 기적들을 분류한다면 다음의 네 가지로 나눌 수 있다: 병 고침, 귀신을 쫓아냄, 죽은 자를 살려냄(환생), 자연을 대상으로 한 기적들. 그런데 이 각각의 범주에는 그 나름의 상징적 의미가 담겨 있다.

예수의 치유가 가진 의미에 반신반의했던 사람이 세례 요한이었다. 그가 했던 질문을 살펴보면 한 가지 중요한 단서가 발견된다. 어느 모로 보나 세례 요한은 당대의 기인이라고 할 만한 사람이었다. 동물 가죽을 몸에 걸치고 가죽 띠로 허리를 동여맨 모습은 오래 전의 엘리야나 선지자들을 연상시켰다. 은둔자처럼 사막에서 생활하며 메뚜기와 꿀을 먹고 살았다(나는 메뚜기에 케첩을 발라 먹는 걸 좋아한다). 그러면서 하나님의 원수들을 삼키기 위한 심판의 불이 임할 것이라고 경고했다. 그 심판의 대행자는 세상에 올 하나님의 메시아였다.

세례 요한을 따르는 사람들이 많았기에 망정이지 그러지 않았다면 그는 그냥 정신 나간 괴짜 정도로 취급받고 말았을 것이다. 하지만 갈수록 추종 세력이 많아지자 갈릴리와 베뢰아의 분봉 왕이었던 헤롯은 불안해지기 시작했다. 역사가 요세푸스에 따르면 세례 요한의 인기가 헤롯 왕의 불안과 번민의 요인이었다고 한다.[10] 복음서에는 그보다 더 구체적인 이유가 적혀있다. 세례 요한은 헤롯이 동생의 아내인 헤로디아를 취한 걸 잘못이라고 비난했다. 헤롯은 첫 번째 아내와 이혼하고 헤로디아와 재혼한 상태였다. 헤롯은 세례 요한을 붙잡아 감옥에 집어 넣어 버렸다(마 14:3-5//막 6:17-20).

바로 그즈음부터 세례 요한에게는 예수에 대한 의구심이 일기 시작했다. 예전에는 그가 하나님이 보낸 구원자, 메시아라고 확신했지만 이제는 뭔가 아닌 것 같다는 생각이 들었다. 메시아가 할 거라고 기대했던 일들을 예수는 하지 않았기 때문이다. 군대를 모집해서 전쟁을 준비해야 하는 것 아닌가? 하나님의 원수들에게 심판의 불로 '세례'를 베풀 때는 언제란 말인가?(눅 3:16). 결국 세례 요한은 자신의 제자들을 예수에게 보내 사실 확인에 나섰다. "오실 그이가 당신이오니이까 우리가 다른 이를 기다리오리이까"(눅 7:18-23//마 11:2-6).

예수는 대답 대신 요한에게 가서 그들이 직접 보고 들은 것을 말해주라고 했다. "맹인이 보며 못 걷는 사람이 걸으며 나병환자가 깨끗함을 받으며 귀먹은 사람이 들으며 죽은 자가 살아나며 가난한 자에게 복음이 전파된다 하라"(눅 7:22//마 11:5).

예수는 자신이 했던 기적과 치유, 그리고 복음 전파가 메시아임을 입증하는 증거라고 말했다. 하지만 "나의 기적의 능력을 봐라. 이래도 내가 메시아가 아니겠냐?"라거나 "내가 얼마나 자비롭고 긍휼이 많은지 봐라. 메시아가 확실하지?"라는 식으로 말하지 않았다. 다만 이사야서

35장 5~6절과 또 다른 핵심 구절들을 암시했을 뿐이었다. 그 구절들에는 하나님이 모든 피조물을 완벽한 상태로 되돌릴 거라는 최종 구원의 메시지가 담겨 있었다(사 26:19; 29:18-21; 61:1). 맹인이 보게 되고 귀머거리가 듣게 되고 절름발이가 걷게 되고 벙어리가 말하게 된다는 말씀 뒤에는 다음과 같은 구절이 이어진다.

> 광야에서 물이 솟겠고
> 사막에서 시내가 흐를 것임이라 …
> 거기에는 사자가 없고
> 사나운 짐승이 그리로 올라가지 아니하므로 …
> 오직 구속함을 받은 자만 그리고 행할 것이며
> 여호와의 속량함을 받은 자들이 돌아오되
> 노래하며 시온에 이르러
> 그들의 머리 위에 영영한 희락을 띠고
> 기쁨과 즐거움을 얻으리니
> 슬픔과 탄식이 사라지리로다
>
> (사 35:6, 9-10)

사막이 비옥한 땅이 되고, 폭력과 싸움이 없어지고, 슬픔과 고통이 사라지고, 영원한 기쁨만 있는 곳! 마지막에 이루어질 하나님의 구원에 대한 종말론적 말씀이다. 그때가 되면 세상에 대한 저주는 거두어지고 완벽한 에덴이 이루어질 것이다. 그렇기에 예수의 기적은 메시아라는 정체성 이상의 더 많은 것을 시사한다고 볼 수 있다. 마치 블록버스터 영화가 상영되기 전에 핵심 장면을 보여주는 '예고편' 같은 것이었다. 예수의 기적들은 현재의 악한 시대가 끝나고 새로운 시대가 오고 있다는 예고였으며 예수의 언행을 통해 하나님의 종말론적 구원이 이루어질 것이라는 증거였다. 그것이 바로 하나님 나라였다.

하나님 나라에서 피조물이 회복되다.

피조물의 회복이라는 주제는 예수의 다른 기적들, 즉 죽은 자를 살리고 귀신을 쫓아내고 자연현상을 바꾸는 기적들과 밀접하게 연결되어 있다. 복음서에 보면 예수는 세 번에 걸쳐 죽은 자를 살려냈다. 한 사람은 나인성 과부의 아들이었고(눅 7:11-16), 또 한 사람은 야이로의 딸이었으며(막 5:21-43//마 9:18-26//눅 8:40-56)), 나머지 한 사람은 나사로였다(요 11). 사실 그들은 영생의 몸으로 부활한 존재들이 아니라(고전 15:52-53), 죽었다가 다시 숨이 돌아온 보통의 인간에 불과했다. 이를테면 소생이나 환생이라고 볼 수 있었다. 반면에 예수는 죽은 상태에서 영광스러운 영원불멸의 몸으로 부활한 첫 번째 사람이었다. 그는 "죽은 자들 가운데서 먼저 나신 이"가 되었고(골 1:18; 롬 8:29) 죽은 자 중의 "첫 열매"가 되었다(고전 15:20, 23). 따라서 복음서에서 환생한 이들은 죽음이 패배하고 최종 부활이 일어나는 종말 사건을 예고하고 있었다(단 12:2-3). 나사로를 살려내기 전에 예수는 마르다에게 "나는 부활이요 생명이니"라고 말했다(요 11:25). 예수의 부활은 사망 자체를 사망케 하는 것이었다(고전 15:50-57).

귀신을 쫓아낸 기적들도 하나님이 타락한 세상을 회복시킨다는 방증이었다. 사탄의 세력은 전멸할 것이며 그럼으로써 사탄의 왕국 대신 하나님의 왕국이 세워질 것을 의미했다. 예수가 70명의 제자를 파송하며 병든 자를 고치고 귀신을 쫓아내라고 했을 때 임무를 마치고 돌아온 그들은 "주여 주의 이름이면 귀신들도 우리에게 항복하더이다"라고 보고했고 예수는 "사탄이 하늘로부터 번개 같이 떨어지는 것을 내가 보았노라"고 응답했다(눅 10:17-18). 따라서 귀신을 내쫓는 기적은 사탄이 항복하고 하늘에서 쫓겨난다는 사실을 상징적으로 말해주는 것이었다.

사탄의 능력을 빌려 귀신을 쫓아내는 것이라고 종교 지도자들이 트집을 잡았을 때도 예수는 먼저 사탄이 자기편을 쫓아내면 어떻게 하느냐고 받아친 뒤에 "내가 만일 하나님의 손을 힘입어 귀신을 쫓아낸다면 하나님의 나라가 이미 너희에게 임하였느니라"고 했다(눅 11:20//마 12:28). 이는 전쟁이다! 하나님의 왕국 대 사탄의 왕국 간의 전쟁! 예수는 이 전쟁에서 원수의 땅을 점령했고 사람들을 사로잡았다. 짧은 비유에서는 자신을 "강한 자"에 빗대며 "강한 자(사탄)"의 집에 들어가 그 집의 재산을 빼앗는 자로 표현했다(눅 11:21-22//마 12:29). 귀신들을 쫓아내는 기적들은 예수가 사탄의 영역에 들어가 그곳을 초토화한 뒤 노예로 잡혀있는 사람들을 해방할 거라는 증거이다.

자연 현상을 바꾸는 기적들 역시 종말론적 의미가 있다. 가령 예수가 물 위를 걷고, 폭풍우를 잠재우고, 오병이어로 수백만 명을 먹이고, 물을 포도주로 바꾸었던 기적들은 타락한 세상에 대한 예수의 권세와 그것을 치유하고 회복시킬 예수의 권능을 가리킨다.

그럼, 지금까지 말한 네 가지 범주의 기적들을 요약해 보겠다.

- ○ 병 고침의 기적: 타락한 인류를 회복함
- ○ 자연 현상의 기적: 타락한 세상을 회복함

- 귀신을 쫓아내는 기적: 사탄을 이김
- 죽은 자를 살리는 기적: 사망을 굴복시킴

위의 네 가지 사항에서 발견되는 공통점은 무엇인가? 우리를 다윗 왕국, 혹은 마카베오 시대의 전성기로 데려가지 않는다는 것이다. 네 가지 모두 그보다 훨씬 이전의 에덴동산 시절로 우리를 데리고 간다. 아담과 하와가 금단의 열매를 먹었을 때 사탄은 권세를 얻었고 은혜에서 멀어져 타락한 피조물이 되었다. 그때부터 죄가 세상에 들어왔고 죄를 통해 죽음이 들어 왔다. 피조물 자체가 저주 아래 놓이게 되었다. 예수의 기적들은 로마 정권을 쳐부수거나 이스라엘 제국의 번영을 위해 그가 이 땅에 온 게 아님을 확인시켜 준다. 예수에게는 그보다 더 크고 원대한 목표가 있었다. 그것은 인류의 궁극적 원수인 질병, 사망, 죄, 사탄을 무찔러 패배시키는 것이었다. 타락의 결과를 뒤집어서 타락한 세상을 원래대로 회복시키는 것이었다.

결론

그럼 예수는 과격한 선동가였는가? 혁명가였는가? 이 땅에 검을 주러 온 걸까? 불을 주러 온 걸까? 그렇다! 전부 맞는 말이다! 하지만 그의 혁명은 로마 정권을 상대로 한 것이 아니었다. 인류의 진짜 원수이자 태초부터 우리를 붙잡고 있었던 악에 대항하는 혁명이었고 사탄과 마귀들에게 먹잇감이 된 사람들을 다시 돌아오게 하는 혁명이었다. 또한 하나님과 인간 사이를 갈라놓는 죄에 대한 혁명이자 본래의 행복한 삶을 망가뜨리는 질병과 죽음에 대한 혁명이었다. 그 악한 세력들을 굴복시키는 일은 악행 하는 자들을 무력으로 때려눕히는 게 아니라 하나님 아들의 자기희생적 죽음을 통해서만 가능했다. 이것이 십자가의 역설이다. 십자가 위에서의 구속적 죽음을 통해 예수는 사탄과 죄와 죽음을 정복했다.

그렇기에 예수는 제자들에게도 화평케 하는 자가 되라고 했고 받기보다 주고, 미워하기보다 사랑하고, 희생적 삶을 살라고 강조했다. 자기 자신을 희생함으로써 원수들을 궤멸한 예수는 하나님과 인간을 화해하게 만들었다. 하나님의 백성은 자신들의 구세주를 본받아 예수처럼 악을 정복해야 한다. 악을 악으로 갚지 말고 악을 선으로 갚아 승리하는 자들이 되어야 한다.

> 그가 우리를 위하여 목숨을 버리셨으니
> 우리가 이로써 사랑을 알고
> 우리도 형제들을 위하여 목숨을 버리는 것이 마땅하니라
>
> (요일 3:16)

혁명가인가 평화주의자인가?

1.
이 책의 저자에 의하면 예수 시대 팔레스타인에서 독립운동이 한창이었던 이유는 무엇인가?

2.
저자는 예수가 혁명가였다는 핵심 증거가 무엇이라고 하는가? 요약해서 말해보라.

3.
예수가 "천국이 가까이 왔다"라고 한 말의 의미는 무엇인가?

4.
하나님 나라가 도래하면 타락한 피조물이 회복된다는 걸 어떻게 입증할 수 있는가?

5.
누가복음 7장 18~23절과 마태복음 11장 2~6절에서 예수는 메시아로서 자신의 역할을 어떻게 정의하는가?

6.
예수의 기적들은 무엇을 의미했는가?
(기적을 통해 어떤 대적들을 패배시켰다고 말했나?)

7.
당신의 생각은 어떠한가? 예수는 혁명가였는가, 아니면 평화주의자였는가, 아니면 다른 사상을 가진 분이었는가? 자세히 설명해보라

3

성난 고발자인가 온유한 목자인가?

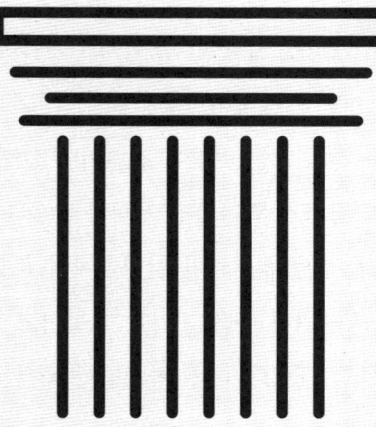

이스라엘의 회복을 예언한 선지자

나는 형제만 네 명인 집안에서 자랐는데 어려서부터 다들 경쟁심이 대단했다. 축구를 하든, 거실에서 레슬링을 하든, 보드게임을 하든 무조건 이기려고 눈에 불을 켜고 달려들었다. 우리는 지는 게 세상에서 제일 싫었다. 이런 집안에서 최악의 놀이는 분명 리스크Risk라고 불리는 보드게임일 것이다. 놀이 방법은 간단하다. 세상을 정복하면 된다. 처음에는 각자가 몇 개의 나라와 군대들을 배정받는다. 그리고는 주사위를 던져서 다른 군대를 패배시키고 나라들을 점령하다가 최후까지 모든 나라를 점령한 사람이 승자가 된다. 독재자나 과대망상증 제왕을 꿈꾸는 사람에게 안성맞춤의 게임이다.

지금까지도 내가 잊지 못하는 한 게임이 있다. 그날따라 나는 비교적 열악한 상황에서 게임을 시작했다(유럽 나라들이 대부분이어서 사방에서 공격을 당하기 쉬운 처지였다). 그런데 두 형이 서로의 땅을 차지하려고 다투다가 자기 군대들을 많이 잃는 바람에 전력이 부실해지고 말았다. 나는 그 순간을 놓칠세라 강하게 밀어붙였고 점차 많은 나라와 대륙들이 내 손에 들어왔다. 세계 정복의 희열이 머릿속에서 춤을 추고 있었다. 이제 승리가 코앞이었다. 벅찬 마음을 가누지 못하고 있을 때 갑자기 주사위의 신이 내게 등을 돌렸다. 다른 형제들이 공격을 개시하기 시작했다. 시간이 갈수록 내 군대는 패배를 거듭했고 결국은 모든 걸 잃어버리는 믿지 못할 상황이 벌어졌다. 이럴 수가! 천하를 호령할 것 같던 내가 종이호랑이가 되다니…. 군대는 전멸했고, 땅들은 사라졌고, 나는 제일 먼저 게임에서 탈락했다(대체 이 게임 누가 만든 거야?).

리스크 게임의 문제점이 그것이다. 사람을 한껏 기대에 부풀게 했다가 한순간에 바닥으로 내동댕이친다. 우리 집에는 놀이할 때마다 지켜야 할 규칙이 있었다. 이긴 사람이 깨끗하게 뒷정리를 하는 것이다. 이 방법은 항상 효과 만점이었다. 게임에 진 사람은 화가 나서 입을 삐죽이다 결국은 보드를 엎어 거실 바닥을 난장판으로 만들었고 이긴 사람은 기분이 좋아서 그러든가 말든가 기쁜 마음으로 어질러진 것들을 치웠다. 이보다 완벽한 공생관계가 없었다. 분노와 파괴 대 기쁨과 회복!

리스크 게임은 우리에게 먹고 먹히는 경쟁 사회의 생존법을 가르쳐 주었다. 상대는 언제나 우리를 코너로 몰아 항복을 받아내려 한다. 타락한 인간의 본성이 다른 사람을 지배하고 무슨 수를 써서라도 이기고 싶게 만든다. 리스크 게임이 속상한 이유는 잔뜩 희망에 부풀게 했다가 한순간에 바닥으로 떨어뜨리기 때문이다. 인생에서의 갈등도 그와 비슷한 것 같다. 우리 자신과 다른 사람들에게 소망과 기대를 걸고 있다가 그것이 무너져버리면 화를 내기도 하고 변명을 늘어놓기도 한다.

나는 예수라면 리스크 게임을 어떻게 했을까 무척이나 궁금하다. 예수는 영적이고 겸손하고 희생적인 분이 아닌가? 때로는 밤을 새워 기도했고 원수를 사랑하며 남을 용서하라고 했다. 그것도 한두 번이나 일곱 번이 아니라 일흔 번씩 일곱 번이나 용서하라고 했다! 자비와 동정심도 풍부했고 진리를 가르치며 오병이어로 군중의 허기도 해결했다. 가난한 과부의 외아들과 회당장 야이로의 외동딸도 살려주었다. 절친했던 나사로가 죽었을 때는 눈물까지 보이며 다시 살려내서 자매들에게 돌아가게 했다. 물론 가장 중요한 건 사랑하는 세상을 위해 십자가를 지고 스스로 희생제물이 되었다는 사실이다.

그러나 예수는 마냥 인자하고 유하기만 했던 순둥이가 아니었다. 어떤 경우에는 불같이 화를 냈고 가차 없이 비판하거나 심지어 속 좁은 모습까지 보일 때가 있었다. 무화과나무에 열매가 없다고(무화과 철도 아니었는데) 화를 내며 저주한 것도 그중 하나였다. 예루살렘 성전에 올라갔을 때는 노여움이 극에 달해 채찍을 휘두르며 제사용 가축들을 파는 자들과 환전상들을 내쫓았다(사실 그 상인들은 성전 운영의 핵심적인 역할을 하고 있었다). 반대자들에게는 계속해서 굴욕감을 안겼고 '사탄의 자식들', 혹은 '독사 새끼들'(풀이하면 '네 엄마는 독사다'라는 뜻)이라고 욕을 했다. 제자들 발을 씻어줄 만큼 겸손하고 원수를 사랑하라고 했던 분이 어떻게 그토록 분노와 복수심에 불탈 수 있었을까? 혹시 예수에게 분노조절 장애가 있었는가?

예수와 종교 지도자들과의 언쟁

복음서를 보면 알 수 있듯이 예수의 공생애에서 언쟁은 빼놓을 수 없는 요소 중의 하나였다. 놀라운 건 그 대상이 '나쁜 인간들'이 아니었다는 점이다. 오히려 예수는 사회 밑바닥의 빈민이나 소작농, 범죄자, 세리, 창녀, 건달들하고 잘 어울렸다. 그들하고 많은 시간을 보내다 보니 반대자들은 예수를 "먹기를 탐하고 포도주를 즐기는 사람이요 세리와 죄인의 친구"라고 비웃었다(마 11:19//눅 7:34). 예수와 싸웠던 사람들은 소위 '좋은 사람들'이라고 하는 종교 지도자들이었고 주된 이유는 세력 다툼이었다. 돌풍처럼 나타난 예수라는 랍비의 인기와 영향력이 그들에게는 큰 위협이 되었다.

갈수록 커지는 인기. 복음서들이 공통으로 기록하고 있는 것 중의 하나가 예수의 인기가 고공행진을 거듭했다는 사실이다. 대중들은 그의 카리스마 넘치는 설교와 인품에 열광했다. "뭇 사람이 그의 교훈에 놀라니 이는 그가 가르치시는 것이 권위 있는 자와 같고 서기관들과 같지 아니함일러라"(막 1:22; 마 7:28//눅 4:32). 율법 전문가인 서기관들이 "랍비 누구누구가 말하기를….''이라는 말만 되뇌고 있을 때 예수는 특유의 독창적이고도 참신한 해석과 비유들을 들려줬다. 사용하는 교육 방법도 다양했다. 비유, 잠언, 은유, 과장, 수수께끼, 재담을 유효적절하게 섞어 사람들을 가르쳤다.

간단하게 "부자가 자기 재물만 의존하면 하나님 나라에 들어가지 못한다."라고 말해도 될 것을 "낙타가 바늘귀로 나가는 것이 부자가 하나님의 나라에 들어가는 것보다 쉬우니라"고 했다(막 10:25; 마 19:24//눅 18:25). 몸집 큰 낙타를 작은 바늘구멍에 욱여넣는 장면을 상상해보라. 누가 그런 터무니없고 우스꽝스러운 장면을 쉽게 잊을 수 있겠는가? 훌륭한 '한 컷 만화'의 소재가 되고도 남을 일이다. 자, 이런 만화는 어떨까? 낙타의 코털 한 개가 바늘구멍에 삐져나와 있는 그림 밑에다 "거의 다 빠져나왔어!"라는 문구를 넣는 것이다.

그럼 예수가 그려놓은 위선자 상은 어떠한가? 자기 눈에 널빤지가 들어 있는 사람이 남의 눈에 든 티끌을 빼겠다고 안간힘을 쓰는 모습도 가관일 것이다(마 7:3-5//눅 6:41-42). 그 옛날 '캐럴 버넷 쇼Carol Burnett Show'(이 쇼를 모른다면 TV Land에 가서 검색해 보길 바란다)에 나오는 코미디 한 장면을 상상해도 좋다. 예를 들면 이런 식의 콩트다. 어떤 병원에 하비 코만Harvey Korman이 환자로 들어와서 자기 눈에 작은 모래가 들어갔다고 진료를 요청했는데 얼마 후 진료실 안으로 의사인 팀 콘웨이Tim Conway가 들어와서 판자 조각이 덮여 있는 눈으로 뒤뚱뒤뚱 걷다가 옆에 있던 파일 상자를 넘어뜨리고, 의자를 박살 내고, 간호사들을 고꾸라지게 한다. 재밌지 않은가?

예수는 훌륭한 이야기꾼이었고 그가 사용했던 비유들은 가장 강력한 기억저장 장치였다. 사람은 누구나 이야기 듣기를 좋아한다. 특히 끝에 가서 반전이 있는 이야기를 좋아한다. 예수의 비유에는 그런 놀라운 반전들이 있었다. 나는 우리 대학의 학생들에게 예수의 비유들이 쥐덫 같다고 이야기한다. 커다란 치즈 조각으로 우리를 유인한다는 얘기다. 누구나 겪을 수 있는 일상 속 평범한 인물들 이야기에 공감하면서 '그렇고 그런 이야기구먼' 하며 결말을 예상했다가 갑자기 '쾅!' 하고 덫이 마음을 찍어 누르면 놀랍게도 자기 신앙에 문제가 있다는 걸 깨닫게 된다.

바리새인과 세리의 비유를 한번 생각해보자(눅 18:9-14). 두 사람이 성전에 올라가 기도를 했다. 한 사람은 모두의 존경을 한 몸에 받는 바리새인이었고 또 한 사람은 모두의 미움을 한 몸에 받는 세리였다. 세리들이 증오와 경멸을 받았던 이유는 로마 압제자들과 한통속이 되어 동족들한테 세금을 거두었을 뿐 아니라 사기를 쳐서 자기 잇속을 챙겼기 때문이었다. 당시 예수의 말씀을 듣고 있던 유대인들에게는 그 비유의 결말이 너무도 뻔한 것이었다. 하나님은 경건한 바리새인을 축복하셨을 것이고 동족을 배신한 악랄한 세리를 벌주셨을 것이다. 그런데 바리새인이 자화자찬의 기도를 하고 세리가 겸허한 간구를 올리고 나자 놀랍게도 예수는 세리만이 하나님의 인정을 받고 성전을 나왔다고 말했다. "무릇 자기를 높이는 자는 낮아지고 자기를 낮추는 자는 높아지리라"(눅 18:14). 듣고 있던 사람들은 놀라서 입을 다물지 못했고 예상치 못한 전개에 강한 인상을 받았다.

이스라엘의 지도자들을 고발하다. 예수의 비유에 들어있는 반전들은 사실상 종교 지도자들을 책망하기 위함이었다. 선한 사마리아인의 비유를 생각해보라. 이스라엘의 종교 지도자 두 명은 상처를 입고 길가에 버려진 사람을 그냥 지나쳤지만, 멸시받던 사마리아인은 불쌍히 여겨 적극적으로 도와주었다(눅 10:25-37). 큰 잔치의 비유도 마찬가지다(눅 14:16-24; 마 22:2-14). 원래 초대를 받았던 사람들(이스라엘의 종교 지도자들을 의미함)은 온갖 구실을 갖다 대며 하나님이 베푸신 구원의 잔치를 거절했지만 가난한 서민들은 주인의 상에서 잔치를 즐겼다. 예수가 특혜받은 상류층을 향해 "만찬에 누가 못 오는지 아니? 바로 너희들이야!"라고 말한 것이다.

물론 가르침만이 예수의 인기 비결은 아니었다. 그가 일으킨 기적들이 또 하나의 요인이었다. 누구도 이견을 달 수 없는 한 가지는 예수가 병 고치고 귀신 쫓는 일로 유명해졌다는 사실이다. 예수의 설교와 마찬가지로 그런 사역들은 수많은 사람이 그를 따라다니게 했다. 치유의 기적을 체험하려고 먼 길도 마다하지 않고 예수를 찾아왔다. 그 대표적인 예가 마가복음 1장 33~34절 말씀이다. 당시 예수는 가버나움의 어느 집에 앉아있었다. "온 동네가 그 문 앞에 모였더라 예수께서 각종 병이 든 많은 사람을 고치시며 많은 귀신을 내쫓으시되".[1] 사람들은 치유를 기대하며 예수의 겉옷 자락이라도 만지려고 달려들었다(막 3:10; 눅 6:19; 마 9:21//막 5:28). 예수가 어디를 가던 치유를 원하는 병자들이 구름떼처럼 모여들었다.

> 건너가 게네사렛 땅에 이르러 대고 배에서 내리니 사람들이 곧 예수신 줄을 알고 그 온 지

방으로 달려 돌아 다니며 예수께서 어디 계시다는 말을 듣는 대로 병든 자를 침상째로 메고 나아오니 아무 데나 예수께서 들어가시는 지방이나 도시나 마을에서 병자를 시장에 두고 예수께 그의 옷 가에라도 손을 대게 하시기를 간구하니 손을 대는 자는 다 성함을 얻으니라(막 6:53-56//마 14:34-36)

예수의 훌륭한 가르침과 놀라운 기적들뿐 아니라 그가 가르치는 내용 또한 사람들의 마음을 사로잡았다. 예수는 언제나 일반 대중의 편임을 분명히 했다. 가난하고, 고통받고, 학대받는 사람들을 축복했으며(눅 6:20) 언젠가는 사정이 180도 바뀌어서 부유하고 힘 있는 자들이 낮아질 것이고 가난하고 겸손한 자들이 높아질 것이라고 말씀했다. 갈릴리의 가난한 농부들에게는 그보다 기쁜 소식이 없었겠지만, 유대의 지도자들에게는 그보다 불길한 소식도 없었을 것이다.

예수가 말한 하나님 나라 이야기도 지도자들의 심기를 건드렸다. 팔레스타인의 정치 지도자들뿐 아니라 자신을 이스라엘의 영적 문지기라 여기는 바리새인과 서기관들에게도 그것은 받아들이기 힘든 얘기였다. 예수가 하나님 나라의 문을 여는 자라면 영적 문지기인 자기들은 뭐라는 말인가? 대체 예수는 그들에게 없는 뭐 대단한 것을 갖고 있다는 건가? 자기가 하나님 나라를 세우는 자라면 현재의 종교 지도자들은 허수아비와 사기꾼이란 말인가?

예수가 열두 명의 제자를 특채(?)한 것도 논란거리였다. 열두 명을 택했다는 건 의심의 여지 없이 이스라엘의 열두 지파, 즉 진정한 이스라엘을 회복시키겠다는 의미였다. 또 언젠가 인자인 자신이 영광의 보좌에 앉으면 그 열두 명이 열두 보좌에 앉아 이스라엘의 열두 지파를 심판하게 될 거라고 장담했다(마 19:28//눅 22:30). 아직 새파랗게 어린 랍비가 어중이떠중이 같은 제자들을 모아놓고 어떻게 그들이 영광스러운 이스라엘 왕국의 통치자가 된다고 지껄인단 말인가!

감동적인 가르침, 놀라운 기적, 자칭 이스라엘의 권위자라고 말하는 이 모든 것이 사람들을 예수에게 끌어당겼지만 그와 동시에 종교 지도자들은 더욱 그에게서 멀어지게 만들었다. 예수는 그들에게 위협이었고 그렇기 때문에 위험한 인물이었다.

공격하고 공격당하다. 예수는 반대자들과의 거리를 좁힌다거나 화합하려는 의지를 나타내지 않았다. 그들과 캠프파이어를 하면서 '쿰바야'를 부르고 어울릴 마음이 전혀 없어 보였다. 오히려 틈만 나면 그들을 걸고넘어졌다. 복음서에 나오는 예수는 걸핏하면 종교 지도자들과 언쟁을 벌였다. 예수가 자신에게 죄를 용서할 권한이 있다고 하자 신성모독이라며 비난했고(막 2:7//마 9:3//눅 5:21), 안식일에 병자를 고치자 모세의 율법을 어겼다며 죽일 방법을 모의했다(막 3:6//마 12:14//눅 6:11). 예수가 귀신을 쫓아낼 때는 바알세불(사탄의 이름)이 들렸다고 했고 사탄의 힘으로 귀신을 쫓아내는 것이라고 헐뜯었다(막 3:22//마 12:24//눅 11:15; 마 9:34).

예수는 '다른 쪽 뺨도 돌려대라'고 가르친 분이니 행동도 그렇게 했을 거라고 생각하기 쉽지만 속단하지 말라(마 5:39//눅 6:29). 예수는 언제나 가만히 당하지 않고 되받아쳤다. 종교 지도자들을 '위선자'라고 부르는 장면이 마태복음에만 12번이나 나온다. 그중에서도 압권은 마태복음 23장이다. 바리새인들이 하는 말은 듣되 그들이 하는 행동은 따라하지 말라고 하며 그들은 말대로 행치 않는 위선자라고 일갈했다. 또한 사람들 어깨에 무거운 짐을 올려놓고 자신들은 손가락 하나 까딱하지 않는다고 했으며 그들이 하는 모든 일은 사람들의 칭찬과 자기만족을 위한 것이고 언제나 잔치 자리와 회당에서 상석만을 차지하려 한다고 질타했다.

종교 지도자들이 "경문 띠를 넓게" 하고 "옷술을 길게" 하는 것 역시 자기 과시의 일환이었다. 원래 경문이란 성경 구절을 안에 넣은 작은 상자를 말하는데 항상 자기 앞에 있는 말씀을 지키겠다는 각오를 의미했다(출 13:9, 16; 신 6:8; 11:18). 겉옷에 옷 술을 붙이는 것도 민수기 15장 38절과 신명기 22장 12절의 명령에 따라 하나님께 대한 헌신을 환기하려는 것이었다. 그런데 경문 띠를 더 넓게 했다는 것은 자신이 그만큼 기도의 용사라고 자랑하는 것이고 길게 늘어뜨린 옷술 역시 멀리서도 그가 얼마나 독실한 신앙인인가를 보여주려는 것이었다. 오늘날로 치면 교회에 올 때마다 커다란 성경책을 옆구리에 끼고서 "이 말씀의 헬라어 원래 뜻은 어쩌고저쩌고인데"라며 자기의 성경 지식을 자랑하는 교인이 딱 그 경우인 셈이다. 아니면 이런 사람들은 과장된 몸짓으로 거액의 수표를 헌금 바구니에 넣으면서 다른 사람들이 자신을 '영적인 사람'이라고 알아채길 바라는 사람이라 할 수도 있겠다. 어쨌든 예수의 핵심은 그 모두가 '쇼'라는 것이다.

예수는 바리새인과 율법학자들을 향해 저주와 독설을 시리즈로 쏟아냈다(마 23:13-36). 그중 일부를 여기에 소개하겠다.

> 화 있을진저 외식하는 서기관들과 바리새인들이여 너희는 천국 문을 사람들 앞에서 닫고 너희도 들어가지 않고 들어가려 하는 자도 들어가지 못하게 하는도다(마 23:13)

너희는 교인 한 사람을 얻기 위하여 바다와 육지를 두루 다니다가 생기면 너희보다 배나 더 지옥 자식이 되게 하는도다(마 23:15)

화 있을진저 눈 먼 인도자여 … 어리석은 맹인들이여 … 맹인들이여 …(마 23:16-17,19)

너희가 박하와 회향과 근채의 십일조는 드리되 율법의 더 중한 바 정의와 긍휼과 믿음은 버렸도다(마 23:23)

하루살이는 걸러 내고 낙타는 삼키는도다(마 23:24)

잔과 대접의 겉은 깨끗이 하되 그 안에는 탐욕과 방탕으로 가득하게 하는도다(마 23:25)

회칠한 무덤 같으니 겉으로는 아름답게 보이나 그 안에는 죽은 사람의 뼈와 모든 더러운 것이 가득하도다(마 23:27)

너희는 선지자들의 무덤을 만들고 의인들의 비석을 꾸미며 … 그러면 너희가 선지자를 죽인 자의 자손임을 스스로 증명함이로다 너희가 너희 조상의 분량을 채우라 (마 23:29, 31-32)

뱀들아 독사의 새끼들아 너희가 어떻게 지옥의 판결을 피하겠느냐(마 23:33)

위선자, 맹인 인도자, 어리석은 맹인, 욕심쟁이, 방탕한 자, 살인자, 독사 새끼…. 예수는 듣기에도 민망할 정도로 심한 욕설을 그들에게 퍼부었다. 바리새인들과 율법학자들은 충성된 제자들을 훈련하는 대신에 개종자들을 자기들보다 배나 더 "지옥 자식"이 되게 했다('지옥의 자식들'은 공포 영화 제목으로 그럴듯해 보인다). 하나님 나라에 가까워지게 만드는 게 아니라 눈앞에서 문을 쾅 닫아버렸다. 무덤 겉면은 화려하게 칠해 놓았지만 안에는 악취 나는 썩은 시체들만 쌓아놓았다(이것도 공포 영화의 한 장면으로 안성맞춤이다). 하나님의 선지자들을 공경하는 게 아니라 죽여 버린 게 그들이었다! 예수는 사람들과 친해지고 대중에게 영향력을 행사하는 데에는 별 관심이 없었고 자애로운 목자보다는 오히려 분노에 찬 인습 타파론자에 가까워 보였다. 대체 어찌 된 일일까?

예수의 그런 행동을 이해하기 위해서는 먼저 관련된 자들이 어떤 사람들이었는지부터 알아보는 게 상책일 것이다. 대체 예수는 누구랑 그렇게 대립각을 세웠고 왜 그토록 모질고 가혹한 말을 했던 걸까?

종교와 정치 상황

갈릴리에서 사역하던 초기에 예수는 주로 바리새인과 율법학자(서기관)들과 신경전을 벌였다. 바리새인들의 기원에 대해서는 알려진 바가 많지 않다. 하지만 마카베오파를 지원했던 '하시딤'이라는 집단에서 생겨났다는 설이 유력하다. 마카베오는 유대교를 말살하려는 안티오코스 에피파네스에 항거해 민란을 일으킨 사람이었다(2장 참조). 그러나 유대가 독립을 쟁취한 뒤부터 바리새인들은 점차 마카베오 가문의 통치자들(하스몬 왕조)과 사이가 벌어졌다. 이유는 왕들이 그리스의 헬레니즘 문화를 받아들였기 때문이다. '바리새'라는 단어도 '분리주의자'라는 뜻이었을 것이고 이방의 헬레니즘 문화를 탈피해 하나님과 그의 거룩함으로 돌아가려고 했을 것이다. 오늘날로 치면 그들은 정치계의 한 정당쯤으로 생각할 수 있다. 다만 1세기 이스라엘의 정치는 모든 것이 종교와 연관되었기 때문에 정치적이고 종교적인 정당이었다고 하는 게 더 정확한 표현이다.

반면에 정치적으로나 종교적으로나 바리새인과 반대 관점에 서 있던 사람들이 사두개인들이었다. 사두개인들의 기원 역시도 불분명하지만, 바리새인들에 맞서 하스몬 왕조를 지지하는 사람들로 조직된 집단이었을 가능성이 크다. 사두개인들은 산헤드린을 관장했고 유대의 지배계층과 성전 제사장직을 차지했다. 대제사장과 제사장급 귀족이었던 그들은 정치적으로 보수적이었고 변화를 싫어했다. 자신들이 모든 권력을 잡고 있으니 어쩌면 당연한 일이었을 것이다.

사두개인들과 바리새인들은 신앙관에서도 첨예한 차이를 보였다. 바리새인들은 토라라고 불리는 모세의 율법을 엄격하게 지켰고 기록된 율법뿐 아니라 율법을 어떻게 지켜야 하는지를 구체적으로 전수한 선조들의 가르침과 대대로 내려오는 전통까지 빠짐없이 지켜야 한다고 주장했다. 현재 그것들은 유대교의 '미쉬나Mishnah'에서 찾아볼 수 있다. 미쉬나는 성경 두께의 책으로서 랍비들의 견해와 첨언들이 기록되어 있다. 바리새인들은 또한 다윗의 혈통에서 메시아가 태어나 하나님 나라를 세우고 의와 공평으로 영원히 다스릴 거라는 믿음을 갖고 있었다. 또한 세상 끝 날에는 하나님이 죽은 자를 부활시켜 의로운 자들에게 상을 주시고 악한 자를 벌하시며 영원한 왕국을 다스리실 것이라고 믿었다.

반면에 사두개인들은 메시아에 큰 관심이 없었고(이미 자신들이 정치적 지배계층이었으니까) 죽은 자의 부활도 믿지 않았다. 그리고 운명이나 결정론 대신에 인생은 자기 결정에 따라 이루어지는 것이라며 인간의 자유 의지를 중요시했다.

바리새인과 사두개인은 정치 종교적 당파였지만 서기관과 율법학자는 전문 직업인들이었다. 서기관들은 모세 율법을 전문적으로 공부한 사람들로서 회당에서 사람들을 가르치고 일상에서의 율법에 대한 판례를 만들었다. 서기관은 제사장처럼 세습이 아니었고 바리새인과 사두개인처럼 특별한 조직에 들어가는 것도 아니라 자신이 존경하는 랍비의 제자가 되어 그로부터 가르침을 받으며 섬기면 얼마 후에는 서기관이 될 수 있었다. 정치적 당파와 연관된 서기관들은 대개 바리새인들이었다. 그들은 관심사가 같고 유대 율법을 존중했다. 마가복음 2장 16절도 "바리새인의 서기관들"이라고 말하고 있다.

팔레스타인 전역의 회당들에서는 율법을 공부했기 때문에 바리새인과 서기관들은 유대와 갈릴리 마을에서 대단한 영향력을 행사했다. 반면에 사두개인들은 예루살렘을 기반으로 권력을 행사했다. 성전과 제사장 귀족들이 예루살렘에 있었고 산헤드린이 만나는 장소이기도 했기 때문이다. 오늘날로 치면 바리새인은 지역 교회 목사나 지역 성당의 신부들이라 할 수 있고 사두개인은 권력의 중심지인 대도시의 주교나 추기경에 견줄 수 있다.

갈릴리의 바리새인과 서기관들과 충돌하다

지금까지의 간략한 소개가 보여주듯 예수는 사두개인들보다 서기관과 바리새인들과 공통점이 많았다. 예수도 바리새인들처럼 메시아가 나타날 것을 믿었고 죽은 자의 부활과 마지막 심판, 하나님 나라의 도래를 말했고 히브리 성경(구약 성경) 전체가 성령의 영감으로 쓰인 하나님 말씀이라고 했다. 반면에 사두개인들은 구약의 모세 오경, 즉 창세기부터 신명기까지만을 하나님 말씀으로 인정했다. 그럼 바리새인들의 신앙관과 크게 다를 게 없었던 예수가 왜 그토록 치열하게 그들과 언쟁을 벌이며 싸웠던 걸까?

첫째로, 앞에서도 말했듯이 문제는 '영역'이었다. 리스크 게임이 그러하듯 예수와 바리새인들도 같은 영역을 차지하기 위해 싸웠다. 그 영역은 갈릴리 지방의 마을과 회당에 있는 사람들의 마음과 생각이었다. 바리새인과 서기관들의 처지에서 보면 예수는 사람들의 마음을 훔쳐서 자신들의 인기와 영향력을 가로채는 양 도둑이었다.

둘째로, 예수와 바리새인이 하나님과 그 나라의 도래에 대한 믿음이 같다 해도 하나님이 그 약속들을 어떻게 성취하실지에 대해서는 완전히 다른 의견을 갖고 있었다. 물론 바리새인들도 언젠가 하나님이 메시아를 보내서 그의 나라를 건설할 거라고 확신했지만 그때까지는 율법의 모든 것을 철저히 지켜야 한다고 생각했다. 율법을 어기는 '죄인들'은 심판을 받고 지옥에 떨어질 것이며 율법을 지키는 '의인들'(철저히 지킬수록 더 의인이라고 생각함)은 메시아의 잔치 자리(세상 끝날 하나님이 종들에게 베풀어주시는 감사 이벤트)에서 보상과 축복을 받을 것이라고 믿었다(사 25:6-8 참조).

그러나 예수의 견해는 완전히 달랐다. 예수의 말과 행동으로 인해 하나님 나라는 이미 인류에 임했고 그 자신이 하나님 나라가 오게 하는 대리인이라고 했다. 치유 사역은 피조물이 원래의 상태로 회복되는 종말 현상의 예고편이고(사 35:5-6 참조) 귀신을 쫓아내는 사역은 하나님 나라가 침노하여 사탄의 왕국을 멸절시킨다는 증거였다. 죽은 자를 살림은 세상 끝날 부활에 대한 전조였고 예수의 부활이 그 첫 열매가 될 것이었다. 또한 예수는 종교 지도자들이 생각하는 '죄인들'만이 아니라 모든 사람이 죄를 회개하고 믿음으로 하나님 나라의 복음을 받아들여야 한다고 말했다. 구원은 믿는 자에게 공짜로 주어지는 선물이다.

바리새인과 서기관들의 처지에서 볼 때 그 같은 주장은 얼토당토않은 헛소리였다. 생각해보라. 만일 어떤 사람이 당신 교회에 와서 자기가 세상의 구원자라고 한다면 어떻겠는가? 우리 아버지는 목사였는데 어느 주일, 설교 도중에 누가 옆문으로 예배당 안에 들어와서 곧바로 강대상 앞으로 걸어가더니 아버지한테 손을 뻗으며 "안녕하시오, 나는 예수 그리스도요."라고 말했다고 한다. 자신이 누구인지를 모르는 사람 같아서 우리 아버지는 침착하게 안나위원을 불러 그를 모시고 뒤로 가 달라고 부탁했다. 그런 상황에서는 그것이 제일 적절한 대응이었을 것이다. "이 예수님을 자리에 앉으시게 하고 다 같이 경배를 드립시다." 할 수는 없는 노릇이니까.

마찬가지로 종교 지도자들도 이 갈릴리 랍비를 그냥 무시할 수가 없었다. 팬층이 두꺼워지고 갈수록 거슬리는 행동만 하는데 어찌 가만히 보고만 있겠는가? 하나님 나라를 자신이 임하게 했다고 주장하는 판국이니 그에 대한 적절한 대응이 필요한 상황이었다. 그는 정말로 그런 사람이거나 아니면 그런 사람이 아니거나 둘 중의 하나였다. 결국 바리새인과 서기관들은 예수의 주장을 거짓으로 단정 지었고 그럼으로써 그들은 사사건건 예수를 물고 뜯는 수밖에 없었다. 죄를 사하는 신적 권한이 있다고 주장하는 것, 안식일 법을 우습게 여기는 것, 죄인들과 어울리는 것 등이 전부 공격의 대상이었다. 그들은 귀신 쫓는 권능을 코앞에서 목격하고도 그것을 사탄의 힘이라고 몰아세웠다.

그런 점들을 생각하면 예수가 왜 그리 완강한 태도를 보였는지 이해가 될 것이다. 예수는 자신이 세상에 온 것이 인류 역사의 전환점이며 하나님이 베푸실 구원 계획의 정점이라는 사실을 알고 있었다. 하나님에게 제2의 계획은 없었다. 하나님 나라를 맞이하기 위해 이스라엘을 회개와 믿음으로 이끄는 것이 예수의 사명이었다. 그것을 훼방하고 막아서는 자는 하나님을 훼방하는 것이었다. "나와 함께 아니하는 자는 나를 반대하는 자요"라고 예수는 분명히 말씀했다(마 12:30//눅 11:23). 이스라엘 지도자들이 예수를 외면하고 비난하자 예수도 그들의 권위를 무시하고 공개적으로 비난할 수밖에 없었다. 그들을 '맹인 인도자'라고 한 이유는 예수의 관점에서 그들이 바로 그런 자들이었기 때문이다. 지도자라는 인간들이 이스라엘을 잘못된 길로 이끌고 있었고 하나님의 구원 계획을 망치고 있었다.

예루살렘에서의 폭로전

갈릴리에서는 주로 바리새인과 서기관들과 언쟁을 벌였지만 마지막 유월절에 예루살렘에 올라갔을 때는 제사장들과 산헤드린 회원들이 예수를 공격하기 시작했다. 다가올 죽음을 처음으로 언급할 때에도(막 8:31//마 16:21//눅 9:22) 예수는 "장로들과 대제사장들과 서기관들에게 버린 바 되어" 죽임을 당할 것이라고 말했다. 그 세 집단은 유대 최고 법정인 산헤드린의 회원들이었다. 대제사장이란 예루살렘의 최고위 제사장들과 그들의 아들들과 다른 고위층 제사장들을 말한다. 그들 대부분은 예루살렘의 상류층인 사두개인들이었다. 장로란 평신도 지도자이자 예루살렘의 귀족들이었다. 앞에서도 말했지만 율법학자, 혹은 서기관들은 모세 율법의 전문가들이었다. 이들은 모두 산헤드린 공회의 회원들이었고 가장 칭송받는 사람들이었다.

예수는 갈릴리에서도 가끔 신변의 위협을 느낄 때가 있었지만 마지막 유월절을 지내러 예루살렘에 왔을 때는 상상 초월의 위협이 가해지기 시작했다. 평소에도 예루살렘은 소란스러운 곳이었으나 애국심이 고조되는 유월절에는 특히 더 어수선했다. 로마 제국 전역에서 유월절을 쇠려는 유대인들이 몰려들어 도시 인구는 10배나 불어났다. 유월절은 이스라엘이 애굽의 노예에서 해방된 것을 기념하는 날이었다. 하지만 당시 이스라엘을 지배하고 있던 로마 군인들이 성전 뜰 한 곳(안토니아 망대)에서 성전을 내려다보는 상황은 아이러니가 아닐 수 없었다. 그 살벌한 풍경은 이스라엘에 자유가 없음을 계속 환기해주고 있었다.

유월절에는 로마 총독 본디오 빌라도가 도시의 치안 유지를 위해 예루살렘으로 와야 했다. 아마도 그는 오기 전부터 심기가 불편했다. 예루살렘에 오려면 자신이 거처하는 가이사랴 마리티마Caesarea Maritima, 팔레스타인의 로마 본부를 떠나야 했다. 그곳의 상쾌한 바람과 온천을 놔두고 유대인 순례자들로 북적대는 식민지에 오기가 그리 기분 좋은 일은 아니었을 것이다. 유월절 제사를 위해 도살되는 수만 마리 양들의 피비린내가 유대 신에게는 좋은 향기일지 몰라도 빌라도에게는 역겨운 지옥의 냄새였을 것이다. 그러니 그렇게 벌컥 화를 내며 예민하게 반응했는지도 모를 일이다.

예민해지는 건 성전을 감독하는 유대 제사장들도 마찬가지였다. 무엇이든 골치 아픈 일이 생기면 자신들의 영업(?)에 지장이 생기지 않겠는가? 유대인 선지자라는 작자가 뜬금없이 나타나서 자신이 하나님이 베푸실 구원의 종결자라고 하는 건 결코 즐거운 주말의 그림이 아니었다. 이런 일촉즉발의 상황에서 예수가 한 세 가지 행동이 불에 기름을 붓는 꼴이 되고 말았다. 예수가 나귀를 타고 예루살렘에 입성한 것, 성전의 장사치들을 내어 쫓은 것, 그리고 성전 뜰에서 종교 지도자들과의 공개적인 언쟁이 바로 그것이었다.

왕의 입성. 모든 기록이 입증하는 것은 예수가 마지막 유월절 기간에 일부러, 의도적으로 위기를 자초했다는 점이다. 나귀를 타고 예루살렘에 들어간 것(막 11:1-10//마 21:1-9//눅 19:28-40//요 12:12-19)은 스가랴 9장 9절 말씀을 이루려는 계획된 행동이었다. 유대인들은 그 말씀이 메시아의 오심을 예언한 것이라고 해석했다.

시온의 딸아 크게 기뻐할지어다
예루살렘의 딸아 즐거이 부를지어다
보라 네 왕이 네게 임하시나니
그는 공의로우시며 구원을 베푸시며
겸손하여서 나귀를 타시나니
나귀의 작은 것 곧 나귀 새끼니라(슥 9:9)

예수는 이때 처음으로 자신이 메시아임을 정식으로 입증했다. 유월절을 쇠러 예루살렘으로 가는 순례자들은 보통 걸어서 갔다. 예수가 일부러 제자들을 시켜서 나귀 한 마리를 구해오라고 한 뒤 그것을 타고 예루살렘에 들어갔다는 사실은(복음서들을 통틀어 예수가 가축을 타셨다는 얘기는 이때가 유일함) 어떤 목적을 갖고 상징적으로, 그리고 상대를 자극하기 위한 고의적 행동임을 암시하고 있다. 심지어 누군가에게 나귀를 잠시 빌려달라고 한 것도 근동에 살던 1세기 사람들에게는 왕에게 필요한 물건을 바치는 공물을 연상시켰을 것이다.

요한복음에 보면 예루살렘에 입성한 사람들이 종려나무 가지를 흔들며 예수에게 환호를 보냈다고 한다(요 12:13). 종려나무 가지는 유대 민족주의를 상징했다. 사람들이 "호산나 찬송하리로다 주의 이름으로 오시는 이"라고 외친 이유가 무엇인지에 대해서는 의견이 분분하다. "호산나"는 히브리어로 '지금 구원해주소서!'라는 의미이고 "주의 이름으로 오시는 이"는 시편 118편 26절에서 따온 것이다(특히 시편 118편은 유대인들이 예루살렘에 올라갈 때 불렀던 '할렐', 즉 찬양 중의 하나였음). 마가복음은 사람들이 "오는 우리 조상 다윗의 나라"를 기뻐했다고 적었다(막 11:10). 누가복음 역시 "주의 이름으로 오시는 왕이여"라고 외쳤다는 얘기를 적었다(눅 19:38). 마태복음에서도 "다윗의 자손이여 … 주의 이름으로 오시는 이여"라고 그들은 외쳤다(마 21:9). 요한복음에서는 예수를 "이스라엘의 왕"이라고 불렀다(요 12:13). 이 모든 일과 스가랴서 9장 9절의 배경을 놓고 보았을 때 예수는 자신이 이스라엘의 왕이자 올 구세주라는 사실을 공언했다고 생각할 수 있다. 물론 성전 지도자들이 그것을 모른 척 넘어갈 리가 없었다.

성전을 정결케 함. 그다음으로 예수가 한 행동은 이전보다 더 도발적이었다. 예루살렘 성전에 들어가서 환전상들과 가축 파는 상인들을 내어 쫓았다(막 11:15-17//마 21:12-13//눅 19:45-46; 요 2:13-17). 하지만 그 상인들은 성전 운영에 없어서는 안 될 중요한 사람들이었다. 환전상들은 세계 각국의 화폐들을 두로 지방에서 발행한 세겔로 바꾸어주었다. 성전세를 내기 위해서는 무게와 가치가 일정한 화폐가 필요했다. 또한 가축을 파는 상인들은 먼 곳에서 온 유대인들이 제사용 가축을 쉽게 살 수 있도록 해 주었다. 멀리서부터 가축을 끌고 오지 않아도 제사 규정에 맞게 도살된 제물을 곧바로 살 수 있다는 장점이 있었다. 그 상인들은 '이방인의 뜰'이라고 불렸던 성전 바깥뜰에서 장사했다.

상인들이 그토록 꼭 필요한 일을 했다면 예수는 왜 그 난리를 피우며 그들을 쫓아냈던 것일까? 예수는 예레미야 7장 11절과 이사야 56장 7절을 암시하는 말씀으로 그 이유를 대변했다. "기록된 바 내 집은 만민이 기도하는 집이라 칭함을 받으리라고 하지 아니하였느냐 너희는 강도의 소굴을 만들었도다"(막 11:17; 마 21:13//눅 19:45-46). 하나님의 성전은 만민이 기도하고 경배하는 곳인데 그런 곳에서 이루어지는 상행위는 그것을 방해하는 것이었다. '강도의 소굴'이라는 말은 상인들이 바가지를 씌워 부당 이익을 취했다는 의미일 수도 있지만, 헬라어는 원래 '갈취자'나 '협잡꾼'을 뜻하는 데 사용되었던 단어가 아니다. 보통은 길가의 노상강도나 폭도들에게 사용했던 말이었다. 따라서 예수의 말씀은 상거래를 통해 이익을 취하고 하나님의 예배를 훼손했던 성전 지도자들에게 하는 말이라고 해석할 수 있다.

예로부터 이 사건을 '성전 정화'라고 불렀고 예수가 더럽혀진 성전을 깨끗하게 했다고 이야기했다. 어찌 보면 유다 마카베오가 에피파네스에 의해 더럽혀진 성전을 깨끗이 해서 재봉헌한 것과 유사하다고 말할 수 있다. 현재의 지도자들이 성전을 더럽혔으니 불결한 것들을 정화해야 한다는 예수의 메시지이자 수위 높은 도발이었다. 하지만 그의 의도는 그것만이 아니었다고 생각한다. 성전을 심판하고 파괴한다는 상징적 행동으로 확대해석할 수 있다. 실제로 예수는 얼마 후에 있을 성전 파괴를 예언했고(막 13:2//마 24:2//눅 21:6; 눅 19:43-44; 요 2:19) 예수가 직접 성전을 부수겠다고 위협했다는 게 재판에서의 고소 사유이기도 했다(막 14:58//마 26:61; 막 15:29//마 27:40). 따라서 성전에서의 행동은 상징적 의미가 있다고 볼 수 있다. 결국 성전 파괴는 부패한 지도자들의 방종이 그 요인이었다. 다시 한번 말하지만 예수의 대담한 행동은 대적들의 심기를 건드렸고 위험을 자초하게 했다.

예루살렘 지도자들과의 언쟁. 예수는 성전을 정화한 뒤에 연속해서 종교 지도자들과 치열한 설전을 펼쳤다(막 11:27-12:40; 마 21:23-22:46; 눅 20:1-44). 그때마다 예수는 상대방의 말문을 막았고 누구도 필적 못 할 지혜를 보여주었다. 그 가운데서도 특히 유의해야 할 두 일화가 있다.

첫째로, 대제사장과 서기관과 장로들이 예수에게 와서 무슨 권위로 그런 일을 하느냐고 물었을 때다(막 11:27-33//마 21:23-27//눅 20:1-8). 그 말에 예수는 자신의 질문부터 대답하면 답변을 주겠노라며 "요한의 세례가 하늘(하나님)로부터냐 사람으로부터냐"라고 물었다. 만일 그들이 하늘로부터라고 말하면 "어찌하며 그를 믿지 아니하였느냐"라고 할 것이고 사람으로부터라고 한다면 요한을 참 선지자라고 믿는 사람들에게 미움을 살 것이다. 진퇴양난에 빠진 그들은 머리를 맞대고 의논하다가 결국은 조용히 빠져나가는 방법을 선택했다. "우리가 알지 못하노라".

아이러니하게도 그들은 자신들의 무식을 인정함으로써 자기들이 얼마나 무자격자들인가를 만천하에 드러내고 말았다. 소위 이스라엘의 지도자라는 사람들이 진짜와 가짜 선지자도 구별해내지 못한다면 예수에게 무슨 권위로 그런 일을 하느냐고 따질 수가 있단 말인가? 그렇기에 예수는 "나도 무슨 권위로 이런 일을 하는지 너희에게 이르지 아니하리라"고 했다. 그건 소심한 앙갚음이 아니었다. 조금 전에 그들 스스로가 예수를 판단할 자격이 없다는 걸 인정했으니 그들은 이스라엘의 지도자와 재판관으로서 실격이었다. 물론 그들은 예수가 하나님을 위해 그런 일을 한다는 걸 알고 있었지만, 그 사실을 인정하기 싫었다.

그들과의 설전을 마친 예수는 곧바로 포도원 농부의 비유를 말하며 다시 한번 종교 지도자들의 자격 논란에 쐐기를 박았다(막 12:1-12//마 21:33-46//눅 20:9-19). 이 풍자적 비유에서 종교 지도자들은 하나님의 포도밭(이스라엘을 의미함)을 가는 소작농으로 묘사되었다. 포도밭 주인(하나님을 의미함)이 자신의 종들(선지자들을 의미함)을 보내 포도밭의 소출을 받아오라고 하자 농부들은 종들을 때리고 죽였다. 결국 주인은 자기 아들(예수)을 보냈으나 농부들은 그마저 죽여서 포도원 밖으로 던져버렸다.

이 비유가 가진 함의는 명백했다. 종교 지도자들은 하나님에 대항해 그의 선지자들을 죽이고 결국은 아들까지 죽이는 살인자들이었다. 그러니 종교 지도자들이 예수를 위험인물로 낙인찍을 수밖에 없었다. 그들은 예수의 비유가 끝나자마자 작당 모의를 시작했다. "그들이 예수의 이 비유가 자기들을 가리켜 말씀하심인 줄 알고 잡고자 하되 무리를 두려워하여 예수를 두고 가니라"(막 12:12). 재미있는 건, 예수를 죽이려 함으로써 사실상 비유에 나오는 말씀을 현실로 만들었다는 점이다.

위에서 말한 예수의 세 가지 행동들, 즉 나귀를 타고 예루살렘에 입성하고, 성전을 깨끗하게 하고, 종교 지도자들에게 도발한 것이 두 가지 사실을 입증해준다. 하나는 예수가 이스라엘의 메시아라는 점이고 다른 하나는 의도적으로 자기 죽음을 자초했다는 점이다.

외면적인 '불손한 행동들', 즉 종교 지도자들에 대해 날카롭고도 강도 높은 비난들은 예수의 소명이라는 큰 맥락에서 볼 때 이해가 가능하다. 첫째로 예수는 하나님의 대변자이자 이스라엘의 메시아로서 하나님 나라가 임했음을 선포하고 종교 지도자들의 실패를 추궁했다. 둘째로는 그들이 지도자이자 이스라엘의 목자로서 자격 미달임을 지적함으로써 의도적으로 그들의 반응을 끌어냈다. 결국 그들은 가만히 있을 수 없는 처지가 되고 말았다. 예수를 따르거나 죽이거나 둘 중의 하나일 뿐이었다. 바로 여기에 복음의 아이러니와 십자가의 역설이 존재한다. 이스라엘의 지도자들은 하나님의 기름부음 자를 죽임으로써 결과적으로 하나님의 목적이 달성되도록 만들었다. 구원은 성자의 희생적 죽음을 통해 이루어지는 것이었다.

결론

예전에 내 안에 한 줌의 겸손을 갖게 해준 사건이 있었다. 우리 큰아들이 대여섯 살 무렵이었는데 아마도 아빠가 뭘 하는 사람인지 꽤 궁금했던 모양이었다. 어느 날 사람들이 왜 아빠더러 닥터 스트라우스Dr. Strauss라고 부르는지를 물었다. 자기가 만난 닥터들은 아픈 사람을 치료해주었는데 아빠는 아플 때 별 도움도 안 되고 다른 닥터들하고 다르다는 것이었다. 오히려 그럴 때는 엄마가 더 나으니 엄마를 닥터 스트라우스라고 부르는 게 맞지 않느냐고 했다.

그래서 나는 아빠의 경우 닥터는 의사MD가 아니라 박사Ph.D.라는 뜻이고 박사는 특정한 분야에서 공부를 많이 한 전문가를 말한다고 설명해주었다. 내 전공은 신약과 헬라어였다. "이제 알겠지?"라고 내가 묻자 아들은 어른들이 당최 무슨 말을 하는지 모를 때 아이들이 짓는 전형적인 표정을 지으며 마지못해 고개를 끄덕였다.

몇 주 뒤에 우리 가족이 함께 텔레비전 쇼를 보고 있는데 출연자 중 한 사람이 돌팔이 의사 이야기를 하자 아들이 내게 "돌팔이가 뭐예요?"라고 물었다. 나는 "아, 그건 의사도 아니면서 의사인 척하는 사람을 말하는 거야"라고 대답하자 아들이 씩 웃더니 "아하, 아빠 같은 사람!"이라고 하는 것이었다.

아이들은 무슨 학위를 땄고 얼마나 높은 직위에 있는지를 따지지 않는다. 그들에게 중요한 건 자신을 진심으로 돌봐주고 도와줄 수 있느냐 아니냐일 뿐이다. 미국 대통령이 학교에 방문하는 모습을 지켜볼 때마다 웃음이 나온다. 그가 세상에서 가장 힘 있는 사람이건 말건 솔직하게 쏟아내는 어린이들의 질문에 당황하는 대통령 표정이 정말 재미있다.

예수의 사명은 타락한 세상을 바로잡아 인류와 모든 피조물을 하나님과 화해시키는 것이었다. 유대 율법의 박사든 뭐든 예수가 전하는 하나님 나라 메시지를 경멸하고 자기들만 최고라고 생각하는 자들을 참고 견디며 노닥거릴 시간이 없었다. 그런 맥락에서 본다면 예수가 왜 그리 가혹하게 대했는지를 이해할 수 있을 것이다.

예수가 세리였던 레위를 자신의 제자로 받아들이고 그의 집에서 열린 잔치 초대에 응했을 때 종교 지도자들은 "어찌하여 세리 및 죄인들과 함께 먹는가"라며 트집을 잡았다. 예수는 다음과 같은 심오한 대답으로 그들의 말문을 막았다. "건강한 자에게는 의사가 쓸 데 없고 병든 자에게라야 쓸 데 있느니라 나는 의인을 부르러 온 것이 아니요 죄인을 부르러 왔노라"(막 2:17; 마 9:13//눅 5:32). 종교 지도자들 눈에는 자신들이 병든 것 같지 않으니까 의사가 필요 없다고 여겼지만 그건 인간적인 노력으로 이루어낸 의로움이었다. 회개하고 하나님의 나라를 영접하라는 예수의 말에 그들은 코웃음을 쳤다. 반면에 빈민과 죄인과 세리와 창녀들은 자신의 문제를 깨닫고 믿음과 감사로 예수의 말씀을 받아들였다.

하나님은 박사 학위에 감탄하지 않으신다. 비범한 운동 능력도, 독보적인 과학 기술도, 수천만 달러를 벌어들이는 사업 수완도 하나님께 감명을 주지 못한다. 유창한 언변과 대중을 열광시키는 정치가의 매력도 하나님을 놀라시게 하지 못한다. 하나님은 오로지 겸손한 마음과 어린아이 같은 순전한 믿음에만 감동하신다. 예수의 말씀을 들어보라.

> 예수께서 보시고 노하시어 이르시되 어린 아이들이 내게 오는 것을 용납하고 금하지 말라 하나님의 나라가 이런 자의 것이니라 내가 진실로 너희에게 이르노니 누구든지 하나님의 나라를 어린 아이와 같이 받들지 않는 자는 결단코 그 곳에 들어가지 못하리라 하시고 (막 10:14-15)

성난 고발자인가
온유한 목자인가?

1·

저자는 이스라엘 종교 지도자들이 예수와 계속 부딪친 이유가 무엇이라고 했는가?

2·

예수는 종교 지도자들에 대해 뭐라고 말했는가? 어떤 식으로 그들을 비난했는가?

3·

이 장에서는 바리새인과 사두개인이 어떤 사람들이라고 이야기하고 있는가?

4·

예수가 바리새인과 사두개인들에게 위협이 되었던 이유는 무엇인가?

5·

마지막 유월절을 쇠러 예루살렘에 갔을 때 예수는 어떤 행동으로 권위자들을 자극했는가?

6·

당신은 예수의 그런 행동과 분노가 정당하다고 생각하는가? 그 이유는 무엇인가?

내가 불을 땅에 던지러 왔노니

이 불이 이미 붙었으면 내가 무엇을 원하리요

| 나사렛 예수 (눅 12:49) |

4

환경 보호론자인가 환경 파괴자인가?

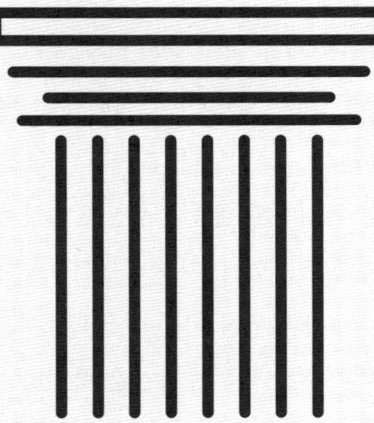

돼지들을 죽이고 나무를 저주하다

마이클 빅Michael Vick은 기량이 뛰어난 미국의 미식축구 선수다. 버지니아 공과대학에서 쿼터백으로 맹활약을 펼치다 2001년에 NFL(내셔널 풋볼 리그) 드래프트에서 1순위로 애틀랜타 팰컨스에 입단하여 주전 쿼터백으로 여섯 시즌을 치렀고 세 번에 걸쳐 풋볼 리그 올스타전 선수로 선정되었다. 그는 자기 팀 팰컨스를 두 번이나 플레이오프에 진출시켰다. 돌진하는 경기로 유명했던 그는 필드에서 폭발적인 경기력을 보여주었고 거의 패배할 것 같은 경기를 뒤집어 승리를 끌어내기도 했다. 당연히 수많은 팬이 그를 응원했고 그의 인기는 하늘을 찌를 정도였다.

그러던 어느 날 심각한 스캔들이 터지고 말았다. 그가 불법 투견에 연루되었다는 사실이 밝혀진 것이다. 집에 50마리의 투견을 가두어놓고 훈련하는 배드 뉴즈 케널스Bad Newz Kennels라는 조직의 주된 후원자일 뿐 아니라 자기 집을 투견장으로 제공하고, 개들을 죽이고, 고액의 투견 도박을 한 사실이 드러났다. TV에서는 연일 그의 이야기를 주요 뉴스로 보도했고 학대받은 개들의 사진을 영상자료로 내보냈다. 이제는 마이클 빅이 당할 차례였다. 여론이 들끓고 엄청난 비난이 쏟아졌다. 미국인은 유명인들이 마약에 손을 대건 매춘부와 놀아나건 관대하게 눈감아 주는 편이지만 말 못하는 동물을 학대하는 건 가만히 넘기지 않는다. 빅이 했던 광고 계약은 모두 취소되었고 그의 인기는 하루아침에 바닥으로 추락했다. 2007년에 실형을 선고받은 그는 21개월간 교도소에 갇혔다가 풀려났다. 한때 NFL에서 최고 연봉을 받던 인기선수가 2008년 7월에는 파산신고를 하는 신세로 전락하고 말았다.

미국인들은 동물을 좋아하고 그중에서도 특히 개를 좋아한다. 개를 때리거나, 불구로 만들거나, 죽이는 사람은 미국 사회에서 영원히 매장되고 만다. 그 후 여러 차례 반성의 빛을 보인 마이클 빅은 과거의 경기력과 인기를 어느 정도 되찾았지만, 개를 학대한 인간이라는 낙인은 영원히 지울 수 없었다. 사족을 붙이자면, 이 대목을 쓰면서 아내에게 마이클 빅의 이야기를 했더니 (아내는 미식축구 팬이 아님) 제일 먼저 하는 소리가 "아, 그 개 죽인 인간!"이었다.

동물 학대자에게 어울리는 표현은 '몰상식'일 것이다. 내가 열 살이었을 때 하루는 옆집 누나한테서 다급한 전화 한 통이 걸려왔다. 그 집 앞마당에 뱀이 들어왔는데 무서워서 나가지를 못하겠다는 것이었다. 나와 형은 누나를 구하기 위해 곧장 그 집으로 달려가서 앞마당을 살피기 시작했다. 얼마 뒤에 정말로 뱀이 꿈틀대는 모습이 우리 눈에 띄었다. 독이 없는 얼룩뱀이었다. 산홋빛의 아름다운 피부를 가진 그 녀석은 무수한 근육들을 움직이며 유유히 마당을 가로지르고 있었다. 우리는 하나님의 피조물인 그 녀석의 아름다움과 유연함에 감탄하면서 이내 대가리를 댕강 잘라버렸다.

지금은 그때의 무지막지한 행동이 후회스럽다. 그냥 뱀을 잡아서 숲 속에 놓아주면 될 것을 그때는 너무 어려서 철이 없었던 것 같다. 자, 나는 내 죄를 고백했다. 당시는 어렸으니까 그런 바보짓도 용서가 될 수 있을 것이다. 재미 삼아 벌레를 짓이겨 죽이고, 플라스틱 비행기 장난감에 화약을 놓고…. 한창 그러고 놀 때였으니 오죽했겠는가! 하지만 예수가 무분별하게 돼지 떼를 바다에 빠트려 죽게 했다는 소문이 퍼졌을 때 사람들 반응이 어땠을지를 생각해보라. 분명 파파라치들이 예수의 집 문 앞에서 기다리고 있지 않았을까?

동물 학대였나? 돼지 수영대회였나?

"랍비 예수가 2천 마리 돼지를 익사시키다: 분노한 돼지치기들의 증언!"

그날 '갈릴리 일보'에는 마가복음 5장 1~20절 사건을 보도하는 이런 제목의 기사가 대서특필되었을 것이다(마 8:28-34//눅 8:26-39). 복음서의 이야기 중에서도 이 돼지 사건은 참으로 이해하기 어려운 이야기다.

당시 상황: 바다에 휘몰아친 폭풍. 예수와 제자들이 배를 타고 갈릴리 바다를 막 건넜을 때였다. 그들은 남서부의 유대 지역에서 남동부에 있는 이방인 지역으로 가는 중이었다. 이 여정에는 우여곡절이 많았다. 바다를 건너는 동안 거센 폭풍이 몰아쳤고 오랜 사역에 지친 예수는 고물에서 베개를 베고 자고 있었다. 잠시 후, 몰아치는 바람에 배가 뒤집힐 것 같아 보이자, 겁이 난 제자들은 예수를 깨우며 도와달라고 부르짖었다. 잠에서 깬 예수가 자리에서 일어나 바람과 파도를 향해 "잠잠하라 고요하라"고 외치니 그 자리에서 바람이 잦아들었고 이전처럼 바다가 고요해졌다(막 4:39).

이 이야기에 아무런 감흥도 못 느끼는 건 당신이 교회학교를 너무 오래 다녔기 때문이다. ("예, 예, 잘 알죠. 홍해는 갈라졌고요, 여리고 성은 무너졌고요, 예수는 바다를 잠잠하게 하셨고요, 뭐 그랬다더군요.") 눈앞에서 벌어진 일에 소스라치게 놀란 제자들이 떨리는 음성으로 수군거렸다. "그가 누구이기에 바람과 바다도 순종하는가 하였더라"(막 4:41).

이야기의 핵심은 물론 예수의 놀라운 권능이다. 구약에서는 하나님만이 자연 현상을 통제하셨다. "주께서 바다의 파도를 다스리시며 그 파도가 일어날 때에 잔잔하게 하시나이다"라고 시편 89편 9절은 읊었다. 시편 107편 23~29절은 그보다 더 구체적이다.

배들을 바다에 띄우며 …

여호와께서 행하신 일들과 그의 기이한 일들을 깊은 바다에서 보나니

여호와께서 명령하신즉 광풍이 일어나

바다 물결을 일으키는도다 …

그들이 이리저리 구르며 취한 자 같이 비틀거리니

그들의 모든 지각이 혼돈 속에 빠지는도다

이에 그들이 그들의 고통 때문에 여호와께 부르짖으매

그가 그들의 고통에서 그들을 인도하여 내시고

광풍을 고요하게 하사 물결도 잔잔하게 하시는도다(시 107:23-29)

예수가 바다를 잔잔하게 한 사건은 정확히 이 시편 말씀을 재현한 것으로 보인다. 제자들이 바다로 갔는데 광풍이 일었고 예수에게 부르짖으니 예수가 광풍과 물결을 잔잔하게 했다. 이쯤 되면 요지는 간단하다. 예수는 지금 하나님의 권위를 사용하고 있다. 게다가 또 다른 해석도 가능하다. 고대 근동 지방에서 바다는 혼돈과 악과 파멸의 장소를 상징했다. 예수가 귀신을 꾸짖듯이 바다를 '꾸짖었다'는 것은(막 1:25; 9:25) 그의 권능이 악의 세력을 무릎 꿇게 한다는 뜻이었다. 이 사실은 다음의 사건에서도 중요한 요소로 작용한다.

거라사에 도착함. 예수 일행을 태운 배가 남동부 연안에 도착하자 더 큰 모험이 그들을 기다리고 있었다. 근처 공동묘지에서 험상궂은 얼굴의 귀신들린 남자가 무덤 속에서 뛰쳐나왔다. 복음서 기자 중 가장 재담꾼인 마가는 당시의 상황을 매우 구체적이고 생생하게 묘사했다.

그 사람은 무덤 사이에 거처하는데 이제는 아무도 그를 쇠사슬로도 맬 수 없게 되었으니 이는 여러 번 고랑과 쇠사슬에 매였어도 쇠사슬을 끊고 고랑을 깨뜨렸음이러라 그리하여 아무도 그를 제어할 힘이 없는지라 밤낮 무덤 사이에서나 산에서나 늘 소리 지르며 돌로 자기의 몸을 해치고 있었더라(막 5:3-5)

누가는 그가 오랫동안 옷을 입지 않고 나체로 살았다고 덧붙였다(눅 8:27). 난폭하고 귀신 들린 미치광이보다 더 피하고 싶은 사람은 난폭하고, 귀신들리고, 나체인 미치광이다. 나는 스코틀랜드에서 박사과정을 밟았는데 어느 날 아는 현지인이 스코틀랜드 북부의 고산지대 사람들이 전투에서 얼마나 무섭고 흉포한지 아느냐고 물었다(영화 '브레이브하트'나 '롭 로이'를 보았다면 대충 짐작이 갈 것이다). 그리곤 이렇게 말했다. "사람들은 스코틀랜드 군대가 킬트(짧은 치마처럼 생긴 전통의상)를 입고 싸우는 줄 아는데 그들이 진짜 무서운 이유는 전투하다가 킬트를 벗고 나체로 싸우기 때문이에요." 벌거벗은 스코틀랜드 군사가 전투용 도끼를 들고 나에게 달려든다면 너무 끔찍할 것 같다.

그런데 성경의 예수는 그보다 더 끔찍한 광경을 마주했다. 귀신 들린 미치광이 남자가 옷을 홀딱 벗은 채로 예수에게 달려들었다. 그런데 다음 장면이 더 충격적이다. 아니, 웃긴다고 해야 하나? 전속력으로 달려오던 남자가 갑자기 예수 앞에서 우뚝 멈추어 섰다. 자, 얼굴을 마주 보게 된 두 사람, 이들 중 겁에 질려 고개를 숙인 건 누구였을까? 귀신이었다! 그는 이렇게 소리 질렀다. "큰 소리로 부르짖어 이르되 지극히 높으신 하나님의 아들 예수여 나와 당신이 무슨 상관이 있나이까 원하건대 하나님 앞에 맹세하고 나를 괴롭히지 마옵소서 하니"(막 5:7). 복음서의 기록들이 보여주듯 귀신들이 예수를 만나면 항상 그놈들이 먼저 두려워서 벌벌 떤다. 그들은 예수가 누구이고 왜 이 땅에 왔는지 알고 있다. 예수는 피조물을 회복시키고 사탄의 나라를 전복시켜 영적 노예가 된 자들을 풀어주기 위해 왔다.

유대인의 관점에서 볼 때 그것은 어느 모로 보나 혐오스럽고 부정 타는 일이었다. 이방인 지역이니 거기에 있다는 것 자체가 유대인들에게는 부정 탈 일이었고, 무덤은 시신이 있는 곳이므로 부정 탈 조건이 하나 더 갖추어져 있었으며, 귀신은 '불결한' 혹은 '더러운' 영들이니 더더욱 부정 탈 수밖에 없는 상황이었다. 거기에 벗은 몸까지 합세해 수치와 모욕감마저 안겨주었다.

그런데도 예수는 그 남자를 치유했고 불결함을 깨끗하게 씻겨 주었다. 하나님 나라의 복음은 빛과 소금이기에 닿는 것마다 변화시키고 새롭게 하는 힘이 있다.

귀신을 쫓아냄. 예수가 귀신에게 이름을 묻자 귀신은 자기 이름이 "군대"라고 대답했다. 군대는 6천 명으로 이루어진 로마 군대의 한 단위를 말한다. 물론 그 남자 안에 정확히 6천 마리의 귀신이 들어있다는 게 아니라 "우리가 많음이니이다"라고 한 것처럼 많은 수의 귀신이 들려있다는 뜻이었다(막 5:9). 아무리 예수라도 그런 막강한 악의 세력은 부담이 될 수 있었겠지만 이번에도 예수는 한 수 위였다. 마가복음은 귀신들이 제발 그 지방에서 내보내지 말아 달라고 간청했다고 적었다. 그 지방에서 쫓겨나면 자신들은 더는 힘을 쓸 수 없다고 생각했던 모양이다(마 12:43-45). 누가복음에서는 "무저갱"으로 보내지 말아 달라고 애걸했다(눅 8:31). 신약의 다른 말씀에 보면 일부 귀신들을 붙잡아 세상을 떠돌지 못하게 했다는 이야기가 나온다(벧후 2:4; 계 9:1-2, 11; 11:7; 17:8; 20:1, 3). 귀신들은 예수가 혹시 그곳에 가두거나 다른 곳에 보내 꼼짝 못하게 할까 봐 두려웠던 것 같다. 그래서 자신들이 돼지 떼에 들어가게 해 달라고 빌었다.

놀랍게도 예수는 그 부탁을 들어주었다. 참 이상한 일이다. 예수는 왜 귀신들과 협상을 했을까? 다른 곳에서 한 것처럼 왜 그냥 "입 닥치고 나가!"라고 하지 않았을까?(막 1:25 참조). 마태복음에 기록된 같은 이야기를 보면 어느 정도 추측이 가능하다. 거기에서 귀신들은 "때가 이르기 전에 우리를 괴롭게 하려고 여기 오셨나이까"(마 8:29)라고 한다. "때가 이르기 전"이란 마지막 심판 날을 가리킨다. 따라서 귀신들은 "주님, 왜 이리 성급하세요? 아직 심판 날이 아니잖아요!"라고 항의하는 셈이다. 그래서 예수는 귀신들을 돼지 떼에 들어가게 하고 사형 집행을 잠시 미뤘다. 재미있는 건, 그때가 이미 심판 날이었다는 사실이다. 예수의 말씀과 행동으로 하나님 나라의 권능은 이미 역사하고 있었다. 다음의 사건을 보면 그 사실이 명확해진다.

귀신들이 돼지들에게 들어가자 놀란 돼지들이 언덕 아래로 달려갔고 결국은 모두 바다에 빠져 죽고 말았다. 마가는 그 수가 무려 2천 마리에 달했다고 기록했다! 참으로 어마어마한 양의 돼지고기다. 돼지들이 죽었으니 그럼 그 속에 들어갔던 귀신들은 어떻게 된 걸까? 복음서에는 그에 대한 설명까지 나와 있지는 않다. 물론 또다시 세상을 떠돌다가 다른 희생자를 찾아냈을지도 모른다. 하지만 그게 말이 안 되는 이유는 그런 경우 귀신들이 승리한 셈이 되기 때문이다. 예수를 만난 귀신들은 모두가 그 앞에 굴복했다. 잠깐은 예수를 이겨 먹었다고 흥분했을지 모르나 그들의 도박은 실패했고 결국 힘을 잃고 말았다. 돼지 떼의 죽음은 귀신들이 그토록 두려워하던 무저갱으로 그들을 떨어뜨렸을 것이다. 앞서 말했듯이 고대 사람들은 바다를 혼돈과 어둠과 파멸의 장소로 여겼다. 아이러니하게도 귀신들은 자신들이 가야 할 곳으로 알아서 기어들어 간 셈이다. 예수가 그들의 요청을 들어주었지만, 결과적으로 이는 그들의 파멸을 앞당기고 말았다.

돼지들을 치고 있던 사람들은 그 광경에 경악을 금치 못하고 곧장 마을로 달려가 예수가 한 일을 보고했다. 그러자 모든 마을 사람이 뛰어나와 예수에게 그곳을 떠나 달라고 부탁했다. 신비한 능력을 가진 퇴마사가 돼지들을 몰살시켰으니 사람에게도 해를 끼치지 말라는 법이 어디 있겠는가?

생명 경시 행위인가? 위의 이야기는 몇 가지 윤리적인 문제를 생각해보게 한다. 첫째로, 예수는 왜 그 많은 가축을 죽였는가? 돼지들을 가혹하게 대한 게 정당화될 수 있을까? 돼지들을 잃고 엄청난 손해를 입은 주인은 어떻게 할 것인가? 그 정도 돼지들이라면 팔아서 목돈을 만들 수 있었을 텐데 예수 때문에 그 많은 재산이 날아가 버리지 않았는가? 이것을 예수의 나쁜 행동이라 단정 지어도 좋을까?

이 이야기를 조금만 가까이서 살펴보면 예수의 정체와 사명에 대한 귀한 사실들을 알아낼 수 있다. 일단은 예수가 돼지에게 어떤 일이 일어날지 미리 알았는지의 여부가 분명치 않다. 이 세상에 사는 동안 모든 것을 알지 못했기 때문에(막 13:32//마 24:36) 귀신들이 돼지에게 무슨 짓을 할지도 몰랐을 가능성이 있다. 두 번째이자 더 중요한 것은 예수가 돼지들을 죽인 게 아니라는 사실이다. 죽인 건 귀신들이었다. 돼지들의 떼죽음은 예수가 생각 없이 행동해서가 아니라 사탄과 그 추종세력의 파괴력 때문이었다. 하나님은 생명을 주시는 분이지만 마귀는 "처음부터 살인한 자"다(요 8:44). "우는 사자 같이 두루 다니며 삼킬 자를" 찾아다니는 것이 바로 마귀들이다(벧전 5:8).

세 번째이자 이것과 연관성 있는 한 가지는, 이 이야기가 예수의 공생애 동안 일어났던 영적 전쟁의 실체를 보여준다는 점이다. 하나님은 사탄과 전투를 벌이셨고 그 전투에는 사상자가 생겼다. 전쟁이나 기근, 혹은 자연재해로 죄 없는 사람들이 죽거나 다치는 것을 볼 때 우리는 하나님을 원망하곤 한다. 그러나 세상은 인간의 죄로 타락한 곳이기 때문에 사람과 동물 모두 죽음과 고통을 피하지 못한다. 인류는 하나님께 등을 돌렸다. 질병, 죽음, 파괴는 인류의 죄로 인한 결과일 뿐 하나님이 본래 구상한 것이 아니라서 정상이라고 할 수 없다.

그런 관점에서 예수의 행동은 희망적인 신학과 상징적인 의미를 동시에 갖고 있다고 봐야 한다. 군대라고 할 정도로 많은 귀신이 '예수'에게 굴복함으로써 그가 기름부음 받은 왕이고 악의 세력에 대항해 사탄을 누르고 승리할 자임을 확증했다. 사탄과 마귀들은 인간을 파멸시키려 했지만 예수는 치유와 소망을 가져다주었다. 이 사건이 갈릴리 지방에서 일어났다는 사실도 의미심장하다. 예수가 주는 치유와 회복은 이스라엘뿐 아니라 이방 나라들에도 해당한다는 걸 알아야 한다.

돼지 치는 자들과 마을 사람들이 보인 반응들도 흥미롭다. 하나님 나라와 구원에 대한 다양한 반응을 보여주는 듯하다. 마을 사람들은 두 개의 전혀 다른 광경을 마주했다. 한쪽은 익사한 돼지들의 사체가 아수라장을 방불케 하는 장면이고 또 한쪽은 귀신 들려 미쳐 날뛰던 사람이

제정신을 찾아 조용히 앉아 있는 장면이다. 한 편에서는 사람이 온전해졌고 다른 한 편에서는 재산이 축났다. 그렇다면 사람들은 어느 쪽에 마음과 신경을 쏟았을까? 후자였다. 그들은 하나님의 능력에 감탄하고 치유된 사람과 함께 기뻐하는 게 아니라 재산을 잃은 것에 속상해했고 예수를 두려워했다.

오히려 정반대 반응을 보인 건 치유 받은 남자였다. 제정신이 들어오자 그는 "예수의 발치에 앉아"있었다(눅 8:35). 그곳은 예수의 제자들이 앉는 곳이었다(눅 10:39; 행 22:3). 마을 사람들은 예수에게 이곳을 떠나길 요구했지만 그는 예수를 따르게 해 달라고 간청했다. 예수가 그 청을 거부하고 마을로 되돌려 보내자 그는 가는 곳마다 "예수께서 자기에게 어떻게 큰 일 행하셨는지를" 이야기하며 복음을 전하는 전도자가 되었다(막 5:20//눅 8:39).

예수는 결코 생각 없이, 무분별하게 행동한 게 아니었다. 이 이야기는 갈릴리 사람들의 마음과 영혼에서 벌어지고 있던 대규모의 영적 전쟁을 말해주고 있다.

무화과나무를 저주함

만일 돼지들의 떼죽음을 예수의 무분별한 행동이라고 생각했다면 무화과나무를 저주해서 말라 죽게 한 건 그보다 더 어이없고 바보 같은 행동이 아닐 수 없다. 특히 이번 건은 예수가 직접 한 일이었다. 마태복음과 마가복음에서 이 사건의 경위를 찾아볼 수 있다(마 21:18-22//막 11:12-14, 20-26). '누가'는 이 사건을 기록하지 않았는데 아마도 앞에서 열매 없는 무화과나무 비유를 예수가 말했기 때문에 같은 주제를 반복하고 싶지 않아서였을 것이다(눅 13:6-9). 아니면 오늘날의 성경 독자들처럼 그도 이 일이 뭔가 석연치 않아서 일부러 배제했을 수도 있다.

때는 예수가 죽기 일주일 전쯤이었다. 유월절을 쇠기 위해 예루살렘에 온 예수는 위풍당당한 예루살렘 입성을 마치고 인근에 있는 베다니라는 마을에서 하룻밤을 지냈다. 그곳은 감람산이라는 고개를 넘으면 나오는 예루살렘 동쪽의 작은 마을이었다. 예수는 날마다 예루살렘 성전으로 와서 그곳에 모인 사람들을 가르쳤다.

그날 아침도 베다니를 떠나 예루살렘으로 가던 길이었는데 잎이 무성한 무화과나무 한 그루가 예수의 눈에 들어왔다. 잎이 있다는 건 열매가 열렸을 수도 있다는 뜻이었다. 하지만 아무리 찾아도 열매가 보이지 않자 예수는 무화과나무를 저주했다. "이제부터 영원토록 네가 열매를 맺지 못하리라". 일개 나무에 그런 저주를 퍼붓다니! 게다가 더 이해할 수 없는 건 그때가 무화과 철도 아니었기 때문이다. 그럼 예수는 아무 잘못도 없는 나무에 죄를 뒤집어씌웠다는 말인가!

나는 아침밥을 못 먹어 혈당이 떨어지는 날에는 아주 성질이 고약해진다. 특히 월요일 아침이 그렇다. 게다가 커피마저 못 마셨다면 그날 컨디션은 최악이 된다. 내가 커피를 마시기 전이라면 도로에서 내 차 앞에 끼어들지 않는 게 좋다. 당신 집의 무화과나무를 저주할지도 모르니까! (혹시 로스앤젤레스 사람들이 도로에서 난폭해지는 게 저혈당과 카페인 부족 때문은 아닐까?) 예수도 혈당이 떨어져 월요일 아침에 기분이 안 좋았던 걸까? 우리 같은 죄인들이야 당연히 그럴 수 있다지만 하나님의 아들이라면 좀 더 감정조절을 해야 하지 않았을까?

문제는 그뿐만이 아니었다. 마가복음에 따르면, 다음 날 예수와 제자들이 다시 예루살렘으로 가다 보니 그 무화과나무가 뿌리부터 말라 있었다고 한다. 저주가 먹혀든 것이다! 이로써 예수의 능력이 대단하다는 게 또다시 입증된 셈이지만 또 한편으로는 무고한 대상에 분노를 폭발한 소인배의 면모를 보였다고밖에 말할 수 없는 사태가 벌어지고 말았다. 마태복음에는 무화과나무가 그 즉시 말라 죽었다고 기록되어 있다. 죽은 시점에 차이가 나는 이유는 쉽게 추리해 볼 수 있다. 예수가 무화과나무를 저주하고 얼마 후에 나무는 죽었겠지만 제자들은 다음 날 아침에서야 그 모습을 보게 되었을 것이다. 마태는 그런 식으로 사건을 축약해서 기록하는 데 일가견이 있는 사람이었다.[1]

예수의 기적으로 부정적인 결과가 나타난 건 이때가 유일하다. 그의 평소 심성과 위대함을 생각해볼 때 그것은 너무 유치한 분풀이이자 불공정한 처사였다. 저명한 영국인 신약 학자인 T. W. 맨슨T. W. Manson은 심지어 이 이야기의 신빙성을 의심하기도 했다. "이것은 홧김에 기적의 능력을 낭비한 이야기에 지나지 않는다(불운한 나무 한 그루를 결딴내려고 사용한 초능력을 철 이른 무화과나무가 열매 맺게 하는 기적으로 좀 더 유용하게 사용했으면 어땠을까). 상식적으로 있을 법하지 않은 이야기다."[2]

이와 같은 논거를 바탕으로 예수는 저주한 게 아니라 예언을 했다고 그는 주장했다. 다가올 예루살렘의 멸망으로 인해 아무도 그 나무에서 열매를 먹지 못하게 될 거라는 예언이었다. 그러면 그 지역의 사람과 작물이 모두 죽게 되지만 문제는 예루살렘이 그 후 40년간 멸망하지 않았다는 사실이다.

1장에서 소개한 바 있는 버트런드 러셀은 "나는 왜 그리스도인이 아닌가"라는 논문에서 위의 이야기를 근거 삼아 예수가 그다지 위대한 분이 아니라고 꼬집었다.

> 참으로 기묘한 이야기다. 무화과 철이 아니었으니 나무를 탓할 수 없는 일 아닌가? 역사 속 유명인들이 높이 기렸던 예수 그리스도의 인품을 보나 지혜를 보나 이건 아니라는 생각이 든다. 그런 면에서 나는 차라리 부처나 소크라테스를 더 우위에 두겠다.³

다시 말해 러셀은 예수의 그런 종잡을 수 없는 행동 때문에 기독교를 종교로 받아들일 수 없다는 이야기다. 자, 그럼 대체 왜 이런 일이 일어난 걸까? 예수가 정말 옹졸하게 행동한 걸까?

이스라엘을 향한 상징적 심판. 복음서 중에 가장 먼저 쓰인 마가복음은 예수가 그렇게 한 의도를 가장 정확히 파악할 수 있는 단서를 제공한다. 본래 마가는 샌드위치 구조, 즉 의도적으로 다른 일화를 중간에 끼워 넣는 식의 '삽입 구조'에 능한 사람이다. 어떤 한 이야기를 시작하면(이것이 샌드위치의 밑에 있는 빵이다) 그다음에 다른 이야기를 끼워 넣고(중간의 고기 패티에 해당한다) 마지막에 모든 이야기를(위의 빵이다) 종결하는 식이다. 그러면 두 개의 이야기가 맞물려 서로의 의미를 해석해주게 된다.

바알세불 일화를 예로 들어 마가 샌드위치를 설명해보겠다. 종교 지도자들은 예수가 사탄의 힘을 빌려 귀신을 내쫓는다고 수군댔다. 이 이야기는 예수의 가족에 관한 두 개의 일화 사이에 끼어 있다(막 3:20-35). 예수의 사역을 뜯어말리는 가족들의 모습에서 종교 지도자라는 사람들의 배척을 거울처럼 투영하고 있다. 샌드위치 기법은 상반되는 일화의 경우에도 사용되었다. 예수가 산헤드린 공회에서 재판받는 대목에서 처음과 끝에 베드로가 예수를 부인하는 이야기가 나온다(막 14:53-72).

자신의 소임에 충실했던 예수와 불충했던 베드로의 모습이 극렬하게 대비된다. 마가복음의 핵심 주제들은 이런 문학 기법을 사용해 그 중요성을 두드러지게 했다.

무화과나무 일화는 아마도 마가의 가장 유명한 샌드위치 구조라고 할 수 있다. 예수는 무화과나무를 저주하고 예루살렘에 가서 성전을 깨끗하게 했다. 그 뒤에 무화과나무가 말라 죽은 것이 발견되었다(막 11:12-26). 이 샌드위치 구조가 말해주는 것은, 성전을 정화한 것처럼 무화과나무의 죽음도, 믿지 않는 이스라엘에 대한 하나님의 심판을 상징적으로 보여주려는 의도적 행위라는 점이다.

여러 가지 사실이 이 추측을 뒷받침해준다. 먼저, 선지자들은 원래 그런 상징적 행동들을 많이 했다(왕상 11:29-31; 사 8:1-4; 20:1-6; 겔 4:1-15; 호 1:2). 특히 예레미야 선지자는 베 띠, 토기, 나무 멍에 같은 물건들을 사용해서 불순종한 이스라엘에 하나님의 심판이 임할 것을 예언하였다 (렘 13:1-11; 19:1-13; 27:1-22). 한 번은 하나님이 예레미야에게 토기장이로부터 옹기 하나를 사서 예루살렘 성문에 있는 제사장과 장로들 앞에서 깨뜨리라고 분부하셨다(렘 19:1-3). 이스라엘의 죄로 인해 바빌론에 포로가 되는 벌이 유다와 예루살렘에 임한다는 걸 깨진 옹기를 통해 상징적으로 표현했다.

무화과나무 또한 구약의 심판 예언에 빈번하게 등장했다(사 28:4; 렘 8:13; 24:1-10; 29:17; 호 2:12; 9:10, 16-17; 미 7:1). 구체적으로 무화과나무와 포도나무는 영적 불순종을 의미할 때 사용되었다. 호세아는 이스라엘이 배역했기 때문에 하나님의 심판이 임할 거라고 경고했다. 이스라엘 북왕국의 가장 큰 지파였던 에브라임이 이스라엘을 대표하는 족속으로 이 말씀에 인용되어 있다.

> 에브라임은 매를 맞아 그 뿌리가 말라 열매를 맺지 못하나니
> 비록 아이를 낳을지라도 내가 그 사랑하는 태의 열매를 죽이리라
> 그들이 듣지 아니하므로 내 하나님이 그들을 버리시니
> 그들이 여러 나라 가운데에 떠도는 자가 되리라(호 9:16-17;미 7:1 참조)

이스라엘의 불순종은 심판의 결과를 낳았다. 이 주제를 극명하게 보여준 예가 이사야 5장 1~7절에 나오는 '포도원 노래'다. 사랑의 노래로 시작된 이 말씀에는 하나님이 자신의 포도밭, 즉 이스라엘을 극진히 보살피고 아끼셨다는 이야기가 나온다. 비옥한 언덕에 포도밭을 만들어 정성스럽게 밭을 갈고, 극상품 포도나무를 심고, 망대를 세우고, 파수꾼을 두어 지키게 하셨다. 그러나 포도밭은 오직 나쁜 포도만을 맺었다. 이에 격분하신 하나님은 담을 헐어서 남에게 짓밟히게 하셨고 결국 그곳은 황량한 폐허가 되고 말았다. 그 뒤에 이 비유에 대한 해석이 이어진다.

> 무릇 만군의 여호와의 포도원은 이스라엘 족속이요
> 그가 기뻐하시는 나무는 유다 사람이라
> 그들에게 정의를 바라셨더니 도리어 포학이요
> 그들에게 공의를 바라셨더니 도리어 부르짖음이었도다(사 5:7)

여기에는 언어유희가 사용되었다. '정의'와 '포학'에 해당하는 히브

리어가 비슷한 발음이고 '공의'와 '부르짖음'이라는 히브리어도 발음이 비슷하다. 이사야의 예언은 하나님이 더는 이스라엘을 지키지 않으실 것이고 앗시리아 군대가 쳐들어와 나라를 폐허로 만들도록 허락하겠다는 뜻이다. 즉, 그런 방법으로 자기 백성의 죄를 응징하겠다는 것이다.

무화과나무를 저주한 대목에서 조금만 뒤로 가면 악한 포도원 농부의 비유가 나온다(막 12:1-2//마 21:33-46//눅 20:9-19). 이 비유에서 예수는 이사야서의 포도원 노래를 새로운 상황에 대입했다. 앞의 3장에서도 보았듯이 하나님의 포도밭에서 일하는 악한 소작농들은 종교 지도자를 의미한다. 그들이 주인(하나님)에게 소출 일부를 내지 않았기 때문에 하나님은 그들을 벌하셨다. 그들은 주인이 보낸 종들(선지자들)을 때리고 마지막에 그의 아들(예수)까지 죽여버렸다.

이런 큰 맥락에서 볼 때 예수가 무화과나무를 저주한 것은 분명 상징적 행동이었고 예루살렘과 성전을 향한 하나님의 심판을 예고한다고 할 수 있다. 다시 말해, 단순히 홧김에 한 분풀이가 아니라는 것이다. 예수는 하나님의 대변자로서 의도적인 상황을 연출했다. 이스라엘 지도자들이 하나님 나라의 복음을 거부했으니 이사야 시대 이스라엘이 당했던 것처럼 똑같은 심판을 받는 것이 마땅한 일이었다.

그럼 마가가 "무화과의 때가 아님이라"는 말을 굳이 덧붙인 이유는 무엇일까? 아직 철이 아니었는데 예수는 왜 열매를 찾으려고 했을까? 한 가지 가능한 추측은 그것이 예수의 실물 교육이었을지 모른다는 것이다. 예수도 그 나무에 열매가 없을 것임을 알고 있었지만 예언을 위해 일부러 그런 상황을 설정했을 수 있다. 얼마든지 가능한 이야기지만 한편으로는 예수가 조금 가식적으로 보이기도 한다. 마가는 분명하게 예수가 배가 고팠고 그래서 무화과나무에 열매가 있는지 찾아봤다고 했다. 그럼 그 모두가 제자들을 가르치기 위한 연극이었단 말인가?

또 하나 가능한 해석은 무화과의 수확 주기에서 찾아볼 수 있다. 무화과나무는 보통 일 년에 두 차례 열매를 맺는다. 봄이 되면 전해에 발아한 싹에서 첫 번째 열매가 열리고 그것을 "처음 익은 무화과"라고 부른다(사 28:4; 렘 24:2; 호 9:10; 미 7:1). 이 무화과들은 나중에 익는 것보다 과질이 단단해서 먹기가 나쁘다. 따라서 더 맛있고 품질 좋은 무화과는 그해에 자라서 늦여름에 맺히는 열매들이다. 예수는 봄에 있는 유월절을 쇠러 간 것이니까 처음 익은 무화과를 찾았을 것이다.

마가복음은 당시 상황을 묘사하면서 그 사실을 은연중에 암시했다. NIV 성경에는 예수가 그 나무에 "무슨 열매any fruit"라도 있을까 해서 가 봤다고 번역했는데 실제 헬라어에는 "무엇anything"이라도 있을까 해서 가 봤다고 되어 있다. 예수가 '뭐라도'(예를 들면 '설익은 무화과라도') 좀 있을까 해서 가 보셨다는 의미일 것이다. 왜냐면 그때가 아직 좋은 무화과가 열리는 철이 아니란 걸 예수도 알았기 때문이다.

모두 그럴듯한 해석이지만 우리가 유의할 건 이 이야기가 말하고자 하는 메시지다. 예수는 월요일 아침 저혈당이 와서 홧김에 죄 없는 나무를 저주하지 않았다. 구약의 선지자들이 그랬던 것처럼 하나님의 말씀을 거역하는 이스라엘에 심판을 선고하기 위해 그 상황을 이용했다.

선지자보다 위대한 분: 새로운 성전, 하나님께로 가는 새로운 길. 아울러 여기서는 예수의 행동에서 보이는 특이점도 놓치지 말아야 한다. 이사야나 예레미야 같은 선지자들은 이스라엘에 임할 심판과 예루살렘의 파괴를 예언했지만 예수는 한 발 더 나가 하나님의 최종 구원, 즉 하나님 나라의 임재까지 선포했다. 예수는 그 구원의 실행인이자 통보자였다. 비록 예루살렘 성전은 파괴되겠지만 예수 자신이 새로운 성전의 초석이 될 터였다.

예수의 다음 이야기가 그 사실을 잘 드러낸다. 포도원 농부들의 비유를 말한 뒤에 예수는 시편 118편 22~23절을 인용하며 그 의미를 풀이했다.

> 건축자들이 버린 돌이 모퉁이의 머릿돌이 되었나니
> 이것은 주로 말미암아 된 것이요 우리 눈에 놀랍도다(막 12:10-11//마 21:42//눅 20:17)

예수는 버려진 돌이었지만 하나님은 그 "머릿돌"로 새로운 성전을 지으셨다. 그것은 사람의 손이 아닌 하나님이 직접 지으신 영적 성전이자 그리스도의 몸인 하나님의 백성으로 만들어진 성전이다(고전 3:16; 고후 6:16; 엡 2:21). 예루살렘 성전의 동물 제사는 폐지되었고 예수의 십자가 죽음이 인류의 죄를 위해 단번에 드린 제사가 되었다(히 10:11-14). 예수의 부활로 시작된 갱생과 회복이 그의 몸이자 하나님의 새 성전인 교회를 통해 계속 진행될 것이다. 여기서도 예수의 '이해 못 할 행동'은 그의 정체성과 사명을 일깨우기 위한 심오한 의도였음을 알게 된다.

결론: 환경보호에 대한 경각심

이 장에서는 나쁘게 보이는 예수의 두 가지 행동을 살펴보았다. 하나는 돼지 떼를 바다에 빠트려 몰살시킨 것이고 또 하나는 무화과나무를 저주해서 말라 죽게 한 것이다. 이 두 사건은 자비롭고 현명한 예수와 전혀 어울리지 않는 무자비한 처사라든가 유치한 감정폭발로 인식되어 왔다. 심지어 하나님이 창조하신 피조물을 경시하고 훼손하는 행위로까지 비추어졌다. 정말로 예수는 동물과 식물의 소중함을 몰랐을까? 하나님이 만드신 환경을 보호해도 모자랄 판에 파괴하다니 어찌 그럴 수 있단 말인가?

그리스도인들은 환경보호에 무관심한 사람들로 인식될 때가 많다. 일반적으로 보수의 색채가 강한 그리스도인들은 사회와 윤리에 대한 염려 때문에 보수적인 정책을 더 지지하는 경향이 있다. 그 때문에 경제적인 팽창, 자유 시장주의, 사기업과 경제성장 정책을 옹호한다. 이런 정치적 측면에서 창세기의 "땅을 정복하라"(창 1:28)는 말씀은 때로 눈앞의 이익을 위해 천연자원을 남용하고 환경에 미치는 영향을 간과하게 만들기도 한다. 구원 역시 너무 영적으로만 해석해서 세상과 그 안의 생태계에 대해서는 별로 관심을 기울이지 않으려 한다. 중요한 건 오로지 '영혼 구원'이지 판다를 구한다거나 오존층을 보호한다거나 지구온난화를 방지하는 건 그다지 중요한 일이 아니라고 생각한다. 우리는 보통 "이 세상은 우리의 본향이 아니야"라거나 "지구는 어차피 멸망할 텐데 뭐"라거나 "예수님이 재림하셔서 이 세상을 쓸어내고 완전 새로운 세상을 만드실 거야"라고 말한다.

그런 관점에서 생각하면 예수도 환경보호에는 상당히 무심한 것처럼 보인다. 하긴 인류의 죄를 구원하기 위한 막중한 임무를 수행하는 마당에 동물이나 나무가 뭐 그리 대수란 말인가?

하지만 그런 좁은 시각은, 하나님 나라와 피조물의 회복에 대한 예수의 선포에 들어있는 세상 만물의 중요성을 간과한 것이다. 물질적인 세상은 좋은 것이고 하나님이 우리에게 마음껏 누리라고 창조해 주신 것이다. 그렇기에 잘 가꾸고 돌보면서 파괴하지 말아야 한다.

이 논리는 우리를 복음의 심장부로 데리고 간다. 예수는 단순히 우리 영혼만이 아니라 타락한 세상을 회복하러 이 세상에 왔다. 예수가 하나님 나라를 건설하는 건 이사야와 선지자들이 말한 피조물의 회복이 일어난다는 뜻이다. 그때가 되면 눈먼 자가 보게 되고, 절름발이가 걷게 되고, 귀 먼 자가 듣게 될 거라고 이사야는 말했다. "광야에서 물이 솟겠고 사막에서 시내가 흐를 것임이라"(사 35:5-6). 이것이 환경의 원상복구가 아니고 무엇이란 말인가! 그때는 전쟁도 살인도 없어질 것이고 모든 나라는,

… 칼을 쳐서 보습을 만들고 그들의 창을 쳐서 낫을 만들 것이며
이 나라와 저 나라가 다시는 칼을 들고 서로 치지 아니하며
다시는 전쟁을 연습하지 아니하리라(사 2:4)

그때가 되면,

그 때에 이리가 어린 양과 함께 살며 표범이 어린 염소와 함께 누우며
송아지와 어린 사자와 살진 짐승이 함께 있어 어린 아이에게 끌리며
암소와 곰이 함께 먹으며 그것들의 새끼가 함께 엎드리며
사자가 소처럼 풀을 먹을 것이며 젖 먹는 아이가 독사의 구멍에서 장난하며
젖 뗀 어린 아이가 독사의 굴에 손을 넣을 것이라
내 거룩한 산 모든 곳에서 해 됨도 없고 상함도 없을 것이니

> 이는 물이 바다를 덮음 같이 여호와를 아는 지식이
> 세상에 충만할 것임이니라(사 11:6-9; 사 65:25 참조)

이것이 원상복구가 일어난 뒤 펼쳐지는 환상적인 장면들이다. 얼마나 아름답고, 평화롭고, 조화로운가? 예수가 갖고 있던 미래의 비전이 바로 이것이다. 2장에서 예수의 기적이 그의 긍휼에서 비롯된 것뿐 아니라 그의 왕국이 회복과 치유와 온전함과 평화의 왕국임을 시사한다고 말한 바 있다. 예수의 최종 목표는 물질적 세상과 영적 세상 모두를 아우르는 것이었다. 우리 그리스도인들도 당연히 그런 비전을 품어야 한다. 하나님이 만드신 세상을 누리고 그 온전한 회복의 때를 고대해야 한다. "어차피 모든 게 지옥에 떨어질 텐데요 뭐"라고 말하면 안 된다. 악의 영향력을 막기 위해 우리가 할 수 있는 일을 해야 한다. 범죄와 가난과 기아와 질병을 퇴치하기 위해 싸우는 것도 그런 일의 일환이 될 것이다. 환경을 훼손하고 자원을 남용하려는 인간의 타락한 본성에도 반기를 들어야 한다. 지구를 지키고 환경을 보존하는 일은 그리스도인들이 마땅히 힘써야 할 사명이다.

물론 근본적인 사명이 완수되었을 때 피조물의 회복이라는 비전도 궁극적으로 달성될 것이다. 이 세상에는 오염된 물이나 기후 변화보다 더 심각한 문제들이 얼마든지 많이 있다. 사회적 복음과 영적 복음은 떼려야 뗄 수 없는 불가분의 관계다. 진정한 회복이 일어나려면 인간의 타락한 본성부터 변화되어야 한다. 예수가 예루살렘에 올라가서 십자가를 진 이유가 거기에 있다. 무화과나무의 죽음은 하나님의 심판을 의미하고 그 심판은 결국 예수 자신이 담당했다.

타락한 세상을 복원함. 예전에 어느 교회의 초청을 받아 저녁 예배 설교를 했을 때였다. 예배가 끝나고 난 뒤 십 대 소녀 두 명이 나에게 다가와 말을 붙였다. 한 명은 신앙에 대한 고민이 있다고 했는데 죄 없는 동물을 죽이라고 명하신 하나님을 자신은 도저히 믿을 수가 없다는 것이었다. 그건 누가 봐도 동물 학대가 아니냐고 물었다. 물론 예수도 이 공격에서 자유롭지 않다. 구약에서 명한 동물 제사를 은연중에 인정했기 때문이다(마 5:23; 막 1:44//마 8:4//눅 5:14; 막 14:12//눅 22:7).

그때 나는 성경에 나오는 동물 제사가 별거 아니라고 말하고 싶은 충동을 간신히 참았다. 사실은 "그냥 동물의 멱을 따는 방식으로 고통 없이 인도적으로 죽였어"라거나 희생된 동물들은 나중에 사람들이 먹기도 했다는 점을 알려주고 싶었다. 사자나 호랑이 같은 육식 동물이 사악해서 다른 동물을 잡아먹는다고 생각하지 않는다면 인간도 동물을 식용으로 삼는 것이 도덕적으로 잘못되었다고 말하기는 어려운 일 아닌가? 아니면 약간 냉소적으로 그 소녀에게 스테이크나 햄버거나 치킨 샌드위치나 생선을 먹은 적이 없는지 물어보고 싶었다. 설마 그런 식품들이 나무에서 자란다고 믿지는 않을 테니까. 채식주의자가 아닌 이상 입으로 들어가는 고기는 전부 동물을 죽여서 얻는 것임을 모를 리가 없을 것이다.

하지만 나는 그런 접근법 대신에 다른 길을 선택했다. "맞아, 그건 끔찍한 일이지. 동물이 죽는 것도 인간이 죽는 것만큼이나 슬픈 일이야. 분명 뭔가가 잘못되어 있어." 그 말에 이어서 나는 우리가 타락한 세상에서 살기에 타락의 결과로 생기는 죽음을 피해갈 수 없다고 말했다. 전쟁과 살인과 질병과 자연재해로 인해 사람과 동물이 죽음을 맞이할 수밖에 없지만 그건 결코 올바르거나 '자연스러운' 일이 아니다. 타락하고 죄 많은 세상이라 어쩔 수 없이 발생하는 일일 뿐이다. 성경이 동물 제사를 명령한 이유는 우리의 타락상을 인식하고 죄의 결과가 얼마나 심각한지를 상기시키기 위해서였다. 또한 하나님의 완벽한 정의가 모든 악과 잘못을 바로잡는다는 걸 알려주시려는 의도도 있었다.

예수는 죄의 결과를 자신이 대신 지고 이 세상에 하나님의 정의가 실현되도록 했다. 자기의 죽음이 죄를 위한 속죄 제물이라고 친히 말했다(막 10:45//마 20:28). 초기 그리스도인들은 예수의 생애와 죽음과 부활이 세상 죄를 위해 단번에 드린 제사임을 깨달았다. 이를 통해 타락의 결과가 뒤집혀 창조의 회복이 시작되었다는 걸 알았다.

이 새 창조에서는,

이리가 어린 양과 함께 살며 표범이 어린 염소와 함께 누우며 …
내 거룩한 산 모든 곳에서 해 됨도 없고 상함도 없을 것이니
이는 물이 바다를 덮음 같이
여호와를 아는 지식이 세상에 충만할 것임이니라(사 11:6,9)

그날 저녁 나와 대화했던 그 소녀가 원했던 것은 바로 이런 세상이었다. 맞다! 이것은 바로 하나님이 갖고 계신 세상의 그림이기도 하다.

4

환경 파괴자인가 환경 보호론자인가?

1·

예수가 귀신들을 그들의 요청대로 돼지 떼에 들어가게 허락한 이유는 무엇인가?

2·

예수가 그렇게 한 건 무책임한 행동이라고 생각하는가?
그 이유는 무엇인가?

3·

이 이야기를 통해
귀신들의 어떤 점을 알 수 있는가?

4·

예수의 사명에 대해
어떤 점을 알 수 있는가?

5·

예수는 왜 무화과나무를 저주했는가?

6·

당신은 그런 행동이 경솔하고 무모한 행동이었다고 생각하는가?
그 이유는 무엇인가?

7·

저자는 무화과나무 이야기가 예수의 성전 청결과 어떤 관계가 있다고 했는가?

8·

이 이야기는 하나님의 '새 성전'인 예수에 대해 어떤 점을 가르쳐주고 있는가?

은혜는 우주의 아버지로부터 온 무조건적인 사랑의 메시지다 …
앞으로 올 달콤한 장래는 물론이고 자갈투성이의 현재에서도
우리는 그 사랑을 경험할 수 있다.

| 더들리 홀, *Grace Works*(은혜의 효과) |

5

율법주의자인가 은혜 충만한 분인가?

완전하라…. 그렇지 않으면 어떻게 될까?

율법주의는 사람들의 삶에 독이 될 수 있다. 이 장을 쓰고 있는 지금도 IBLPInstitute in Basic Life Principles의 대표인 빌 고다드Bill Gothard 목사의 스캔들 소식이 계속해서 올라오고 있다.[1] 30명이 넘는 여성들이 그에게 성추행을 당했다며 대외적인 폭로를 이어갔다. 물론 이 사건은 그가 하는 사역에 큰 타격을 주겠지만 IBLP과 그 계열단체인 ATIAdvanced Training Institute에서 일했던 사역자와 참가자들은 이미 오래전부터 그들의 율법주의적 생활방식의 결과들을 몹시 우려하고 있었다. 2011년에 개설된 recoveringgrace.org라는 인터넷 사이트에는 그에 대한 체험담과 의견들이 다수 올라와 있다.

1960년대부터 수많은 사람이 고다드 목사의 세미나에 참석했다. 그가 세미나에서 가르쳤던 것들이 삶에 큰 도움이 되었다고 말하는 사람들도 많았다. 옷을 단정하게 입으라든지, 부모를 공경하고, 성경을 공부하고, 가족과 시간을 보내라는 조언들이 갈수록 삭막해지는 문화 속에서 그리스도인들에게 큰 울림으로 다가온 게 사실이었다. 크리스천 투데이 Christian Today지에 영화 평론을 쓰는 알리사 윌킨슨Alissa Wilkinson 교수는 십대 시절 ATI 세미나에 참석한 소감을 다음과 같이 이야기했다.

ATI가 가르치는 내용은 구식이었어도 참신했고 불우한 가정환경에서 자란 사람들이나 방황하는 청소년, 일탈에 젖어 사는 사람들에게는 특히나 유익했다고 생각한다. 구체적으로는, ATI 세미나에 온 가족들이 아침 식탁에 둘러앉아 '지혜 찾기 시간'(잠언을 해석하는 시간)을 갖는 것이나 율동을 곁들여 성품들을 노래로 배우는 것이 인상 깊었다. 그들은 피임하지 않고 하나님이 주시는 대로 '화살집'을 자녀들로 채우겠다는 다짐도 했다.

또한 '록 음악'(정통 로큰롤뿐 아니라 복음성가와 재즈와 컨트리를 포함해 비트를 강조하는 모든 음악)을 듣지 않기로 했고, 술을 마시지 않으며, 춤을 추지 않고, 세상의 옷(특히 청바지)을 입지 않기로 했다. 사탄의 영이 들어있다는 양배추 인형은 버리고, 청년들 모임은 피하고, 이성끼리의 데이트 대신 '구애 기간'(결혼할 때까지 부모 주도로 이루어지는 이성 교제)을 갖기로 했다. 근면, 성실, 용기 등의 성경적 의미도 공부했는데 특히 은혜라는 단어는 전통적으로 기독교에서 규정한 정의(받을 자격이 없는 사람에게 거저 주는 것) 대신 "하나님의 뜻을 행하려는 의지와 능력"이라고 정의했다.[2]

물론 도덕 기준을 높이 두는 게 잘못된 일은 아니다. 성경은 하나님께 순종하며 그의 의로운 기준에 맞춰 살라고 이야기한다. 하지만 위와 같은 생활방식은 자칫 율법주의로 흐를 수 있다. 그래서 도덕적이거나 성경적이지 않은 영역에서도 남에게 자기 기준을 강요하는 일이 발생할 수 있다. 예를 들어 보겠다. ATI는 고등학생들에게 대학에 가지 말라고 한다. 대학에서 세속적인 인본주의와 자유주의를 가르치는 교수들을 만날 수 있다는 게 그 이유다. 남자들에게는 인상이 안 좋아지니까 수염을 기르지 말라 하고 여자들에게는 머리를 길게 길러서 살짝 웨이브를 주라고 권한다.[3]

율법주의는 또한 특정 방식을 따르지 않으면 하나님이 사랑하지 않는다고 말한다. 하나님께 가치 있는 인간이 되지 못하고, 심지어 정해진 규정대로 살아야 구원받을 수 있다고까지 말한다. 한 때 ATI에서 공부했던 한 학생은 단체를 떠난 뒤에 자신의 경험을 다음과 같이 털어놓았다.

지난 15년간 나는 하나님이 나를 싫어하시는 게 아니란 사실을 서서히 깨닫게 되었다. 그는 항상 나와 함께 하셨고 나를 사랑해주셨다. 죄를 지어도 더 많은 은혜를 주셨고 잘했을 때도 많은 은혜를 베풀어주셨다. 마음이 냉랭해져서 더는 노력하기가 힘들어져도 하나님의 은혜는 여전히 나와 함께 있었다. 은혜는 단순히 "하나님의 뜻을 행하려는 의지와 노력"을 의미하는 게 아니었다. 내가 걷든지 넘어지든지 언제나 나를 안고 가시는 하나님 자신을 의미했고 받을 자격이 전혀 없는 나에게 무제한으로 베푸시는 그의 과분한 사랑을 의미했다.[4]

자, 이래도 고다드 목사의 가르침이 옳았다고 할 수 있을까? 물론 그는 성경과 예수의 말씀을 인용해 항변하겠지만 그럼 예수가 율법주의자라는 말인가? 과연 복음서들은 어떻게 이야기하고 있을까?

예수는 율법주의자인가?

예수가 사람들에게 높은 도덕 기준을 요구한 건 사실이다. 산상수훈이 그 사실을 명백하게 보여준다. "너희 의가 서기관과 바리새인보다 더 낫지 못하면 결코 천국에 들어가지 못하리라"(마 5:19-20). 자신을 따르는 사람들에게 완벽함을 주문하기도 했다. "하늘에 계신 너희 아버지의 온전하심과 같이 너희도 온전하라"(마 5:48). 구약의 율법도 지키기 힘든 마당에 예수는 그것을 한층 더 업그레이드해서 분노가 살인과 똑같다고 했고 음욕은 간음의 한 형태라고 말했다(마 5:21-22, 27-28). 베데스다 못가에서 한 병자를 고쳐준 뒤에는 "더 심한 것이 생기지 않게 다시는 죄를 범하지 말라"고 했다(요 5:14). 어찌 보면 위협 같기도 한 말이다. 대체 어떤 사람이 이런 실행 불가능한 기준에 맞춰 살 수 있겠는가?

예수는 또한 구원을 얻기가 매우 힘들다고 말하기도 했다. "주여 구원을 받는 자가 적으니이까"라고 누군가 물었을 때 예수는 "좁은 문으로 들어가기를 힘쓰라 내가 너희에게 이르노니 들어가기를 구하여도 못하는 자가 많으리라"(눅 13:22-24; 마 7:13-14)고 했고 "청함을 받은 자는 많되 택함을 입은 자는 적으니라"고도 말했다(마 22:14). 구원을 받으려면 꼭 그렇게 엄청난 노력을 해야 하는 걸까? 극도의 바른생활 인간들만이 구원을 받을 수 있다는 말인가?

예수에게 와서 "선생님이여 내가 무엇을 하여야 영생을 얻으리이까"라고 물었던 부자 관리 청년을 떠올려보라(막 10:17-22//마 19:16-22//눅 18:18-23).[5] 예수는 그에게 먼저 계명을 지키라고 말했다. "살인하지 말라, 간음하지 말라, 도둑질하지 말라, 거짓 증언하지 말라, 속여 빼앗지 말라, 네 부모를 공경하라". 이 말씀도 꽤나 율법주의적 훈계로 들린다. 부자 청년이 자신은 어렸을 때부터 모든 걸 지켰노라고 답하자 이번에는 한층 더 심각한 사태가 벌어졌다. 예수는 아주 작은 일 하나를 더 주문했다. "가서 네게 있는 것을 다 팔아 가난한 자들에게 주라 그리하면 하늘에서 보화가 네게 있으리라 그리고 와서 나를 따르라"(막 10:21). 아니 뭐라고? 영생을 얻으려면 계명도 지켜야 하고 재산도 전부 팔아야 한다고? 참으로 기절초풍할 노릇이다. 게다가 구원이 인간의 노력 여하에 달렸다는 이야기로 들리지 않는가?

복음을 위한 사지 절단? 거기서 끝이 아니었다. 예수는 지옥 불을 피하고자 자해(사지 절단)까지 불사할 정도로 자신을 부인하라고 말했다.

만일 네 손이나 네 발이 너를 범죄하게 하거든 찍어 내버리라 장애인이나 다리 저는 자로영생에 들어가는 것이 두 손과 두 발을 가지고 영원한 불에 던져지는 것보다 나으니라 만일 네 눈이 너를 범죄하게 하거든 빼어 내버리라 한 눈으로 영생에 들어가는 것이 두 눈을 가지고 지옥 불에 던져지는 것보다 나으니라

(마 18:8-9//막 9:43-48; 마 5:29-30; 마 19:32)

아니, 죄를 피하려고 손을 자르고, 발을 자르라는 말인가? 음욕을 막겠다고 눈알을 빼내라고? 이거는 좀 너무하다는 생각이 들지 않는가?

진짜로 예수는 율법주의자였을까? 열심히 노력해서 구원을 얻어내야 한다고 가르쳤던 걸까? 자기 신체를 훼손하면서까지 죄를 회피하는 파격적 자기 부인을 요구했던 건가? 그 수준에 도달하지 못하면 지옥 불이 기다리고 있다고 경고했단 말인가?

은혜로 가득한 비유들

예수는 고도의 도덕 기준과 자기단련을 요구했지만, 그와 동시에 구원이 하나님의 무료 선물이라는 점도 분명히 했다. 예수의 비유 중 일부가 그런 하나님의 은혜와 용서를 단적으로 증명해주고 있다.

탕자의 비유. 예수의 비유 중 가장 유명한 것이 아마도 누가복음 15장에 나오는 탕자의 비유일 것이다. 이 비유는 예수의 말씀과 복음의 핵심이 무엇인지를 선명하게 조명해주고 있다.

자유와 독립을 갈구하던 한 청년이 일련의 어리석은 결정을 내렸다. 그는 먼저 아버지에게 집안 재산을 미리 정리해서 자신의 상속분을 증여해달라고 했다(눅 15:12). 오늘날 우리 문화에서도 그것은 무례하고 불손한 행동으로 여겨질 텐데 1세기 유대 사회에서는 두 말할 필요도 없

었다. 장로는 하늘처럼 떠받들고 부모는 공경과 순종이 철칙이었던 시절에 유산을 미리 요구한다는 건 "아버지, 이제 그만 돌아가셨으면 좋겠네요."라고 말하는 것과 다름이 없었다.

아들의 요구도 뻔뻔했지만 아버지의 반응도 어이가 없기는 마찬가지였다. 요즘도 아버지가 죽기 전에 유산을 자식에게 주는 건 어리석은 짓이라고 하는데 더구나 그 자식이 철이 없고 놀기 좋아하는 아들이라면 더 말할 필요가 없을 것이다.

예수 시대 쓰인 유대의 지혜서 중 하나는 이렇게 말한다.

너는 아들이건 아내건 형제건 친구건,
네가 살아 있는 동안에는 아무에게도 권력을 양도하지 말아라.
너의 재산을 아무에게도 주지 말아라.
나중에 그것이 아쉬워 후회할 것이다.
네가 자식들에게 의지하는 것보다, 자식들이 너에게 의지하는 것이 낫다.
네 수명이 다하여, 죽을 때가 오거든 네 재산을 나누어주어라.

(집회서 33:20,22,24)

자, 우리는 이미 탕자의 비유에서 뭔가가 대단히 잘못된, 당시 사회 통념상 굉장히 도리에 어긋나는 일이 벌어졌다는 걸 알아챘다. 대체 아들을 어떻게 키웠기에 그 모양이란 말인가? 그 아버지 정말 한심한 양반이군!

이 시점에서 예수의 비유는 듣는 사람들이 예상하는 대로 어김없이 흘러갔다. 철딱서니 없는 아들은 결국 자신이 한 행동의 대가를 치렀다. 새로 사귄 친구들과 먹고 노느라 아버지의 유산을 탕진했을 때 마침 흉년이 들었고 직업 구하기는 하늘의 별 따기가 되었다. 할 수 없이 그는 돼지에게 여물을 주는 막노동 자리를 얻었다. 유대인에게 돼지는 부정하고 더러운 짐승이었다. 따라서 그것은 '더러운 직업들' 프로그램에나 나올 법한 최악의 직업이라 할 수 있었다.

나도 한때 최악의 일을 한 적이 있다. 산디에고 스테이트 대학에 갓 입학했을 때 돈이 절실해서 아르바이트를 구하러 다녔지만 교내에는 빈 일자리가 없었다. 심지어 패스트푸드점에도 들어갈 데가 없었다. 그러던 어느 날, 학교 게시판에 명함 크기의 공지문이 하나 붙어 있는 걸 보게 되었는데 그들이 원하는 일을 해 주면 시간당 5달러를 주겠다는 것이었다. 전화를 걸어 알아보니 전화판매원 일이라고 했다(나는 판매에는 젬병인 사람이다). 마지못해 이틀을 일했지만 결국 단 한 개의 물건도 팔지 못한 채 그만두고 말았다. 지금도 욕을 하면서 전화를 쾅 끊던 아줌마들의 목소리가 귓가에 쟁쟁하다.

비유에 나오는 탕자 역시 자신이 처한 상황이 고역이었다. 옛날 랍비 잠언에 이런 말이 있다. "이스라엘 백성이 쥐엄 열매 신세가 되자 비로소 회개했다."[6] 쥐엄 열매는 돼지가 먹는 사료의 일종인데 여기서는 인생의 가장 밑바닥을 의미하는 표현이다. 아울러 이런 잠언도 있다. "아들이 타향에서 맨발이 되면 자기 집의 안락함이 그리워진다."[7] '맨발'이 여름 해변의 한가로운 날들을 상징하지 않는다는 건 눈치챘을 것이다. 여기서는 신발조차 살 수 없는 빈털터리 신세를 말한다.

나는 대학에 입학한 뒤 아파트를 얻어서 친구와 함께 자취를 시작했다. 집에서 50km 떨어진 곳이었다. 부모님으로부터 독립해 자유를 누릴 수 있다는 게 얼마나 좋은지 몰랐다! 처음 몇 주는 진짜 환상적이었다. 하지만 그 시간이 지나자 나의 '자유'는 나 혼자 집세와 생활비를 부담하고 일주일에 다섯 번이나 저녁을 마카로니와 치즈 아니면 라면 등으로 해결해야 하는 자유임을 깨닫게 되었다.

그래서 가끔 집에 들러 '잊고 안 가져온 물건들'을 가져왔다. 나는 보통 저녁 먹을 시간쯤에 집에 나타났다. ("어? 벌써 다섯 시 반이네. 시간이 이렇게 됐는지 몰랐어요. 굳이 저녁을 먹고 가라 하시면 뭐…. 먹고 가죠.") 어쩌다 보니 내 어깨에는 빨랫감도 걸쳐져 있었다. ("아, 이거요. 빨래방에 가져가려고요. 아뇨, 빨래해 주실 필요 없어요. 뭐…. 정 그렇게 해 주시겠다면, 어쩔 수 없죠.") 생전 처음으로 그동안 부모님이 내게 얼마나 많은 것을 베풀어 주셨는지, 그리고 나는 그것을 얼마나 당연하게 여겼는지 절실히 깨닫게 되었다.

아마 예수의 비유에 나오는 탕자도 그랬을 것이다. 주머니는 텅텅 비고 배는 고프고 살길이 막막해지니까 그제야 정신이 돌아왔을 것이다. '아버지 집에는 하인들도 먹을 게 풍족한데….' 아버지 집에 돌아가서 하인으로라도 살아야겠다고 결심한 그는 아버지에게 할 말까지 미리 연습해 두었다. "내가 일어나 아버지께 가서 이르기를 아버지 내가 하늘과 아버지께 죄를 지었사오니 지금부터는 아버지의 아들이라 일컬음을 감당하지 못하겠나이다 나를 품꾼의 하나로 보소서 하리라 하고"(눅 15:18-19).

예수의 비유를 듣던 사람들은 이 부분에서 모두 고개를 끄덕였을 것이다. 바보짓을 한 아들이 이제라도 잘못을 뉘우치고 돌아가겠다고 한 건 잘한 일이고, 먼저는 하인으로 일하다가 (운이 좋으면) 조금씩 아버지의 신뢰를 얻으면 다시 가족의 일원이 될 수 있을 거로 생각했을 것이다.

그런데 여기서 다시 '아빠의 깜짝쇼'가 벌어졌다. 아들이 집에 거의 다다랐을 무렵 멀리서 아들을 알아본 아버지가 불쌍한 마음으로 한달음에 그에게 달려갔다. 말하자면 아버지는 날마다 밖에 나와서 아들이 돌아오기를 목 빠지게 기다리고 있었다. 그는 우리가 생각하는 냉담하고 엄격한 가부장적 아버지가 아니었다. 아들이 보이자마자 아버지는 달려가서 힘차게 껴안아 주었다(눅 15:20). 사실 중동 문화에서는 이런 행동도 흔한 게 아니었다. 점잖은 가장들은 절대 뛰어다니지 않았고 어린아이들과 하인들만 뛰어다녔다. 모든 가족과 하인들은 항상 공손한 태도로 가장을 대했다. 그런데 이 비유에 나오는 아버지는 자신의 체면이나 지위는 전혀 아랑곳하지 않았다. 아들에 대한 사랑이 그를 '아들바보'로 만든 것이다.

돌아온 아들이 미리 준비해 간 말을 꺼내려 하자 아버지가 즉시 그의 말을 가로막았다(눅 15:21-22). 지금 죄송하다는 말을 듣고 있을 때가 아니었다. 아버지는 즉시 하인들을 불러 집안의 최고급 옷을 가져오게 하고(틀림없이 아버지의 옷이었을 것이다) 아들의 손에 반지(자기 아들이자 상속자임을 인정하는 도장이 새겨진 반지)를 끼워주고 신발을 신겨주었다(당시 하인들은 맨발이었고 상속자가 될 자녀들만 신발을 신었다). 하지만 무엇보다 충격적인 건 살진 송아지를 잡아 아들을 위한 잔치를 열라고 지시한 것이다(눅 15:23). 여기서도 중동 문화의 특이한 면을 엿볼 수 있다. 유대인 마을에서는 오직 특별한 날에만 고기를 먹었다. 살진 송아지처럼 큰 가축을 도살하는 건 결혼식이나 귀한 손님이 왔을 때만 하는 일이었다. 그렇다면 이 부분에서도 비유의 진실성이 의심스러워진다. 아버지를 우습게 여기고 가출해서 가문에 먹칠한 자식이 과연 귀한 손님일 수 있을까? 일반인들의 상식으로는 도저히 이해가 가지 않는 이야기다.

하지만 그게 바로 이 비유의 핵심이다. 이 비유는 하나님의 놀랍고도 이해 못할 과분한 사랑과 은혜에 대한 이야기이기 때문이다. 흔히 탕자의 비유라고 할 때의 '탕(蕩)'은 '마구 낭비하는' 혹은 '잘못된 것에 아낌없이 퍼주는'이라는 뜻이다. 따라서 이 비유는 탕자(蕩子)의 이야기이지만 또한 탕부(蕩父)의 이야기이기도 하다. 1세기 유대 문화의 관점에서 볼 때 아버지의 행동은 아들 사랑이 너무 지나치다고밖에 얘기할 수 없다. 말하자면 상식을 벗어난 다른 레벨의 자식 사랑인 셈이다. 쉬운 예를 들자면, 회사 공금을 횡령하다 걸린 직원에게 봉급을 올려주고 성탄절 상여금을 지급해주는 사장이랑 똑같은 것이다. 아니면 속도위반과 난폭운전으로 경찰서에 잡혀있는 아들에게 외제 차 포르쉐 키를 건네주는 것이라고나 할까?

아버지는 아들에게 과분한 사랑을 아낌없이 베풀었지만 큰아들의 반응은 상식을 벗어나지 않았다. 동생을 위해 잔치가 벌어졌다는 말을 듣는 순간 그는 화를 벌컥 내며 집에 들어가기를 거부했다(눅 15:25-28). 아버지가 나와서 들어가자고 설득하자 자기는 지금까지 아버지를 위해 '종처럼' 일했어도 잔치 한 번 열어주지 않더니(눅 15:28-29) '내 동생'이라고 불릴 자격조차 없는 저놈이 왜 '올해의 아들 상'을 받고 저 자리에 있는 거냐고 따졌다. 심지어 동생이 한 일을 더 추악해 보이게 하려고 "창녀들과 함께 삼켜 버린"이라는 막말도 서슴지 않았다(눅 15:31-32).

그래도 아버지는 여전히 부드럽게 큰아들을 타일렀다. "아버지가 이르되 얘 너는 항상 나와 함께 있으니 내 것이 다 네 것이로되 이 네 동생은 죽었다가 살아났으며 내가 잃었다가 얻었기로 우리가 즐거워하고 기뻐하는 것이 마땅하다 하니라"(눅 15:31-32).

탕자의 비유에 등장하는 주인공들은 예수 시대의 사람들을 상징하고 있다. 아버지는 하나님, 즉 집 나간 자식이 돌아오길 간절히 기다리는 하나님을 의미하고 탕자는 예수가 많은 시간을 함께 보냈던 죄인과 소외된 자들을 의미한다. 비록 죄를 지어 죄인이 되었지만 그들은 예수가 전하는 복음을 기쁜 마음으로 받아들였다. 반면에 맏아들은 죄인들을 경멸하고 그들과 어울리는 예수를 비난했던 종교 지도자들을 떠올린다. 자신들이 힘들게 노력해서 꼭대기에 오른 만큼 다른 사람들도 그렇게 노력해야 한다고 그들은 믿었다.

탕자의 비유는 회개하고 아버지께 돌아오는 죄인들에게 하나님이 거저 주시는 용서와 은혜의 메시지를 담고 있다. 구원은 노력이나 순종으로 얻어내는 게 아니다. 그냥 하나님이 공짜로 주시는 선물이다. 자, 이제는 모든 게 전혀 율법주의 같이 들리지 않을 것이다.

더 은혜 가득한 비유들. 탕자의 비유만이 아니라 다른 비유들 역시도 하나님의 구원이 얼마나 과분한 사랑이자 선물인가를 보여주고 있다. 큰 잔치의 비유가 그중 하나인데(눅 14:15-24; 마 22:2-14) 어떤 남자가 큰 잔치를 열고 많은 손님을 초대했다. 중동에서는 1주일이나 2주일 동안 결혼식 잔치를 해서 그 정도 호화 연회라면 결혼식 잔치일 가능성이 높다. 손님들은 '참석 여부 회답 바람'이라고 적힌 초대장을 받고도 막상 종들이 와서 모셔가려고 하자 전부 이 핑계 저 핑계를 대며 응하지 않았다. 어떤 이는 얼마 전에 산 밭에 가봐야 한다고 했고, 어떤 이는 구매한 소들을 살펴봐야 한다고 했고, 어떤 이는 결혼한 지 얼마 안 되어 못 간다고 했다.

큰돈과 시간을 들여 잔치를 마련한 사람으로서는 당연히 황당하고 기가 막힐 노릇이었다. 초대한 사람들로부터 그런 무시를 당하느니 차라리 길거리의 오가는 사람들을 초대하는 게 낫지 않겠나! 그리하여 사회에서 소외된 빈민과 맹인과 장애인들이 덕을 보게 되었다.

현대를 살아가는 우리에게는 이 비유가 흐뭇한 자선 행위로 비칠지 모르지만 1세기 사람들에게는 달랐다. 고대 중동 문화에서 그 같은 잔치는 사회적 신분을 과시하는 자리였다. 지역 사회에서 자신의 신분과 위치를 높이려는 목적으로 잔치를 베풀었기 때문에 항상 자신보다 신분이 높은 사람들을 잔치에 초대했다. 그래야 나중에 자신도 그들 잔치에 초대받는 영예를 누릴 수 있기 때문이었다. 중동은 받기 위해 베푸는, 즉 '주고받는' 문화가 잘 발달한 곳이었다. 요즘으로 치면 콘도회원권 홍보 행사 같은 것에 빗댈 수 있을 것이다. 고급 스테이크와 풍성한 요리가 차려진 자리에 초대받아서 콘도회원권을 사라는 무언의 압력을 받으며 먹고 마시는 장면을 연상하면 된다(나의 아내는 그런 걸 싫어해서 안 가려고 하지만 스테이크와 랍스터에 환장하는 나는 쉽게 유혹에 넘어가곤 한다).

자, 1세기 유대인들이 이 비유에서 충격을 받은 결정적 이유가 무엇일까? 그들은 신분이 낮은 사람들, 즉 빈민이나 맹인이나 장애인을 절대로 그런 잔치 자리에 초대하지 않았다. 그런 사람들에게서는 돌려받을 게 아무것도 없기 때문이다(누가복음 14장 12~14절에 나오는 예수의 파격적인 말씀을 참조하라. 그런 사람들이 돌려줄 게 없으니까 잔치에 초대하라고 예수는 말했다). 예수의 사명이라는 맥락에서 볼 때 큰 잔치 비유는 하나님 나라 도래의 선포에 관한 이야기이고 여기서 하나님 나라는 곧 잔치 자리 초대로 표현된 것이다. 초대받은 손님들은 회개하고 믿으라는 예수의 권유를 거절한 이스라엘의 종교 지도자들을 의미한다. 예수는 그들 대신에 다른 사람들을 선택했다. 가난한 자들, 장애인들, 세리와 창녀들, 하층민들이 그들이었다. 그들은 예수의 초대를 기쁜 마음으로 받아들였다. 아무것도 돌려드릴 게 없었지만 예수의 초대 자체가 아무 조건이 붙지 않은 것이었다. 구원은 공짜 선물이지 노력의 대가로 받는 것이 아니었으니까.

하나님의 은혜를 보여주는 비유들은 그 외에도 여러 개가 있다. 포도원 품꾼들의 비유(마 20:1-16)에서 포도원 주인은 자기 밭에서 일할 일꾼들을 여러 번에 걸쳐 고용했다. 이른 아침에 일을 시작한 일꾼들도 있었고 아침 9시, 정오, 오후 3시에 고용되어 일을 시작한 사람들도 있었다. 그런데 날이 저물고 일이 끝나자 주인은 모든 일꾼에게 똑같이 1데나리온의 품삯을 지급했다. 1데나리온은 당시 품꾼들이 받던 표준 일당이었다. 상대적으로 긴 시간 동안 일했던 품꾼들의 입에서 불만이 터져 나오자 주인은 그들에게 이렇게 응수했다. "내 돈인데 내 맘대로 하지도 못하오? 내가 후하게 주겠다는데 당신들이 왜 시비요?" 사실 처음에 이 이야기를 읽으면 부당해 보이고 이상하다는 생각이 들기도 한다. 더 많이 일했으면 더 많은 일당을 받아야 하지 않을까? 그러나 예수가 말하는 요점은 우리가 받은 '모든 것'이 하나님의 선물이라는 것이다. 우리가 받는 '보상'은 얼마나 일을 열심히 잘했느냐가 아니라 주님의 관대한 마음에 근거해서 받는 것이다. 따라서 이 비유도 그런 하나님의 은혜를 말해주고 있다. R. T. 프란스R. T. France의 설명을 들어보라.

> 이 비유를 자기 사업장의 고용방침으로 삼는 사람은 이내 파산하고 말 것이다. 그러나 천국은 이 세상의 경제 논리로 움직이는 곳이 아니다. 하나님은 공과가 아니라 은혜로 다스

리신다. … 꽃과 새들을 아낌없이 치장하고 먹이시는 하나님은 자신의 종들에게도 과분한 사랑을 아낌없이 쏟아부으신다.**8**

역설을 푸는 열쇠:
급진적인 하나님 나라에 대한 헌신과 성령에 감화된 순종

자, 그럼 예수는 규정과 계명에 순종하라 가르쳤던 율법주의자였는가, 아니면 원하는 자들에게 구원을 선물로 주셨던 분이었는가? 이 질문의 정답을 구하려면 구원의 성격에 대한 예수의 가르침을 살펴볼 필요가 있다.

낙타와 바늘구멍: 하나님 능력에 의한 구원. 복음서 중에서도 가장 이해하기 힘든 말씀 중의 하나가 부자 청년에 대한 이야기다(막 10:17-31//마 19:16-30//눅 18:18-30). 첫째로, 예수는 그에게 영생을 얻으려면 반드시 십계명을 지켜야 한다고 말했다. 얼핏 들으면 노력으로 구원을 얻는다는 얘기처럼 들린다. 그 말에 청년이 자신은 어려서부터 모든 계명을 철저히 지켰다고 했고 예수는 이례적으로 잣대를 더 높여 가진 재산을 전부 팔아 가난한 사람들에게 나눠주라고 했다. 제자들마저 어리둥절한 표정으로 질문을 던지자 예수는 "낙타가 바늘귀로 나가는 것이 부자가 하나님 나라에 들어가는 것보다 쉬우니라"고 말했다(막 10:25).

이 말씀의 뜻을 푸는 열쇠는 이야기 시작과 끝에 있다. 처음에 부자 청년은 예수를 "선한 선생님"이라고 불렀고 예수는 선함의 개념을 이렇게 정의했다. "네가 어찌하여 나를 선하다 일컫느냐 하나님 한 분 외에는 선한 이가 없느니라"(막 10:18). 당시에도 예수를 하나님이라 생각하는 사람들이 있었다. 예수는 여기서 그 사실을 부인한 게 아니었다.

청년은 예수가 하나님이란 걸 몰랐으니 그런 논쟁은 의미가 없다. 예수는 청년이 한 얘기로 수사학적 포인트를 만들었다. 그는 예수가 선한 선생이라 생각했지만, 하나님의 완벽함과 비교할 때 어느 인간도 선할 수 없다고 예수는 대꾸했다. 모든 계명을 아무리 철저히 지켰다고 해도 그게 선하다는 증거는 될 수 없다고 한 것이다(막 10:20). 하나님밖에는 선한 존재가 없다.

이야기 끝에서 예수는 낙타가 바늘귀로 통과하는 것 같다는 극단적인 과장법을 사용한다. 그러자 제자들의 눈이 휘둥그레졌다. "그런즉 누가 구원을 얻을 수 있는가"(막 10:26). 유대 사회에서 부(富)는 하나님의 축복으로 여겨졌다. 특히 평소에 신앙심이 돈독했던 사람이라면 더 말할 나위가 없었다.[9] 십계명을 철저히 지켰던 독실한 부자 청년이 구원을 받지 못한다면 대체 누가 구원을 받을 수 있단 말인가? 그 말이 사실이면 아무도 구원받지 못한다는 얘기가 아닌가? 그렇다. 하나님 외에 어떤 인간도 선하지 못하고 따라서 자신의 재산과 인품과 능력을 믿는 사람은 누구도 구원받지 못한다. 낙타는 절대로 바늘귀를 통과할 수 없다! 잘게 잘라서 실처럼 가는 소시지를 만들어도 그건 안 될 일이고 절대 불가능한 일이다.

예로부터 사람들은 예수가 한 말의 개연성을 높이기 위해 여러 가지 그럴듯한 해석을 시도해왔다. 그중 하나가 이것이다. 예루살렘으로 들어가는 문 중에 '바늘귀 문'이 있었다는 가설이다. 낙타의 경우에는 등에 있는 짐을 내려놓고 몸을 낮춰 기어가야 그 문을 통과할 수 있었다고 한다. 그래서 부자들은 재물에 애정과 집착을 내려놓아야만 하나님 나라에 들어갈 수 있다는 뜻으로 해석한 것이다. 하지만 이 해석은 정보가 올바르지 못해서 문제가 있다. 1세기 예루살렘에는 그런 이름을 가진 문이 없었다. 이 해석은 11세기에 불가리아의 테오필락트 Theophylact가 쓴 주석에서 제일 먼저 발견되었지만 그건 예수 사후 천 년이나 지나서 쓰인 주석이었다.[10]

예수의 말을 제대로 이해하려면 그가 먼저 무슨 말을 했는지부터 새겨들어야 한다. 이 대목에서의 요지는 "사람으로는 할 수 없으되 하나님으로는 그렇지 아니하니 하나님으로서는 다 하실 수 있느니라"다(막 10:27). 부자가, 아니 누구라도 인간적 노력으로 하나님 나라에 들어가는 건 불가능하고 오직 하나님의 능력과 은혜로만 구원을 받을 수 있다. 부자 청년은 하나님이 아니라 자신의 재물을 신뢰했기에 구원을 받지 못하고 말았다.

이런 비유들은 돈 많은 사람들, 특히 서양 재산가들의 심기를 불편하게 한다. 예수는 사회주의자처럼 사유 재산이 아닌 공유재산을 주장하는 걸까? 모든 재산을 포기하라는 파격적인 가르침인가? 우리는 부자 청년의 비유를 보통 이런 식으로 설명한다. "돈이 많은 게 이 청년의 문제였기에 예수는 그것을 포기할 필요가 있다고 했던 것이고 우리 모두에게 똑같은 걸 요구하시는 건 아닙니다." 우리는 그렇게 말하고 안도의 한숨을 내쉰다.

하지만 한시름 놓은 분들은 긴장하시기 바란다. 예수의 말씀이 오직 부자 청년에게만 해당하는 것으로 생각한다면 오산이다. 구원은 아무런 값도 치를 필요 없는 하나님의 공짜 선물이다. 하지만 그와 동시에 우리의 전부를 그 대가로 드려야 한다. 자신의 삶을 포기하고 하나님의 생명을 받아야 한다. 제자가 되고자 하는 자는 자기를 부인하고 자신의 십자가를 지고 예수를 따르라고 말했다(막 8:34//마 16:24//눅 9:23). 십자가를 지는 건 곧 죽으라는 의미다. 자기 자신은 죽고 하나님을 위해 살라는 뜻이다. 우리의 삶은 이제 우리 자신의 것이 아니다. 하나님의 것이다.

예수가 하나님 나라를 선포하기 시작했을 때 그의 메시지는 "회개하고 복음을 믿으라"였다(막 1:15). 회개하라는 건 죄로부터 돌아서서 하나님을 위한 삶으로 인생 궤도를 수정하라는 뜻이다. 또한 믿으라는 말씀은 구원을 받기 위해 오로지 하나님만을 신뢰해야 한다는 의미다. 노력에 의한 구원과는 완전히 상반되는 개념이다. 하나님을 의지하는 믿음으로만 받을 수 있는 것이 구원이다. 아울러 그 말씀은 모든 걸 포기하고 예수를 따르고 그렇게 제자로서의 삶을 살아가라는 강력한 호소이기도 하다. 로마서 6장 22절에서 바울은 이렇게 말했다. "그러나 이제는 너희가 죄로부터 해방되고 하나님께 종이 되어 거룩함에 이르는 열매를 맺었으니 그 마지막은 영생이라".

눈을 뽑고 손을 자르라는 말씀은 무슨 뜻인가? 죄를 피하고자 신체 훼손도 불사하라는 예수의 말(마 5:29-30; 18:8-9//막 9:43-48; 마 19:12)을 이해하려면 하나님 나라에 대한 헌신이란 틀에서 말씀을 해석할 필요가 있다. 하나님 나라는 어떤 가치가 있는가? 그것을 상속받기 위해 우리는 무엇을 포기해야 하는가? 정답은 '모두 다'이다.

마태복음 13장 45~46절에서 예수는 하나님의 나라를 진주를 발견한 상인에 비유했다. 상인은 진주의 값어치를 알아보고 자기 재산을 전부 팔아 진주를 샀다. 그냥 들으면 뭔가 앞뒤가 안 맞는 것 같다. 자, 내가 아내 생일에 아름다운 진주 목걸이를 선물했다고 치자. 선물을 받은 아내가, "와! 정말 멋져요! 그런데 우리한테 이런 돈이 있어요?"라고 물었을 때 내가 "이걸 사려고 우리 집을 팔았다오."라고 한다면 아내는 "뭐라고요! 당신 지금 제정신이에요?"라며 기절초풍을 했을 것이다.

좀 더 우리의 가상 대화를 들어보라.

"문제없어요. 여보. 길거리에서 살면 되잖소. 아 참, 그리고 우리 차도 팔았고 통장에 있는 돈도 전부 찾았고 연금보험도 깼다오."

"뭐요?" 놀란 아내는 잠시 주변을 둘러보다가 내게 묻는다.

"그런데 우리 아이들은 어디 갔어요?"

자, 내가 왜 이상하다고 했는지 이제는 알겠는가? 진주 하나 갖겠다고 온 재산을 다 파는 멍청이가 어디 있겠는가? 하지만 그 진주는 하나님 나라를 의미하고 하나님 나라는 피조물의 회복과 창조주 하나님과의 친밀함을 뜻한다. 그렇다면 그 진주를 가져야 할 이유가 있을까? 우리의 모든 걸 내어주고라도 기필코 가져야 한다.

예수는 사람들에게 음란한 생각이 들 때마다 진짜로 눈을 뽑고 손목을 자르라고 말한 게 아니다. 일종의 충격요법으로서 극단적인 수사법을 사용한 것이다. 예수는 인류 역사의 절정에 해당하는 하나님 나라의 도래를 선포하고 있다. 누구나 그 초대에 응하겠다는 굳은 각오를 다져야 할 때다. 대가는 내지 않아도 된다. 오로지 믿음 하나만 있으면 된다. 그러나 동시에 모든 것, 당신의 전 삶을 드려야 한다.

하늘 아버지의 온전하심과 같이 너희도 온전하라(마 5:48). 오직 믿음 하나로 구원을 받는다고 예수가 가르쳤다면 "하늘에 계신 너희 아버지의 온전하심과 같이 너희도 온전하라"는 말씀은 대체 어떻게 설명해야 할까?(마 5:48) 이 질문의 답을 찾으려면 하나님 나라에 동반되는 율법의 파격적인 변화를 살펴보아야 한다.

예수는 율법을 폐하러 온 게 아니라 완전하게 하러 왔다고 말했다(마 5:17). 실제로 예수는 두 가지 측면에서 율법을 완전하게 했다. 첫째로는, 완전한 순종의 삶으로 율법의 요구를 충족시켰고 둘째로 예수는 십자가 위에서의 희생적 죽음으로 인류의 죗값을 치러줌으로써 율법이 본래 의도했던 최고의 경지에 도달하게 했다. 바울은 말하길, "그리스도는 모든 믿는 자에게 의를 이루기 위하여 율법의 마침이 되시니라"고 했다(롬 10:4).

히브리서 기자는 율법 완성자로서의 예수가 한 역할에 관해 이야기하고 있다. 구약 율법은 인간을 구원으로 이끌 힘이 없다. 그저 우리의 죄에 대해 알려줄 뿐이다. "율법은 장차 올 좋은 일의 그림자일 뿐이요 참 형상이 아니므로 해마다 늘 드리는 같은 제사로는 나아오는 자들을 언제나 온전하게 할 수 없느니라"(히 10:1). 율법이 할 수 없는 것을 예수는 자신의 희생적 죽음을 통해 이루었다. "그가 거룩하게 된 자들을 한 번의 제사로 영원히 온전하게 하셨느니라"(히 10:14). 믿는 자들은 율법주의적인 행동으로 '온전'해지는 게 아니라 믿음을 통해 그리스도의 온전함을 받는 것이다. 예수의 삶과 죽음과 부활 속에서 그와 하나 될 때 그의 생명을 받게 된다. 바울은 이렇게 말했다. "내가 그리스도와 함께 십자가에 못 박혔나니 그런즉 이제는 내가 사는 것이 아니요 오직 내 안에 그리스도께서 사시는 것이라 이제 내가 육체 가운데 사는 것은 나를 사랑하사 나를 위하여 자기 자신을 버리신 하나님의 아들을 믿는 믿음 안에서 사는 것이라"(갈 2:20).

그렇다면 천국에 들어가는 것이, 혹은 영생을 얻는 것이 대단히 힘들다는 말씀들은 무슨 뜻인가? 우선은 그 말씀들이 쓰인 배경을 자세히 살펴보는 것이 중요하다. 누가복음 13장 23~30절에서 예수는 하나님 나라로 가는 좁은 문으로 들어가길 "힘쓰라"고 하시면서 사람들을 들어가게 한 후 문을 닫은 집주인에 대한 비유를 말했다. 안으로 들어가지 못한 사람들이 문을 두드렸을 때 집주인은 "나는 너희가 어디에서 온 자인지 알지 못하노라"고 대답했다(눅 13:25). 여기서 유의할 점은 아무도 노력해서 그 문에 들어갈 자격을 얻은 게 아니라는 사실이다. 집주인은 그들에게 입장료를 내라고 하지 않았다. 예수를 아는가…. 즉 예수와의 관계만이 관건이었다. 세상 곳곳에서 온 사람들이 하나님 나라 잔치에 들어갔지만, 이스라엘 지도자들은 들어가지 못했다. 율법을 지키는지, 조상이 누구인지의 문제는 구원과 아무런 상관이 없었다. 예수를 알고 믿었는가가 중요했다. 그는 삶과 죽음과 부활로 율법을 완성하고 하나님 나라의 문을 연 분이었다.

마태복음 22장 14절에도 비슷한 내용이 나온다. "청함을 받은 자는 많되 택함을 입은 자는 적으니라". 이 말씀은 혼인 잔치 비유 끝에 기록되어 있다(마 22:1-14). 첫 번째 대목의 "청함을 받은 자"는 '많은 사람이 청함을 받았지만…'으로 번역하는 게 더 정확하다. 본문의 비유에서는 잔치(하나님 나라)에 초대받은 사람들을 가리키고 있기 때문이다. 사실 하나님 나라의 초대장은 세상 누구에게나 가지만 그 초대를 받아들이고 구원의 은혜를 받는 사람은 그중 일부밖에 되지 않는다.

너희 의가 서기관과 바리새인보다 나아야 한다(마 5:20). 율법의 세세한 것까지 철두철미하게 지키는 서기관과 바리새인들을 대체 어떻게 이기고 의로워지라는 걸까?(마 5:20). 여기서도 해답은 하나님 나라의 능력에서 찾아야 한다.

예수는 하나님 나라가 인류 역사를 뚫고 임했다는 사실을 말과 행동으로 몸소 보여주었다. 모세의 율법이 가진 의미를 알려면 구약의 배경을 이해할 필요가 있다. 이스라엘은 계속해서 하나님의 계명을 어기고 그와의 언약을 지키는 데 실패했지만 그런데도 하나님은 언제나 신실하셨다. 예레미야 31장에서 하나님은 구원의 때(하나님 나라)가 올 것이라고 약속하셨다. 그 때 하나님은 자신의 백성들과 새 언약을 세울 것이다. 그 새 언약은 죄를 영원히 사해줄 것이고 하나님을 더 깊이 알게 할 것이며 율법을 사람들 가슴속에 새겨줄 것이다(렘 31:31-34; 히 8:6-13; 눅 22:20; 고전 11:25).

율법을 어떻게 인간의 가슴속에 새길 수 있을까? 구원의 새 시대는 성령의 시대이기에 가능하다. 구약에서 하나님은 말세의 구원이 이를 때 그의 영을 부어주셔서 자신의 백성을 인도하고 강하게 하겠다고 약속하셨다. 에스겔서 36장 26~27절이 그 증거다. "또 새 영을 너희 속에 두고 새 마음을 너희에게 주되 너희 육신에서 굳은 마음을 제거하고 부드러운 마음을 줄 것이며 또 내 영을 너희 속에 두어 너희로 내 율례를 행하게 하리니 너희가 내 규례를 지켜 행할지라"(사 44:3; 욜 2:28; 행 2 참조). 이 말씀에서 보듯이 우리의 의로움은 서기관과 바리새인을 능가할 것이며 하나님 나라 백성으로서 그들이 갖고 있지 못한 것, 즉 하나님의 영이 우리 안에 거하게 될 것이다. 성령께서는 믿는 자들에게 율법을 지킬 수 있는 하나님의 능력을 넣어주신다.

또한 이 말씀은 예수가 산상수훈에서 도덕성의 기준을 높인 이유도 설명해준다. 분노는 살인과 같고 음란한 생각은 간음과 같다고 예수는 말했다(마 5:21-30). 단순한 인간적 노력을 넘어 변화된 마음에서 우러

나오는 순종을 강조했다. 그 마음은 성령께서 주시는 새로운 마음이다. 우리에게는 내면에 거하시는 성령이라는 엄청난 원동력이 있기에 높은 수준의 도덕적 삶을 살아갈 수 있다.

구원의 새 시대에 임할 성령의 능력에 대해 많은 이야기를 한 사람이 사도 바울이었다. 누구든 "그리스도 안에" 있으면 새로운 피조물이 되고(고후 5:17) 새로운 피조물이 되었다는 증거로서 성령이 임하시면 그로써 하나님의 명령에 순종할 수 있고 영적으로 승리하는 삶을 살 수 있다고 했다(롬 8:1-17).

순종에서 비롯되는 변화. 여기서 분명히 구분해야 할 것은, 하나님 나라에 들어가는 것 – 죄인들에게 주시는 공짜 선물 – 과 성령의 능력으로 변화를 받았을 때 따라오는 의로움이다. 믿음으로 하나님의 자녀가 된 사람은 하나님 나라에 들어가게 되고 성령을 받음으로써 새로운 삶을 살 수 있는 능력을 부여받는다.

신약 저자들 간의 모순되는 이야기들도 위의 공식을 적용하면 간단히 해결할 수 있다. 바울은 인간적 노력이 아니라 하나님의 은혜로만 구원을 받는다고 했고(엡 2:8-9), 야고보는 행함이 없는 믿음은 무익하고 죽은 것이라고 했다(약 2:14-26). 하지만 두 말씀은 상충하는 이야기가 아니다. 바울은 우리가 하나님과 관계를 회복할 방법을 제시하면서 예수의 죽음만이 우리 죗값을 치러줄 수 있음을 강조한 것이고 야고보는 그런 변화로부터 비롯되는 순종의 삶을 이야기하고 있다.

부모 없는 아이가 어떤 가정에 입양되기 위해 할 일은 아무것도 없다. 이처럼 우리도 하나님의 자녀라는 신분을 얻기 위해 할 일이 아무것도 없다. 그냥 거저 주시는 선물을 감사히 받으면 된다. 하지만 일단 입양이 되고 나면 부모 말에 순종해야 하고 사랑할 줄 아는 선량한 사람이 되어야 한다. 특혜에는 책임이 따르는 법이다. 그뿐만 아니라 우리에게는 선물로 주신 구원에 걸맞게 보은할 수 있는 능력까지 주어졌다. 우리 안에 계신 그리스도, 영광의 소망이신 성령의 임재가 그것을 가능하게 한다.

결론

오래전에 알코올중독자 상담센터에서 잠깐 일한 적이 있다. 대학에서 심리학을 전공했기 때문에 그곳에서 인턴 과정을 밟게 된 것이다. 당시 내 직무는 중독자 상담과 음주 운전자 교육이었다. 아니, 음주 운전을 하라는 교육이 아니라 처음으로 음주 운전 단속에 걸린 사람들에게 법원 명령에 따라 안전교육을 해주는 것이었다. 주로 음주 운전의 위험성에 관해 이야기하고 적절한 선을 지키는 법에 대해 알려주었다.

첫 수업에서 나는 교실에 모인 사람들에게 한 명씩 돌아가면서 어떻게 이 상황까지 오게 되었는지를 이야기하도록 했다. 놀랍게도 그들은 자기의 잘못을 전혀 깨닫지 못하고 있었다. 전부 다 부패한 경찰관, 성능 불량의 음주측정기, 무능한 판사들 탓이라고 했다. 인간의 자기 정당화 능력에 대해 많은 것을 알게 된 시간이었다. 나는 그때 이후로 음주 운전과 그것의 파괴력에 대해 더 큰 경각심을 갖게 되었다.

그러던 어느 날, 교육을 마치고 차를 몰아 집으로 가다가 잠시 식료품 가게에 들러 장을 보았다. 계산하려고 계산대 앞에 서 있는데 내 앞에 있는 남자 입에서 술 냄새가 진동했다. 그는 커다란 보드카 두 병을 사면서 계산대의 예쁜 점원 아가씨에게 말을 걸며 시시한 농담을 던지고 있었다. 옆에서 그 이야기를 듣던 나는 그 남자가 너무도 한심하고 못나 보였다. 그 상태로 차를 몰고 가다가 어린아이를 치는 장면이 떠올라 증오심마저 솟구쳤다.

그가 계산을 마친 뒤 나도 물건값을 치르고 가게를 나왔다. 그리고는 차를 몰아 막 거리로 들어서는데 다시 그가 보였다. 그는 차를 운전하지 않았다. 천천히 거리를 걸어가고 있었다. 비틀대는 모습이 오랫동안 술에 찌들어 산 전형적인 알코올중독자의 모습이었다. 잠시 그를 지켜보고 있는데 어느 순간, 갑자기 그가 달라 보였다. 혼자 쓸쓸히 자신의 작은 아파트로 되돌아가 인사불성이 될 때까지 술을 마신 후 다음 날 다시 일어나 똑같은 일을 되풀이하겠지…. 내 마음속의 증오가 녹아내리면서 처음으로 그를 하나님이 보시는 눈으로 바라보게 되었다. 그는 하나님이 그토록 집에 오기를 바라시는 탕자였다.

터덜터덜 거리를 걷고 있던 그 남자는 나와도, 당신과도 하나도 다를 게 없는 사람이다. 그저 죄의 덫에 갇혀서 하나님의 은혜가 절실히 필요한 죄인일 뿐이다. 구원이란 하나님이 주시는 은혜와 용서의 선물을 받는 것이다. 선물에 감사할 때 나오는 자연스러운 반응은 그 선물을 다른 사람과 나누려는 마음이다.

> 우리가 아직 죄인 되었을 때에 그리스도께서 우리를 위하여 죽으심으로 하나님께서 우리에 대한 자기의 사랑을 확증하셨느니라(롬 5:8)

> 사랑하는 자들아 하나님이 이같이 우리를 사랑하셨은즉 우리도 서로 사랑하는 것이 마땅하도다(요일 4:11)

나쁜 예수
그 오해와 진실

1.
당신은 '율법주의'를 어떻게 정의하는가?

2.
당신은 예수가 율법주의자였다고 보는가?
그 이유는 무엇인가?

5

율법주의자인가 은혜 충만한 자인가?

3·

사람들이 구원을 받는 것은 인간적인 노력이 아니라 하나님이 주시는 구원의 선물을 받아서라는 사실을 예수의 가르침(특히 비유들)이 어떻게 보여주고 있는가?

4·

인간적 노력이 아닌 하나님의 구원 선물이 진정한 구원의 길임을 부자 청년 이야기가 잘 보여주는 이유는 무엇인가?

5·

예수가 눈을 빼라거나 손을 자르라는 등의 과격한 말씀을 한 이유는 무엇인가? 예수는 정말로 사람들이 그 말대로 하길 바랐을까?

6·

우리의 의로움이 바리새인과 서기관들보다 나으려면 어떻게 해야 하는가?

7·

성령은 어떤 식으로 그리스도인들이 의로운 삶을 살도록 도와주시는가?

8·

당신은 예수가 율법주의자라고 생각하는가, 아니면 아니라고 생각하는가? 이유를 설명해보라.

6

지옥 불을 외치던 전도자인가 온유한 목자인가?

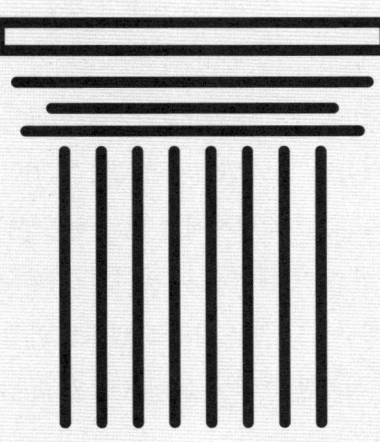

지옥으로 겁주기

할로윈 시즌이 되면 미국 전역에 '헬 하우스Hell House'라고 불리는 귀신의 집들이 생겨난다. 주로 보수적인 교회와 기독교 단체들이 일종의 볼거리 삼아 마련하는 행사다. 그중에서도 가장 유명한 건 텍사스 시더힐의 트리니티Trinity 교회가 하는 헬 하우스 행사인데 역사가 무려 24년이나 되었다고 한다. 2001년에는 이 행사를 계획하고 준비하고 진행하는 과정을 담은 '헬 하우스'라는 다큐멘터리가 만들어지기도 했다.

헬 하우스는 이름 그대로 지옥처럼 행사장을 꾸며놓고 사람들을 무섭게 겁주는 곳이다. 입장권을 사서 안으로 들어가면 죄의 결과가 낳은 끔찍한 장면들이 하나하나씩 펼쳐진다. 어떤 방에는 뒤늦게(거의 만삭 상태에서) 낙태된 태아의 피 범벅된 시체가 수술대 위에 놓여 있고 그 옆에는 역시 피와 태반으로 온몸이 범벅된 소녀가 소리를 지르며 오열하고 있다. 그 옆에서 의사와 간호사들이 냉담하고 경멸에 찬 표정으로 소녀를 바라본다. 다음 방으로 넘어가면 검은색 두건을 쓴 사람들이 사탄 숭배 의식을 하고 있는데 탁자에는 별 문양이 새겨져 있고 그 위에는 한 아기가 제물이 되기 위해 누워 있다. 그다음의 어두컴컴한 방으로 가면 마약과다 복용으로 죽은 사람들 옆에서 마귀들이 춤을 추는 장면이 나온다. 어떤 시체는 눈알이 튀어나와 있고 뒤틀린 팔에는 마약 주삿바늘이 대롱대롱 매달려 있다. 그런 희생자들을 영원히 고문할 생각에 마귀들은 신이 나서 괴성을 지르며 춤을 춘다. 헬 하우스의 마지막 방에는 보통 끔찍한 지옥의 모습과 행복한 천국의 모습이 강한 대비를 이루도록 전시되어 있다. 그리고 옆에서는 성경 구절과 구원의 방법을 안내하는 전도지를 나누어준다.

할로윈 기간에는 이런 섬뜩한 행사가 인기를 얻기도 하지만 사람들에게 겁을 주어 믿게 만드는 게 옳은 일이냐는 회의론도 적지 않다. 사실 지옥은 가장 이해하기 어렵고 논란의 대상이 되는 기독교 교리 중 하나다. 또한 가장 불편한 주제이기도 하다. 내가 만난 사람 중에는 지옥이 있다는 얘기 때문에 기독교를 믿고 싶지 않다는 사람들도 있었다.

또한 지옥을 구약의 개념으로 한정하는 이들도 있다. '헬 하우스' 다큐멘터리를 본 어떤 시청자는 인터넷에 이런 댓글을 올리기도 했다. "이것은 구약시대에나 통하던 '불과 유황' 스타일의 케케묵은 겁주기 방식이다." 실제로 구약 시대 하나님의 이미지는 그다지 좋은 편이 아니다. 화가 잔뜩 나서 홍수로 세상을 쓸어버리고, 소돔과 고모라에 불과 유황을 쏟아붓고, 땅을 갈라지게 해서 한 가족을 몰살시키는 무자비한 노인으로 치부된다.

그러나 구약에는 영원한 형벌에 대한 이야기가 거의 나오지 않는다. 다니엘 12장 2절과 이사야 66장 24절 정도에만 언급되어 있고 그 방면에서는 오히려 사도 바울이 엄격하고 냉정한 편이었다. 그는 죄의 대가와 하나님의 진노에 대해 강력한 경고를 서슴지 않았다. 하지만 그런 바울의 서신에도 지옥 불에 대한 직접적인 언급은 없다.[1]

지옥 불을 외치던 예수

여기서 깜짝 놀랄만한 게 하나 있다. 성경에서 지옥을 가장 많이 언급한 사람이 바로 예수라는 사실이다! 그렇다. 원수를 사랑하고 잘못한 사람을 일곱 번씩 일흔 번이라도 용서하라고 가르친 그가 하나님의 원수들에게는 시뻘겋게 이글대는 지옥 불이 기다리고 있다며 날을 세웠다. 어린아이를 환영하고 가난하고 병든 사람들을 동정하던 그가 "거기에서는 구더기도 죽지 않고 불도 꺼지지 아니하느니라"고 지옥의 참상을 묘사했다(막 9:48).

지옥이 무엇인가? 우리 대학의 내 사무실 문 앞에는 남편과 아내가 백화점 쇼핑가서 각자 무슨 생각을 하는지를 코믹하게 그린 한 컷 만화가 붙어있다. 두 사람 앞에는 두 개의 에스컬레이터가 있는데 하나는 '생활용품 매장'으로 가는 것이고 다른 하나는 '숙녀용 구두매장'으로 가는 것이다. 그 두 개의 표지판을 바라보는 남자는 머릿속에 '천국'과 '지옥'을 떠올리고 있다. 나도 그 말에 백번 공감한다. 남자들은 매우 싫거나 고역스러운 일에 지옥이라는 표현을 잘 사용한다. 하지만 성경은 그보다 훨씬 더 심각한 어조로 지옥을 최후 심판과 정의 구현의 장소로 묘사하고 있다.

일반적으로 신약에서 '지옥'으로 번역된 히브리어는 '게헨나Gehenna'이며 그것은 '힌놈의 골짜기'라는 뜻이다. 원래는 예루살렘 남서쪽 비탈 아래 계곡을 가리키는 말이었는데 이곳은 이방 종교의 제단이 있던 곳으로서 어린아이를 산채로 불태워 가나안의 신인 몰렉과 바알에게 제사를 드리던 장소였다(대하 28:3; 33:6; 렘 7:31; 19:5-6; 32:35). 요시야 왕은 그런 이방 제사를 폐지하기 위해 힌놈 골짜기에 세워진 산당들을 파괴했고(왕하 23:10), 그 이후부터 그곳은 쓰레기를 모아 태우는 쓰레기처리장이 되었다. 그 뒤 구약과 신약의 중간 시대부터는 '게헨나'라는 이름이 하나님의 징벌, 즉 지옥 불을 뜻하는 상징적인 단어로 사용되게 되었다.[2]

지옥으로 번역된 또 다른 단어는 '하데스Hades'라는 헬라어인데 그리스 사상에서 하데스는 지하 세계, 혹은 죽은 자들이 가는 곳을 의미한다. 신약에서는 여러 가지 뜻으로 사용되었지만 주로 "죽은 자들의 장소" 혹은 "무덤"이란 의미가 있다. 예수가 가버나움 도시를 향해 경고할 때에도 그 도시가 메시아의 역사를 거부했기에 하데스로 내려갈 것이라고 말했다(마 11:23; 눅 10:15). 부자와 나사로의 비유에 나오는 부자는 죽은 뒤에 하데스에 가서 고통을 당했고(눅 16:23)[3] 예수은 베드로에게 "하데스의 문"이 그의 교회를 이기지 못할 거라고 했다(마 16:18). 요한계시록 마지막에는 사망과 하데스가 불 못에 던져지는 것을 "두 번째 사망"이라고 했다(계 20:13-15; 계 19:20; 20:10). 여기서 유황이 타는 불 못은 게헨나, 혹은 지옥과 동의어로 사용된 듯하다.

지옥(게헨나)**에 대한 예수의 가르침.** 예수는 헬 하우스를 열거나 죄를 눈감아 준 적이 없지만, 지옥에 대한 얘기는 꽤 자주 했다. 누군가를 바보, 멍청이라 부르면 지옥 불에 들어갈 것이라 했고(마 5:22), 몸만 죽일 수 있는 자를 두려워하지 말고 몸과 영혼을 지옥에 멸하실 하나님을 두려워하라고 했으며(마 10:28//눅 12:5), 온전한 몸으로 지옥 불에 들어가느니 차라리 손을 자르거나 눈알을 빼라고 했다(마 5:29-30//막 9:43-48; 마 18:8-9). 또한 종교 지도자들은 그들의 위선 때문에 지옥 심판을 면하지 못할 거라는 말도 했다(마 23:33).

지옥을 여러 가지에 빗대어 말하기도 했다. 가라지 비유에서는 악인과 의인의 운명이 어떻게 되는지를 보여주었고 그물 비유에서는 악인들을 "풀무 불에 던져 넣으리니 거기서 울며 이를 갈게 되리라"고 했다(마 13:42, 50). 혼인 잔치 비유에 나오는 남자는 예복을 입지 않았으므로 "그 손발을 묶어 바깥 어두운 데에 내던지라 거기서 슬피 울며 이를 갈게 되리라"고 했다(마 22:13; 마 8:10-12//눅 13:28; 마 24:51). "무익한 종"이 밖으로 쫓겨나는 달란트 비유에서도 그와 똑같은 표현이 사용되었다(마 25:30). 양과 염소의 비유에서는 죄인들에게 "저주를 받은 자들아 나를 떠나 마귀와 그 사자들을 위하여 예비된 영원한 불에 들어가라"고 했다(마 25:41). 마지막으로, 앞에서도 말했던 부자와 나사로 비유에서 부자는 하데스에서 고통을 받는다고 했다(눅 16:23).

이 정도로 반복해서 언급된 것을 어찌 가볍게 넘길 수 있겠는가? 내세에서 악인이 받는 징벌에 이토록 집착하는 예수를 우리는 어떻게 생각해야 할까? 사랑과 용서와 긍휼의 예수는 대체 어디로 갔단 말인가?

역설 해결의 열쇠: 하나님의 사랑과 공의

예수가 지옥의 존재를 믿었다는 점에는 의심의 여지가 없다. 그는 분명히 누군가는 그곳에 가게 될 거라고 말했다. 지옥은 고통당하고 이를 갈며 통곡하는 곳이다. 원래는 사탄과 마귀들을 위해 준비된 곳이지만 사람들 역시 그곳으로 가게 될 거라고 말했다.

예수처럼 지혜롭고 자비로운 성자에게 그런 보복적이고 비정한 교리는 안 어울린다고 생각할지도 모르겠다. 심지어 그런 구절들은 나중에 초대 교회에서 예수의 말씀인 것처럼 첨가했다는 설도 제기되고 있다. 평화를 사랑하는 예수 같은 분이 어찌 그런 말을 했겠느냐고 사람들은 의아해한다. 하지만 그들의 추측은 사실일 가능성이 거의 없다. 예수가 지옥을 언급한 부분이 너무 많아서 그 모두를 교회가 지어냈다고 하는 데는 무리가 있기 때문이다.

사실은 하나님의 징벌이라는 교리가 복수심에 불타는 원색적인 가르침이 아니라고 보는 게 더 타당하다. 그것은 사랑과 공의의 하나님이라는 특성에서 비롯된 어쩔 수 없는 결과로 받아들여야 한다.

악행과 불의로 점철된 인류 역사. 인류 역사는 많은 면에서 악과 불의의 역사라고 해도 과언이 아니다. 수많은 범죄가 미제 사건으로 남았고 수많은 살인자가 잡히지 않고 거리를 활보했으며 지금도 사정은 마찬가지다. 인터넷을 검색해 보면 해결되지 않은 연쇄살인 사건들이 줄줄이 올라온다. 19세기 런던의 '살인마 잭' 사건부터 1970년대 초에 뉴욕 로체스터에서 벌어진 '알파벳 살인 사건'(피해자들 이름의 첫 자와 끝 자가 모두 같은 알파벳으로 끝났음), 캐나다 브리티시 컬럼비아주 16번 고속도로의 어느 800km 구간에서 40여 명의 젊은 여성들이 살해되거나 실종되었던 '눈물의 고속도로 연쇄살인 사건', 수십 년간 멕시코 국경의 빈민 지역에서 수백 명(일각에서는 수천 명이라고 주장함)의 여성들이 강간과 고문과 살해를 당했던 '시우다드후아레스' 혹은 '도시의 여성 실종 사건'이라고 불리는 연쇄살인사건 등이 대표적인 사례들이다. 시우다스후아레스 사건의 경우에는 피해 여성 대부분이 미국과 멕시코 국경 지대 공장에서 일하던 가난한 여성들이었다. 그 지역은 마약 전쟁으로도 유명한 곳이었기에 경찰에 붙잡히거나 재판에 넘겨진 범인들조차 거의 없었다.[4] 상황이 이 지경인데도 우리가 정의를 논할 수 있을까?

위에 소개한 사례들은 극히 일부에 불과할 뿐, 지금도 해마다 수많은 살인 사건이 해결되지 못한 채 의혹만을 낳고 있으며 범인들은 잡히지 않고 멀쩡히 살아가거나 잡히더라도 증거 부족, 혹은 부패한 경찰과 재판관들에게 뇌물을 주고 풀려난다. 이 세상이 얼마나 불의한 곳인가는 과거 역사를 조금만 훑어봐도 충분히 짐작할 수 있다.

설령 범인이 잡히고 재판에 넘겨진다 해도 정의 구현은 여전히 요원하다는 생각이 든다. BTK로 유명한 데니스 레이더Dennis Rader는 그 별명대로 묶고Bind, 고문하고Torture, 죽이는Kill 방식으로 1974년부터 1991년까지 캔자스주 세지윅 일대에서 10명의 사람을 살해했다. 나중에 범행이 발각되어 종신형을 선고받았지만 지금도 감옥에서 하루 세끼를 꼬박꼬박 챙겨 먹으며 잘살고 있다. 제프리 다머Jeffrey Dahmer는 1978년부터 1991년까지 최소 17명의 10대 소년과 남성을 살해했는데 그의 살인 행각은 특히 시체를 강간한다든지, 토막을 낸다든지, 인육을 먹는 등의 행위로 잔혹하기 그지없었다. 결국 종신형을 선고받고 감옥에 갇힌 그는 교도관과 싸움을 벌이던 중 그가 휘두른 둔기에 맞아 사망했다. 그 외에도 이런 사례는 셀 수 없이 많았다. 테드 번디Ted Bundy, 존 웨인 게이시John Wayne Gacy, 데이비드 버코위츠David Berkowitz 등은 경찰에 잡혀 사형을 당했거나 현재 무기징역수로 복역하고 있는 연쇄 살인범들이다. 하지만 잡혀서 형을 받았다고 모든 억울함이 풀리고 정의가 실현되었다고 할 수 있을까? 그들이 저지른 잔인하고 끔찍한 범죄에 비하면 어떤 형벌도 결코 충분하다고 할 수는 없을 것이다.

그 밖에도 지구상에서는 엄청난 대학살이 자행되기도 했다. 세계 제2차 대전 중에 일어난 나치의 홀로코스트는 가스실이라는 처형 도구로 6백만에 이르는 유대인들을 몰살시켰다. 1970년대 캄보디아에서 폴 포트Pol Pot의 급진 공산주의 정권 크메르루주Khmer Rouge가 백만 명이 넘는 양민을 죽인 사건은 킬링필드Killing filed라는 이름으로 우리에게 알려져 있다. 르완다에서는 1994년 4월부터 7월까지 약 100일에 걸쳐 백만 명의 투치족과 후투족이 목숨을 잃는 집단 학살이 일어났다. 난폭한 후투족Hutus 전사들은 자신들의 대적이었던 투치족Tutsis 남자들과 여자들과 어린이들을 날이 넓은 큰 칼로 잔인하게 난도질해 죽였다. 그뿐만이 아니다. 보스니아와 헤르체고비나에서는 보스니아 전쟁이 한창이던 1990년대에 '인종청소'를 목적으로 수많은 보스니아 무슬림과 크로아티아 사람이 죽고, 강간과 고문을 당하고, 비인간적인 취급을 당했다. 그중 일부 가해자들은 나중에 체포되어 실형을 받기도 했지만 대부분은 벌을 받지 않았다.

이런 잔혹 행위들은 모두 인류역사상 가장 '문명화'되었다고 자부하는 지난 세기에 일어난 일들이다. 그럼 고대로부터 얼마나 많은 사람이 착취와 고문과 학대와 죽임을 당했을지를 한 번 생각해보라. 때로는 가해자들이 처벌을 받기도 했지만 대부분은 아무런 벌도 받지 않고 정상인처럼 잘살다가 편안히 죽었다. 악인은 잘살고 선인이 고통받는 세상이다. 어떤 면에서 인류 역사는 온갖 악행으로 얼룩진 우울한 연대기라고 말할 수 있다.

하나님의 공의가 실현되는 약속의 장소로서의 지옥. 자, 아무리 극악무도한 짓을 해도 처벌받지 않는 세상을 상상해보라. 흉악한 범죄가 판을 치는데 그것으로 모든 게 끝이라면 어떻겠는가? 성경에서 말하는 지옥은 하나님의 공의라는 교리와 직결되어 있다. 이 세상에서는 제대로 된 응징이 이루어지지 않는 것 같지만 전지전능한 하늘의 심판관이 모든 것을 철저히 기록해두었다가 마침내 때가 오면 세상의 모든 악을 공정하고 철저하게 심판할 것이다.

이 사실을 염두에 둔다면 지옥이 결코 날조된 이야기일 수 없다는 걸 알게 될 것이다. 지옥은 중세 성직자들의 상상력에서 나온 불타는 고문실이 아니다. 의롭고 공정한 하나님, 가난하고 억눌리고 착취당하는 자의 울부짖음을 들으시는 하나님의 필연적이고 응당한 조치가 이루어지는 곳이다.

지옥에 관한 예수의 가르침은 하나님의 공의를 확실하게 보여준다. 정말로 하나님이 공정하고 의로운 분이라면 죄는 반드시 벌하시고 잘못된 것은 반드시 바로잡으셔야 한다. 죄를 짓고도 그 죄에 대해 아무런 처벌을 받지 않는다면 세상의 정의는 죽은 것이고 그런 하나님은 경배할 가치조차 없다.

지옥의 특성

하나님의 공의 실현이라는 측면에서 지옥이 필수적이라는 데에는 이론의 여지가 없지만 지옥이 어떤 곳인가에 대해서는 학자들의 의견이 엇갈린다. 사실 신학자들이 반론을 제기하는 부분은 지옥의 존재 여부가 아니라 그 성격과 범위에 관한 것이다. 심지어 성경이 하나님의 영감으로 쓰인 하나님의 말씀이라 믿는 그리스도인들조차 지옥에 대해서는 각자 다른 관점을 갖고 있다. 여기서는 그 대표적인 세 가지를 소개해보겠다.

영원하고도 지속적인 고통의 장소. 예로부터 지옥은 불의한 자들이 하나님과 분리되어 영원히 지속해서 고통 받는 장소로 인식되어 왔다.[5] 지옥을 논할 때 제일 먼저 떠오르는 건 불과 어둠이다. 예수는 "지옥 불"(마 5:22; 18:9), "풀무 불"(마 13:42, 50), "영원한 불"(마 25:41), "구더기도 죽지 않고 불도 꺼지지 아니하"는 곳으로 지옥을 묘사했다(마 8:12; 22:13; 25:29). 불과 어둠이 한 곳에 공존할 수 없으니까 여기에서의 불은 은유적인 표현으로 봐야 한다. 물론 은유적이라고 해서 실제로 존재하지 않는다는 의미는 아니다. 다만 지옥에서 받는 고통이 우리가 상식적으로 이해할 수 없는 방식으로 설명되어 있다는 뜻이다. 비유적으로든 문자적으로든 불과 어둠은 처절한 고통과 괴로움을 실감 나게 암시하고 있다.

또한 지옥은 애통의 장소이기도 하다. 사람들은 그곳에서 슬피 울며 이를 간다고 했다(마 8:12; 13:42, 50; 22:13; 25:30). 울음은 슬픔과 고뇌의 상징이고 이를 간다는 건 극도의 절망을 나타낸다. 지옥에서의 형벌은 영원히 계속된다. "영원한 불"(마 25:41)과 "구더기도 죽지 않고 불도 꺼지지 않는" 곳이기 때문이다(막 9:48; 사 66:24 암시).

하지만 지옥의 이런 특성에 강하게 반발하는 사람들은 그것이 불공평하다고 말한다. 우리가 세상에서 짓는 '일시적인' 죄를 왜 영원히 벌하시냐는 것이다. 형벌은 범죄의 경중에 따라 달라지는 게 합리적인 일 아닌가? 공의는 공의로워야 하고 사람들은 자신이 지은 죄에 합당한 처벌을 받아야 한다. 아무리 최악의 흉악범이라고 해도 형량이 정해져 있어야지 어떻게 영원히 벌을 받는단 말인가? 어떤 이들은 히틀러가 천만 명을 끔찍하게 죽였으니 그에 상응하는 벌과 고통을 받아야 한다고 말한다. 하지만 천만 명을 살인한 죄라고 해도 영원토록 끝없이 고통당하는 건 너무 지나친 처사가 아닐까?

이 의견에 반대하는 사람들은 모든 죄가 영원히 거룩하고 완전한 하나님을 거역한 죄라는 반론을 제시한다. 죄의 본질이 그렇기 때문에 영원한 형벌을 피할 수 없다는 것이다. 따라서 모든 죄인은 지옥에서 영원히 하나님과 분리되는 벌을 받아야 한다.

그런데도 영원한 형벌이 하나님의 공의와 어울리지 않는다고 생각하는 사람들은 두 가지를 대안으로 모색한다. 제한적인 형벌을 전제로 인류의 궁극적인 화해 모드가 조성된다는 주장이 그 하나다. 즉, 언젠가는 전 인류가 마침내 구원받는 날이 온다는 것이다. 둘째로는 지옥 형벌에 기한이 있어서 일정 기간 벌을 받고 나면 악인들은 완전히 소멸해서 사라진다고 말한다.

만인구원설과 궁극적인 인류 구원. 만인 구원설에는 다양한 가설이 존재한다. 어떤 이들은 하나님이 그냥 모든 사람을 받아주실 거라 이야기하고, 어떤 이들은 모든 종교가 결국은 하나님께로 이끈다고 말하고, 어떤 이들은 사람들이 언젠가는 자기 방식대로 하나님을 믿게 된다고 주장한다. 성경은 예수만이 하나님께로 가는 유일한 길이라고 말하고 있다(요 14:6; 딤전 2:5; 요일 5:12). 그렇기 때문에 다른 주장들은 제쳐두고 모든 사람이 예수를 통해 궁극적으로 구원받는다는 가설을 한 번 살펴보기로 하자. 흔히 이것을 '궁극적 화해'라고 부르는데 언젠가는 모든 사람이 하나님의 아들 예수 그리스도를 통해 하나님과 화해하게 된다는 주장이다.[6] 그러나 현실적으로는 예수를 믿지 않고 죽는 이들이 많기 때문에 이 주장이 성립하기 위해서는 사람이 죽은 이후에도 믿을 기회가 주어져야 한다.

이 같은 만민구원설은 다음과 같은 성경 구절들을 그 증거로 내세운다.

내가 땅에서 들리면 모든 사람을 내게로 이끌겠노라(요 12:32)

그런즉 한 범죄로 많은 사람이 정죄에 이른 것 같이 한 의로운 행위로 말미암아 많은 사

람이 의롭다 하심을 받아 생명에 이르렀느니라(롬 5:18)

하나님이 모든 사람을 순종하지 아니하는 가운데 가두어 두심은 모든 사람에게 긍휼을 베풀려 하심이로다(롬 11:32)

아담 안에서 모든 사람이 죽은 것 같이 그리스도 안에서 모든 사람이 삶을 얻으리라 (고전 15:22)

하늘에 있는 자들과 땅에 있는 자들과 땅 아래에 있는 자들로 모든 무릎을 예수의 이름에 꿇게 하시고 모든 입으로 예수 그리스도를 주라 시인하여 하나님 아버지께 영광을 돌리게 하셨느니라(빌 2:10-11)

모든 사람에게 구원을 주시는 하나님의 은혜가 나타나(딛 2:11)

    하나님의 구원이 하나님과 피조물 간의 궁극적 화해를 가져왔고, 또 가져올 것이라고 이야기하는 성경 구절들이 많이 있다. 고린도후서 5장 19절을 보라. "곧 하나님께서 그리스도 안에 계시사 세상을 자기와 화목하게 하시며 그들의 죄를 그들에게 돌리지 아니하시고". 골로새서 1장 19~20절도 이렇게 말한다. "아버지께서는 모든 충만으로 예수 안에 거하게 하시고 그의 십자가의 피로 화평을 이루사 만물 곧 땅에 있는 것들이나 하늘에 있는 것들이 그로 말미암아 자기와 화목하게 되기를 기뻐하심이라"(행 3:21 참조). 그리스도 안에서 하나님과 화목하게 됨이 "땅에 있는 것들이나 하늘에 있는 것들"을 포함하는 것이라면 어떻게 지옥이 우주 한구석에서 영원히 화목하지 못할 영혼들과 함께 불타고 있을 수 있겠는가?

아울러 디모데전서 2장 4절은 "하나님은 모든 사람이 구원을 받으며 진리를 아는 데에 이르기를 원하시느니라"고 말한다. 하나님은 본인이 원하는 걸 반드시 하고야 마는 분이니까 모든 사람이 구원받기를 원하신다면 결국은 모두가 구원을 받는다고 말하는 건가? 베드로후서 3장 9절에도 이와 비슷한 내용이 나온다. "오직 주께서는 너희를 대하여 오래 참으사 아무도 멸망하지 아니하고 다 회개하기에 이르기를 원하시느니라". 만일 모든 사람이 구원받는 게 하나님의 뜻이라면 어느 누가 그 뜻을 꺾을 수 있겠는가?

하지만 이 만인구원설에는 몇 가지 고려해 볼 내용이 있다.

첫째로, 성경 어디에도 사람의 사후에 구원받을 수 있다는 언급이 없다. 히브리서 9장 27절의 경우는 그와 정반대의 이야기를 하고 있다. "한번 죽는 것은 사람에게 정해진 것이요 그 후에는 심판이 있으리니".

둘째로, '모든' 사람이 구원받을 거라는 성경 구절들의 문맥을 살펴보면 결국은 '믿는 모든 사람'이 구원을 받는다는 뜻이다. 한 사람(그리스도)의 죽음이 한 사람(아담)의 죄를 덮어서 '모든 사람이 구원받을' 가능성을 열어놓았다는 뜻이지 모든 사람이 구원을 받는다는 의미는 아니다. 물론 하나님은 모든 사람이 구원받기를 바라시지만 모두가 믿음으로 구원받지 않을 거라는 사실은 부인할 수 없다. 피조물이 온전히 회복된다는 말씀이 피조물인 인간들까지 전부 다 구원받는다는 의미로 확대해석하기엔 무리가 있다.

비평가들은 또한 만인구원설이 그리스도의 죽음을 무의미하고 하찮

게 만든다는 점을 지적한다. 만일 가만히 있어도 종국에 가서 모든 사람이 구원을 받는다면 예수는 공연히 돌아가셨다고밖에 말할 수 없다. 그러나 이런 관점은 기독교 만인구원설에 들어맞는 이야기는 아니다. 기독교에서는 모든 사람이 '예수의 죽음'을 통해 구원받는다고 말한다. 만인구원설의 또 한 가지 문제는 전도의 필요성이 약해진다는 것이다. 만일 사람이 죽은 뒤에도 구원을 받을 수 있다면 그것도 앞뒤가 안 맞는 얘기가 된다. 전도는 사람들이 하나님의 진노와 심판을 피하게 해주려고 하는 것이다. 그 심판이 영원하든 끝이 있든 상관없이. 물론 고통받는 이들이 지금 당장 예수를 통해 구원의 기쁨을 누리길 바라는 게 전도의 더 강한 동기임은 두말할 필요도 없다.

성경의 많은 구절이 악인의 정죄와 멸망에 관해 이야기하고 있기 때문에 만인구원설은 그다지 설득력이 없어 보인다. 먼저 요한복음 3장 36절을 예로 들어보자. "아들을 믿는 자에게는 영생이 있고 아들에게 순종하지 아니하는 자는 영생을 보지 못하고 도리어 하나님의 진노가 그 위에 머물러 있느니라". 여기서 "영생을 보지 못하고 도리어 하나님의 진노가" 임한다는 말씀은 만인이 궁극적으로 구원받는다는 주장과 정면으로 충돌한다. 비슷한 구절들이 많이 있지만 여기서는 그중 대표적인 말씀들 몇 가지만 소개하겠다.

> 무릇 율법 없이 범죄한 자는 또한 율법 없이 망하고 무릇 율법이 있고 범죄한 자는 율법으로 말미암아 심판을 받으리라(롬 2:12)

> 불의한 자가 하나님의 나라를 유업으로 받지 못할 줄을 알지 못하느냐(고전 6:9)

> 스스로 속이지 말라 하나님은 업신여김을 받지 아니 하시나니 사람이 무엇으로 심든지 그대로 거두리라 자기의 육체를 위하여 심는 자는 육체로부터 썩어질 것을 거두고 성령을 위하여 심는 자는 성령으로부터 영생을 거두리라(갈 6:7-8)

> 우리가 진리를 아는 지식을 받은 후 짐짓 죄를 범한즉 다시 속죄하는 제사가 없고 오직 무서운 마음으로 심판을 기다리는 것과 대적하는 자를 태울 맹렬한 불만 있으리라 (히 10:26-27)[7]

이런 반론들은 매우 중요하다. 지옥을 영원한 고문의 장소라거나 궁극적인 화해의 처지에서 규정하지 않고 완전한 멸망과 소멸의 장소로 규정할 수 있게 해주기 때문이다.

완전 소멸인가, 조건적 불멸인가? 영혼 소멸은 "조건적 불멸"이라고 부르기도 한다.[8] 하나님 한 분만이 생명을 주시는 분이므로 인간의 영혼은 본질적으로 불멸이 아니라는 점에서 이런 가설이 생겨났다. 불멸, 혹은 영생은 하나님이 영속적으로 주시는 선물이다. 악인이 하나님에게서 분리된다는 것은 생명으로부터 분리되어 멸망, 혹은 소멸을 당한다는 뜻이다. 복음주의 영혼 소멸론자들은 악인들이 일정 기간 적합한 형벌을 받다가 그 기간이 만료되면 완전히 소멸한다고 주장한다.

영혼 소멸론의 한 가지 장점은 하나님의 공정성이 보존되는 것이다. 일정 기간 벌을 받으니까 세상에서 지은 죄가 공정하게 상쇄되는 것으로 보인다. 그리스도를 거부한 사람들은 그들의 죄에 따라 심판을 받게 될 것이다(롬 2:6). (앞에서도 말했듯이 이에 반론을 제기하는 사람들은 무한한 하나님께 죄를 지었으니 무한한 벌을 받아야 한다고 주장한다).

또한 '멸망', '패망', '삼키다' 같은 단어가 들어간 마지막 심판의 말씀들이 영혼 소멸론을 뒷받침하기도 한다. 실제로 심판에 관한 말씀들은 대부분 같은 단어들을 사용한다(앞서 소개한 성경 구절들을 참조하라). 대표적인 복음주의 신학자이자 영혼 소멸론자였던 존 스토트John Stott 신부는 이런 글을 남겼다. "멸망할 거라고 말한 사람들이 소멸하지 않는 것도 이상한 일이 될 것이다. … 언제 끝날지 모르는 상태로 멸망의 과정이 영속된다는 건 상상하기 힘든 일이다."[9] 불이라는 이미지도 영혼 소멸론에 어울린다고 볼 수 있다. 불은 모든 것을 삼키고 소멸시키기 때문이다.

그러나 영혼 소멸론에 맞서는 가장 설득력 있는 반론은 위의 성경 구절들이 영원히 지속하는 진행형 고통을 의미한다는 것이다. 그것을 보여주는 확실한 증거가 요한계시록 20장 10절 말씀이다. "그들을 미혹하는 마귀가 불과 유황 못에 던져지니 거기는 그 짐승과 거짓 선지자도 있어 세세토록 밤낮 괴로움을 받으리라". 예수는 "거기서는 구더기도 죽지 않고 불도 꺼지지 아니하느니라"고 했는데 이 말씀도 역시 영속적인 고통을 가리킨다고 볼 수 있을 것이다(막 9:48; 사 66:24). 하지만 영혼 소멸론자들은 멸망이 영원토록 계속되기 때문에 형벌이 영원한 거라고 주장한다. 소멸한다는 건 하나님으로부터 영원히 분리되는 것을 의미한다.

결론

지옥은 기독교 신학에 있어 가장 난해하고 풀기 힘든 주제다. 결코 이 짧은 한 장에 시원히 해결할 수 있는 문제가 아니다. 다만 나는 어느 한 가지 이론, 혹은 교리만을 옳다고 주장하지 않으면서 지옥에 관한 예수의 가르침이 자애롭고 선한 그에게 어울리지 않는 비정하고 보복적인 말씀인가라는 의문을 해소하는 데 초점을 두려고 했다.

하나님의 공의(예를 들면 지옥)라는 교리는 성경적일 뿐 아니라 하나님의 선하심과 의로움을 증명하기 위해서도 꼭 필요한 것임을 살펴보았다. 악인을 공정하게 심판하지 않는다면 하나님은 절대 자애롭고 정의로운 신이라고 할 수 없다.

물론 하나님은 성자 예수를 통해 악을 심판하셨고 우리 죄를 사해주셨다는 사실이 복음이 가진 변화의 원동력이다. 누구든 믿음으로 구원받으면 하나님은 용서와 변화의 선물을 안겨주신다. 그는 용서와 사랑의 하나님이기 때문이다.

다만 문제는 이런 복된 소식을 많은 사람이 여전히 거부한다는 것이다. 구원의 선물을 거부한 사람들에게 하나님이 어떤 식으로 완벽한 정의가 실현되도록 할 것인지는 매우 난해한 질문이고 이 땅에서는 완전히 풀 수 없는 문제다. 하나님은 하나님이고 우리는 하나님이 아니니까!

> 이는 내 생각이 너희의 생각과 다르며 내 길은 너희의 길과 다름이니라
> 여호와의 말씀이니라
> 이는 하늘이 땅보다 높음 같이 내 길은 너희의 길보다 높으며
> 내 생각은 너희의 생각보다 높음이니라(사 55:8-9)

6 지옥불을 외치던 전도자인가 온유한 목자인가?

1.

교회가 전도용으로 '헬 하우스' 행사를 여는 것을 당신은 어떻게 생각하는가? 그리스도인들은 지옥에 대해 어떤 의견들을 갖고 있는가? 당신은 그중 어떤 말이 맞는다고 생각하는가? 그 이유는 무엇인가?

2.

그리스도인들은 지옥에 대해 어떤 의견들을 갖고 있는가? 당신은 그중 어떤 말이 맞다고 생각하는가? 그 이유는 무엇인가?

3.

예수는 지옥에 관해 어떤 말씀들을 했는가?

4.

이 장은 지옥의 고통(하나님의 형벌)이 하나님의 선하심과 공의에 적합한 조치라고 말하는가? 당신은 어떻게 생각하며 그 이유는 무엇인가?

7

가정 파괴자인가 가정 화목을 바라던 자인가?

누가 당신의 아버지인가?

캐런은 잠시 시애틀에 머무는 동안 자신의 제2의 가족이 될 사람들을 만났다. 때는 예수 운동이 한창이던 1970년대였다. 예전에 예수를 영접했지만 좀 더 깊고 의미 있는 신앙생활을 갈구하고 있던 참이었다. 예수를 믿는다는 사람들 대부분이 너무 가식적이고 형식적인 것처럼 보였기 때문이다.

언젠가 '러브 패밀리Love Family'라는 단체가 있다는 얘기를 듣고 한 번 가봐야겠다는 생각을 했다. 그러다 마침내 그들의 성경공부 모임에 참석했을 때 그녀는 즉시 그들이 마음에 들었다. 모임에는 대여섯 명의 사람들이 방 안에서 대화를 나누고 있었는데 부드럽고 상냥한 말투로 예수와 사랑의 가족에 관해 이야기 하고 있었다. 그중 장로님 한 분이 캐런에게 그들의 신념이 적힌 선언문을 읽어보라고 권했다. 그 안에는 신약과 예수의 가르침에서 발췌한 말씀들이 적혀 있었다. '러브 패밀리'야말로 사랑과 진리, 그리고 하나님과 예수에게 기반을 둔 진정한 가족처럼 보였다. 이제야 그녀는 진심으로 하나님을 사랑하는 진짜 신앙인들을 만났다는 생각이 들었다.

캐런이 합류했을 무렵 그 단체에는 약 60명의 회원이 7개의 집에 나눠 살고 있었다. 단체의 창립자는 자신을 '러브 이스라엘Love Israel'이라고 불렀다. 원래 이름은 폴 어드만Paul Erdman인데 캘리포니아에서 살다 시애틀로 옮겨 온 전직 판매원이었다. 러브 이스라엘은 사람들의 일거수일투족을 통제했다. 그는 그리스도의 대리인으로서 사람들을 모아 하나님의 진정한 가족을 만드는 게 사명이라고 했다. 단체에 가입한 사람들에게는 '온유', '행복', '용기', '인내', '신실'과 같은 새로운 이름을 붙여주었고 그것이 하나님이 주신 영원한 선물이자 진짜 이름이라고 했다.

캐런은 그 단체 사람들이 소박하고, 인정 많고, 규칙적인 삶을 사는 데 호감을 느꼈다. 그들은 모든 것을 함께 했다. 같은 시간에 일어나 함께 식사했고, 함께 일했고, 함께 예배했다. 정말로 단순하고도 진실한 신앙생활이었다!

그런데 이 단체에서는 가족과의 관계를 완전히 끊으라고 했다. 캐런의 이야기를 들어보자.

> 우리는 부모님과 일체 연락을 주고받지 말라는 주의사항을 들었다. 편지를 써도 안 된다고 했다. 예수 안에 있으면 새로운 삶을 시작해야 하는데 과거의 사람들이 우리의 발목을 잡을 수 있다는 이유였다. 세상과의 인연을 완전히 끊어야 하는데 우리 부모는 세상과 연결되어 있고 … 나는 육신의 부모를 '세상의 부모', 혹은 '친부모'라 불렀는데 러브 이스라엘은 그런 식으로 부모를 부르는 걸 매우 싫어했다. 그저 '남자', '여자'라고만 하라고 했다 … 그들은 나의 '진짜' 부모가 아니었다.[1]

러브 패밀리는 사실상 미국과 세계 각국에서 우후죽순으로 생겨나고 있는 사이비 종교집단 중 하나다[2]. 예전에도 비슷한 집단들이 많이 있었지만 예수 운동이 한창이던 1960년대와 1970년대에 그런 집단들이 폭발적으로 늘어났다. 그들은 러브 패밀리처럼 카리스마 강한 교주에게 무조건적인 충성을 바쳤고 자신들만이 진정한 그리스도인, 혹은 자신들의 종교만이 진정한 종교라고 생각하면서 정통 신앙과 사회로부터 자신들을 격리했다.

이런 사이비 집단의 광기가 빚어낸 끔찍한 사건이 1978년에 가이아나 존스타운에서 일어난 '피플스 템플People's Temple' 집단 자살 사건과 1993년 텍사스 웨이코에서 발생한 다윗교Branch Davidian 공동체 화재 사건이다. 피플스 템플의 교주였던 짐 존스Jim Jones는 과대망상에 걸린 미치광이였다. 그는 이제 곧 세계 종말이 온다고 속여 가이아나로 이주한 신도들을 자살로 이끌었고 결국 9백 명이나 되는 아까운 목숨이 주검으로 발견되었다. 다윗교의 데이빗 코레시David Koresh 교주 또한 1993년에 유사한 종말론으로 사람들을 현혹했다. 불법 무기를 단속하러 단속반ATF이 웨이코 인근에 있는 그들의 공동체 목장을 급습했을 때 총격전을 벌이며 강렬하게 저항했다. 그러다 51일째 되는 날, 건물에 방화해서 교주 코레시를 포함한 82명의 신도가 목숨을 잃었다. 그중에는 어린이들도 많았다.

모두가 비극적 최후를 맞이한 건 이례적인 경우라고 할 수 있지만 피플스 템플과 다윗교에도 다른 사이비종교들이 가진 공통적인 특징들이 있었다. 일단 그들에게는 자신을 하나님이라고 주장하며 신도들에게 전적인 충성을 요구하는 강력한 지도자(교주)가 있었다. 그리고 자신들의 종교만이 진정한 종교라고 믿으면서 소위 '안 믿는 사람들'의 비난과 핍박에 저항하려 했고, 신도들에게 개인 재산을 헌납하거나 가족, 친구와의 인연을 끊으라고 강요했다. 친부모는 부모가 아니고 그들이 속한 집단의 사람들만이 진정한 가족이니까 모든 혈연관계를 끊고 영적 가족에게 헌신하는 것이 그들이 지켜야 할 철칙이었다.

대체 이런 행태는 어떻게 생겨난 걸까?

알고 보면 그 시작은 예수 자신이라고 할 수 있다. 예수는 가족 관계에 대해 매우 부정적인 말을 했고 한 번은 가족을 만나길 거부한 적도 있다. 그때 예수는 제자들을 가리키며 이들이 자신의 진짜 형제와 자매라고 했다(막 3:33-35//마 12:48-49//눅 8:21). 그뿐만 아니라 자기 가족을 미워하지 않으면 예수의 제자로서 자격 미달이라는 말까지 했다(눅 14:26; 마 10:37). 화목한 가정이 예수에게는 눈엣가시로 보였던 걸까?

정말로 예수는 가족과의 인연을 끊으셨는가?

"너의 아버지와 어머니를 공경하라" – 부모를 공경하라는 건 십계명 중 다섯 번째 계명이다(출 20:12; 신 5:16). '하나님의 10개의 순위Top Ten List'에 오른 것이면 무조건 중요하다고 봐야 한다. 게다가 이 십계명을 하나님이 손수 돌에다가 새기셨다는 사실을 잊지 말라. 다른 신을 숭배하지 말고 살인하지 말라는 계명들과 같이 부모를 공경하라는 명령이 그 돌판 위에 떡하니 새겨져 있었다. 부모를 공경하지 않을 때 어떤 벌을 내려야 하는지 명하신 구약 말씀을 보면 그것의 중요성을 더 확실히 깨달을 수 있다. 우선, 부모 말을 거역하고 반항하는 아들은 돌에 맞아 죽는 사형감이었다(신 21:18-21). (아이폰을 뺏기고 일주일 외출 금지 당하는 것보다 좀 더 심하다는 생각이 들지 않는가?) 아버지나 어머니에게 욕을 하는 자식도 역시 죽음을 면치 못했다(출 21:17).

예수도 부모 공경의 중요성을 역설했다. 종교 지도자들과 불꽃 튀는 설전이 벌어지던 어느 날에는 그들이 하나님의 계명들을 지킨다면서 교묘히 빠져나갈 술책을 쓰는 것을 지적했다. 그들은 고르반(아람어로 '헌금' 혹은 '맹세'를 의미함)이라는 율법을 이용해서 자신들의 사유재산을 지키려고 했다. 나이든 부모를 봉양해야 할 때가 오면 "죄송한데 이 돈은 고르반(하나님을 위해 따로 떼어놓은 돈)이라 손을 댈 수가 없습니다"라는 말로 부양 의무를 회피했다. 겉으로는 독실한 신앙인인 척하면서 부모를 외면하여 제5 계명을 저버렸기에 예수는 그들을 위선자라고 비난했다. "너희가 너희 전통을 지키려고 하나님의 계명을 잘 저버리는도다"(막 7:9-13//마 15:3-7).

그럼 예수 자신은 본인 말처럼 가족을 사랑했을까? 희한하게도 어떤 경우에는 예수가 가족을 무시한다는 느낌이 들 정도의 언행을 보여줄 때가 있었다.

부모를 당황케 하다. 예수의 어린 시절에 대한 유일한 기록을 예로 들어보겠다(눅 2:41-52). 예수가 12살이었을 때 부모는 그를 데리고 유월절을 지키기 위해 예루살렘에 올라갔다. 유대 소년은 율법에 따라 13살이 되면 정식 성인이 되었다. 그렇기 때문에 그 당시 유월절을 쇠는 것은 예수에게 있어 중요한 성년식 과정의 하나였다. 유월절이 끝난 뒤에 가족들은 예루살렘을 떠나 나흘에서 닷새가 걸리는 나사렛으로의 귀향길에 올랐다. 아마도 가족 친지들이 다 함께 이동했을 것이므로 예수의 부모는 아들이 그들 사이에 끼어있으리라 생각했을 것이다. 그러나 하루가 지난 뒤에 그들은 아들이 일행 속에 없다는 것을 알게 되었다!

요셉과 마리아는 그 순간 눈앞이 캄캄해졌을 것이다. 아이를 잃어버리면 부모는 가슴이 철렁 내려앉고 사지가 후들거린다. 우리도 큰아들이 여섯 살 때 디즈니랜드에 놀러 갔다가 아이를 잃어버린 적이 있다. 나는 아내와 함께 있는 줄 알았고 아내는 나와 함께 있는 줄로 생각했다. '세상에서 제일 행복한 곳'이 세상에서 제일 불행한 곳으로 변하는 순간이었다. 천만 다행히 우리 아들은 똘똘하게도 직원한테 부모를 찾아달라고 했고 직원이 아이를 데리고 '미아보호소'로 가는 중에 우리를 만나게 되었다.

우리 아들은 어쩌다 부모를 놓친 것이었지만 누가복음에 나오는 예수는 일부러 그런 게 아니냐는 의구심이 든다. 부모가 예루살렘 성전에서 마침내 예수를 찾아냈을 때 예수는 종교 선생들의 이야기를 듣기도 하고 그들에게 질문도 하며 앉아있었다. 마리아의 입에서는 당연히 놀람 섞인 꾸지람이 튀어나왔다. "아이야 어찌하여 우리에게 이렇게 하였느냐 보라 네 아버지와 내가 근심하여 너를 찾았노라"(눅 2:48). 그 말에 예수는 "내가 내 아버지 집에 있어야 될 줄을 알지 못하셨나이까"라고 대꾸했다. 하나님과 예수가 부자 관계라는 엄청난 사실을 말해주는 대목이지만 부모의 위치에서 보면 황당하고도 서운할 법한 반응이었다. 말하자면 마리아는 "아들아, 왜 이리 아버지와 내 속을 썩이는 거냐?"라고 했는데 예수는 "죄송하지만 저는 '진짜' 아버지와 함께 있어야 합니다."라고 대답한 셈이다. 부모를 공경한다고 보기엔 조금 고개를 갸웃할 수 있는 장면이다. 누가는 예수의 평판을 의식했는지 그 후에 예수가 나사렛 집에 돌아가서 부모님께 순종하며 살았다고 덧붙였다(눅 2:51). 예수가 불효자가 아니었다는 걸 보여주고 싶었던 모양이다.

가족과의 절연. 가족에 대한 무심한 태도는 성인이 된 후에도 크게 바뀌지 않았다. 서른 즈음에 가업이었던 목수 일을 내려놓고 집을 떠난 예수는 여기저기를 돌아다니며 하나님 말씀을 전하기 시작했다. 순회 전도사가 집안 살림에 보탬을 주었을 리 없고 늙으신 어머니를 부양하는 건 더욱 힘든 일이었을 것이다. 네 명의 형제들도 예수가 하는 일에 상당히 냉소적이었다(요 7:5).

예수는 제자들에게도 집과 가족을 떠나라고 말했다. 당시 사람들에게 그것도 말이 안 되는 얘기였다. 마가복음 1장 16~20절(//마 4:18-22)에 보면 예수는 어부였던 두 형제, 즉 베드로와 안드레 그리고 야고보와 요한을 불러 제자로 삼았다. 그때 그들은 모든 것을 버려두고 예수를 따랐다. "그 아버지 세베대를 품꾼들과 함께 배에 버려 두고 예수를 따라가니라"(막 1:20; 마 4:19-22; 눅 5:11). 당시 사회에서 아들은 아버지와 가족을 부양하는 게 최우선적 임무였다. 수상한 순회 전도사를 따라가려고 가족을 버린다는 건 괘씸하고 배은망덕한 소행이 아닐 수 없었다.

또한 예수는 의도적으로 가족을 멀리하려고 했다. 공관 복음서에는 예수의 가족이 뭔가 할 얘기가 있어 예수를 찾아왔다는 기록이 있다. 아마도 걱정이 되어 찾아왔을 것이다. 예수와 제자들은 너무 많은 일을 하느라 제대로 먹지도 못하고 잠도 자지 못하고 있었다. 그런 사정을 걱정한 가족들이 예수를 집으로 데려가려고 했는지도 모른다. 그들이 내린 결론은 "그가 미쳤다."였으니까(막 3:20-21). 예수는 아무래도 머리가 이상해진 것 같으니 집에 데려가서 정신을 차리게 하고 싶었을 것이다. 가족들이 왔을 때 예수는 제자들과 함께 어느 집 안에 앉아있었고 "당신의 어머니와 동생들과 누이들이 밖에서 찾나이다"라는 전갈을 받았다. 그때 예수는 "누가 내 어머니이며 동생들이냐"고 물은 뒤 옆에 앉아 있는 제자들을 가리키며 "내 어머니와 내 동생들을 보라 누구든지 하나님의 뜻대로 행하는 자가 내 형제요 자매요 어머니이니라"고 했다(막 3:31-35//마 12:46-50//눅 8:19-21). 가족, 특히 부모에 대한 공경을 최우선으로 여기는 사회에서 이 말은 호적에서 내 이름을 빼겠다는 말만큼이나 오만불손하게 들렸을 것이다.

그뿐만이 아니었다. 예수는 제자들에게 세상에 있는 누구도 '아버지'라 부르지 말라고 했다. 그들의 유일한 아버지는 하나님이고 그는 하늘에 계시니까 그렇게 해야 한다고 가르쳤다(마 23:9). 예수를 따르고 싶어 했던 어떤 남자가 먼저 가서 아버지를 장사한 뒤에(아마도 그 직전에 아버지가 돌아가신 듯하다) 오겠다고 하니까 예수는 "죽은 자들이 그들의 죽은 자들을 장사하게 하고 너는 나를 따르라"고 했다(마 8:21-22//눅 9:59-60). 아들로서 마땅히 해야 할 본분은 아버지 장례를 성대하게 치르는 것이건만 예수는 그것을 불필요한 일로 간주했다. 또 어떤 남자가 예수의 제자가 되기 전에 가족에게 가서 작별인사를 하게 해 달라고 하자 예수는 "손에 쟁기를 잡고 뒤를 돌아보는 자는 하나님의 나라에 합당하지 아니하니라"고 했다(눅 9:62). 이것 역시 1세기 유대 사회에서는 생각도 못 할 불효였다.

가족을 미워하라고? 문제는 그뿐 만이 아니었다. 제자로서 치러야 할 희생에 대해 예수가 했던 가장 충격적인 말씀은 자신의 아버지와 어머니, 아내와 자식들, 형제와 자매를 미워해야 한다는 것이었다(눅 14:26). 너무도 의외인 데다 심지어 사이비종교를 방불케 하는 말씀이었다. 이것을 기록한 마태 역시 충격을 받았던지 다음과 같은 말씀을 그 옆에 덧붙였다. "아버지나 어머니를 나보다 더 사랑하는 자는 내게 합당하지 아니하고"(마 10:37).

가족을 버린 자의 축복. 예수는 가족들과의 의절을 돌려 말하기도 했다. 모든 재산을 팔아 기부하고 예수를 따르는 게 싫었던 부자 청년이 자리를 뜨고 나자 베드로는 제자들을 대표해서 "보옵소서 우리가 우리의 것을 다 버리고 주를 따랐나이다"라고 했고 그 말에 예수는 이렇게 응수했다. "내가 진실로 너희에게 이르노니 하나님의 나라를 위하여 집이나 아내나 형제나 부모나 자녀를 버린 자는 현세에 여러 배를 받고 내세에 영생을 받지 못할 자가 없느니라"(눅 18:29-30//막 10:29-30//마 19:29). 예수를 위해 가족을 떠나는 것이 현세에서나 내세에서나 보상을 받는 길이라고 했다.

결혼하지 말라고? 마태복음 19장에서 예수는 이혼에 관한 이야기를 하다가 매우 아리송한 말을 했다. 음행한 사유 외에 이혼하고 재혼하는 걸 간음이라고 했고(마 19:9) 그 말에 놀란 제자들이 "만일 사람이 아내에게 이같이 할진대 장가 들지 않는 것이 좋겠나이다"(마 19:10)라고 하자 예수는 이렇게 대답했다.

> 사람마다 이 말을 받지 못하고 오직 타고난 자라야 할지니라 어머니의 태로부터 된 고자도 있고 사람이 만든 고자도 있고 천국을 위하여 스스로 된 고자도 있도다 이 말을 받을 만한 자는 받을지어다(마 19:11-12)

고자가 된다는 건 말 그대로 거세를 한다는 의미다. "성적인 유혹에 시달린다고?" 예수는 이렇게 답했다. "성적인 유혹에 시달린다면, 잘라버려라!"라고 하는 셈이다. 초기 기독교 교부 중 한 사람인 3세기 신학자 오리겐Origen이 이 말씀을 곧이곧대로 실천했다는 얘기가 전해진다.[3] 그러나 성경 주석가들 사이에서는 그것이 자발적인 독신생활을 의미한다고 보는 견해가 많다.[4] 다른 성경 번역본에는 "하늘나라를 위해 스스로 결혼을 포기한 사람도 있다"라고 표현되어 있다(현대인의 성경).

어느 해석이 맞든지 간에 예수가 하나님 나라를 위해 독신으로 살기를 권장한 것은 틀림없는 일이다. 그럼 결혼한 사람은 미혼 남녀만큼 효과적으로 하나님을 섬길 수 없다는 말인가?

정말로 예수는 가정에 적대적이기를 지향했던 걸까? 그의 제자가 되고 싶은 사람은 가족과의 관계를 단절하고 그를 따라야 한단 말인가? 결혼도 하지 않고 독신으로 살아야 하는가? 이 장에 인용한 예수의 말씀들만 놓고 본다면 기독교 가치관에 근거한 가족 중심 협회Focus on the Family라든가 가족 조사 협회Family Research Council 같은 단체에서 가족 관계를 그토록 강조하는 것이 이상하게 보일 지경이다. 혹시 예수는 가족 중심에서 벗어난Focus out of Family 단체를 세우고 싶으셨나?

역설을 푸는 열쇠: 하나님 나라의 진정한 가족

예수의 가족관. 정말로 예수는 전통적인 가족관을 부인했던 걸까? 가족에게 헌신할 필요가 없다고 믿었고, 독신주의를 주장했던 걸까? 아니다. 오히려 그 반대임을 말해주는 증거가 성경에는 얼마든지 있다. 예수는 결혼 서약을 충실히 지키라고 했고 언약의 관계를 깨뜨리는 이혼에 반대했다. 앞에서도 이야기했지만 종교 지도자들이 늙은 부모를 부양하지 않으려고 구실을 만드는 것에 분노했고 어린이들을 귀히 여겼으며 제자들에게도 아이들을 쫓아내지 말라고 했다.

그러나 우리 헌신의 향방을 알려주는 예수의 말씀에 물타기를 해서는 안 된다. 이 책에서 누누이 강조했듯이 먼저는 예수가 한 말의 핵심 메시지, 즉 하나님 나라의 도래라는 메시지의 큰 틀에서 가족 문제를 살펴볼 필요가 있다.

하나님 나라의 진정한 가족에게 헌신하라. 예수는 자신의 말과 행동을 통해 하나님 나라가 임했음을 알리면서 전쟁을 선포했다. 즉, 사탄과 죄와 사망과 이 세상 모든 악에게 선전포고를 했다. 귀신을 쫓아내고, 병든 자를 고치고, 종교 지도자들과 언쟁을 한 것은 바로 그 전쟁의 전초전이었다. 전쟁터에서는 누구도 중립을 지킬 수 없다. "나와 함께 아니 하는 자는 나를 반대하는 자요"(마 12:30//눅 11:23). 중립지대란 없다!

전쟁은 때로 피를 나눈 형제들을 적으로 만든다. 미국의 남북전쟁 중에도 아버지와 아들과 삼촌과 조카들이 전쟁터에서 서로에게 총을 겨누었다. 결국 그들은 어느 쪽에 충성할 것인가를 선택할 수밖에 없었다. 가족인가, 국가인가? 공격 명령이 떨어지면 가족애를 뒤로한 채 형제끼리 무기를 겨누며 싸웠다.

예수는 이 세상에 불을 주러 왔다고 했다. 불이란 성령의 정결케 하시는 역사를 말한다. 그 불이 의인들을 깨끗하게 하고 정련할 것이며 악인들을 불태워 멸망시킬 것이다. 예수가 열두 제자를 전도자로 파송할 때도 가족의 배신을 엄중히 예고했다. "보라 내가 너희를 보냄이 양을 이리 가운데로 보냄과 같도다 … 장차 형제가 형제를, 아버지가 자식을 죽는 데에 내주며 자식들이 부모를 대적하여 죽게 하리라 또 너희가 내 이름으로 말미암아 모든 사람에게 미움을 받을 것이나"(마 10:16, 21-22; 막 13:12; 눅 21:16).

가족과 형제들에게 미움을 받는다는 얘기가 다소 과장 같다. 하지만 지금도 어딘가에서는 예수를 믿는다는 이유 하나만으로 지역 사회에서 쫓겨나고 사랑하는 가족과 친구들로부터 핍박을 받는 일이 실제로 일어나고 있다. 서양에서는 그런 일이 드물지 몰라도 다른 국가들에서는 절대 그렇지 않다.

나이지리아 풀라니족Fulani 출신의 모하메드는 어린 시절부터 코란을 열심히 공부하던 무슬림이었다.[5] 워낙 공부를 잘하고 똑똑했기 때문에 아버지는 그를 몇 개의 손꼽히는 학교에 보내 상급반에서 이슬람을 공부하도록 했다. 22살이 되었을 때 모하메드는 사우디아라비아로 유학 가서 더 깊이 코란을 공부하려 했지만, 밤마다 악귀가 나오는 꿈을 꾸자 마음이 불안해졌다. 보다 못한 아버지가 그를 데리고 동네의 주술하는 의사를 찾아갔고 의사는 그가 주문에 걸려있다며 악령을 쫓을 수 있는 부적을 만들어주었다. 하지만 악몽은 그 뒤에도 계속되었다. 그러던 어느 날 밤 꿈에 한 남자가 나타나서 자신을 이사(예수)라고 소개한 뒤 악령으로부터 구해줄 테니 자신을 믿으라고 이야기했다. 그 후에 모하메드는 인근 마을에 사는 어떤 그리스도인을 알게 되었고 그를 통해 알게 된 목사가 모하메드에게 복음을 전하고 예수를 영접하게 했다.

하지만 자기 아들이 종교를 배반했다는 걸 알게 된 아버지는 불같이 화를 내면서 이단 종교를 포기하거나 믿지 않겠다는 맹세를 하라고 다그쳤다. 모하메드가 그 말을 듣지 않자 마을 사람 모두가 그를 배척했고 아버지는 그를 마을 장로들에게 데려가 강제로 독극물을 마시게 했다. 하지만 독극물을 먹고도 모하메드가 죽지 않자 아버지는 마침내 그를 마을 밖으로 내보낸 뒤 친척들에게 그를 따라가서 죽이라고 했다. 모하메드는 친척들이 쏜 독화살을 맞고 사경을 헤매다가 다른 마을에 사는 한 사냥꾼에게 발견되어 병원으로 옮겨져서 치료를 받았다. "형제가 형제를, 아버지가 자식을 죽는데에 내주며"라는 예수의 예언이 그대로 적중했다(막 13:12).

이슬람교도뿐 아니라 불교도, 힌두교도, 정령 숭배자들 중에도 예수를 믿은 뒤에 비슷한 일을 겪는 사람들이 많다. 개중에는 가족들이 이해하고 넘어가는 경우도 있다. 하지만 대부분은 가족 신앙을 버리고 기독교로 개종했다는 이유로 따돌림을 당하거나, 집과 마을에서 쫓겨나거나, 심지어 구타와 폭행과 살해를 당하기도 한다(물론 기독교 가정에서 다른 종교로 개종하는 사람들에게 비슷한 일이 일어나는 경우도 있다). 이런 상황에서 갓 믿음을 갖게 된 새신자들은 사회적 압력과 공포를 견디지 못해 이전의 안전한 신앙으로 돌아가는 경우가 많다. 가족과 친구와 직장과 결혼 기회와 성공적 인생의 가능성을 모두 잃어버리고 어떻게 살아갈 수 있겠는가? 세상에는 민족 정체성이 종교와 결부된 나라들이 많다. 나이지리아에서 풀라니족이 되려면 반드시 이슬람을 믿어야 하고 인도의 상류층은 힌두교도가 아니면 불가능하다. 그런 상황에서 민족 신앙을 저버린다는 것은 자기 자신의 정체성을 잃는 것이고 자신이 가진 모든 것으로부터의 단절을 의미한다. 그러니 어떻게 쉽사리 개종을 결심할 수 있겠는가?

나와 친한 사람 중에 독일에서 무슬림 외국 노동자들에게 복음을 전하는 선교사들이 있다. 특히 쿠르드Kurd 사람들을 전도하는데 그들은 소수민족으로서 다른 무슬림들의 핍박을 받아왔기 때문에 비교적 복음에 마음이 열려있다고 한다. 그들이 그곳에서 선교한 지 몇 년이 지났을 때 몇 명의 무슬림이 복음을 믿고 그리스도인이 되었다. 그들은 세례를 받고 싶어 했고 선교사들은 소식지를 통해 그 신나는 소식을 알려주었다. 새로운 영적 가족을 맞이하는 기쁨에 들뜬 그들을 보면서 나 역시 가슴이 설레고 그 뒤에 어떻게 되었는지가 몹시도 궁금해졌다.

그러나 다음번 소식지에서 우울한 소식이 전해졌다. 마지막 순간에 그들이 세례식을 거부했다는 것이었다. 공개적으로 기독교 세례를 받는 게 아직은 너무 이르고 위험하다는 생각이 들었던 것 같다. 가족과 사회로부터 완전히 단절되는 의식인데 어찌 망설여지지 않았겠는가?

결국 나중에는 그들 대부분 세례를 받았고 공개적으로 자신의 믿음을 인정했지만, 예수를 믿는데 어떤 희생이 따라오는지를 그 이야기가 잘 대변해주고 있다. 세계 많은 나라에서 개인의 종교는 가족은 물론이고 주변 사회하고도 밀접하게 연결되어 있다. 따라서 예수를 믿게 되면 배우자, 부모, 자식으로부터 배척당하는 건 물론이고 자신의 모든 존재가 부정당하는 처절한 소외감을 감내해야 한다. 가족을 잃고 나면 그들은 어디로 가야 할까? 예수는 진짜 가족, 즉 하나님의 가족에게 가라고 말했다.

신약의 배경이 된 그리스 로마 시대에도 마찬가지였다. 1세기의 세상은 강력한 집단 중심적 사회였다(개인 중심적 사회와 반대개념임). 사람들은 자신이 이룬 성취가 아니라 다른 사람과의 관계에서 자신의 존재가치와 정체성을 찾았다. 이런 상황에서 아버지를 가장으로 하는 가족관계와 혈연관계가 자아정체성을 확립하고 삶을 헌신하게 만드는 주된 대상이었다. *When the Church Was a Family*(교회가 가족이었을 때)라는 책에서 조셉 헬러맨Joseph Hellerman은 교회를 언급할 때 그 점을 강조했다.

신약 시대 사람들은 공동체 중심의 끈끈한 인간관계망 속에서 가족에 대한 헌신을 최우선 대상으로 삼았다. 예수를 따르던 사람들은 예수가 그랬던 것처럼 새로운 가족에게 그런 헌신을 바쳐야 했다. "누구든지 하나님의 뜻대로 행하는 자가 내 형제요 자매요 어머니이니라"(막 3:35).[6]

신앙생활 역시 자신이 속한 가족과 지역사회와 연결되어 있었다. 개인의 생일잔치도 신전에서 열었고 일터의 고용주가 직원을 승진시키고 잔치를 열어줄 때도 상인조합을 위한 신전으로 가서 잔치를 벌였다. 우상의 신전이야말로 오늘날의 척 E. 치즈Chuck E. Cheeses나 데이브 앤 버스터즈Dave&Buster's였던 셈이다.(두 레스토랑 모두 미국의 대형체인점으로서 식사와 파티를 즐길 수 있는 곳이다-역주). 또한 권세 있는 집안과 혼인을 하려면 그들이 숭배하는 신을 섬겨야 했다. 시장에서 사 온 맛있는 살코기는 우상 신에게 제물로 드린 짐승의 고기로 봐도 무방했다(어차피 신들은 맛도 못 볼 테니까 신전의 제사장들이 제물용 고기를 시장에 내다 팔아 사익을 취했다고 한다).

요한계시록에는 일곱 교회에 보낸 편지들이 기록되어 있다. 그 중 두아디라 교회에 보낸 편지에는 이세벨이라는 여자를 왜 용납했느냐는 추궁이 담겨있다. 그녀는 그리스도인들을 현혹해서 음란한 이교도 의식에 참여하게 하고 우상에게 바쳐진 제물을 먹도록 만든 여자였다(계 2:20-22). '이세벨'은 본명이 아니라 별명일 가능성이 높다. 하나님의 선지자들을 죽이고 이스라엘 백성을 우상숭배로 내몬 사악한 여왕의 이름을 따서 그렇게 불렀을 것이다(왕상 16:31; 18:13). 요한은 그런 여자를 절대 따르지 말라고 경고했다. 우상 숭배를 용납하면 하나님의 심판이 따르는 법이다.

1세기와 2세기 로마제국에서는 황제를 숭배하는 것도 시민들의 중요한 의무 중 하나였다. 로마시민이라면 누구나 '디아 로마dea Roma', 즉 로마 제국을 의인화하여 신격화한 우상과 함께 로마 황제를 신으로 추앙했다. 자, 상상해보라. 미국의 어린이들이 매일 아침 '국기에 대한 맹세'를 하는 대신에 대통령을 찬양하는 기도를 해야 한다면 어떻겠는가? 기도하지 않으면 학교에서 쫓겨난다면? 그런 상황에서 중용이나 타협이 통하겠는가? 시저와 예수를 동시에 섬길 수 있었을 것 같은가?

그리스도인들에게는 오직 한 분의 주Lord만이 있을 뿐이다. 시저를 숭배하는 건 주Lord로서의 예수를 부인하는 것이다. 예수는 이런 확실한 이분법을 알았기에 이 세상 것에 충성하고 헌신하는 것보다 하나님께 먼저 충성하고 헌신해야 한다고 강조했다. 우리의 최우선 순위는 하나님이지 가족이나 민족이나 국가가 아니다. 우리의 창조주 하나님을 섬기고 세상에서 그가 이루려는 목표에 헌신해야 한다. 우리의 진짜 가족은 바로 이 언약의 관계 속에 있는 사람들이다. 예수는 자신의 어머니와 형제자매가 아니라 제자들을 가리키면서 그들이 자신의 진짜 어머니이자 형제자매라고 말했다. "누구든지 하늘에 계신 내 아버지의 뜻대로 하는 자가 내 형제요 자매요 어머니이니라"(마 12:50; 막 3:35; 눅 8:21).

신약의 성도들은 서로를 '형제자매'그리스어로 아델포이adelphoi라고 불렀다. 요즘 흔히 부르는 '형제님', '자매님'의 개념이 아니라 자신의 진짜 가족은 하나님의 가족, 즉 하나님의 영적 자녀들로 이루어진 가족이라는 뜻이었다. '거듭난다'는(요 3:3-7) 것은 하나님의 자녀로 입양된다는 뜻이며(롬 8:15; 갈 3:26; 요일 3:1-2, 10), 다른 어떤 것보다 새로운 가족에게 성심성의를 다하겠다는 의미였다.

예수의 다른 말씀들에도 이런 '하나님 나라의 가족 정신'이 배어있다. 제자가 되고 싶다는 사람에게 아버지의 장례를 허락하지 않았던 것(눅 9:59-60//마 8:21-22)이나 부모에게 작별인사도 못 하게 했던 일화(눅 9:61-62)에는 하나님 나라에 전적으로 충성하라는 속뜻이 담겨있다. 죽은 자들을 장사할 '죽은 자들'은 아마도 영적으로 죽은 사람들, 즉 하나님 나라의 복음을 거부한 사람들을 의미하고 있을 것이다. 특히 이 부분은 구약에 나오는 엘리야와 엘리사 이야기를 연상시킨다. 엘리사가 부모에게 작별인사를 한 뒤에 엘리야를 따르겠다고 하자 엘리야는 그렇게 하도록 허락했다(왕상 19:19-21). 하지만 예수의 제자가 되는 일은 엘리야의 선지자 사명보다 훨씬 더 다급하고 중대한 일이었다. 선지자들이 예언한 구원은 예수의 말과 행동을 통해 이루어질 것이기 때문이었다.

과장법이 주는 강렬한 인상. 그럼 부모와 배우자와 형제자매를 '미워하라'고 한 말은 무슨 뜻인가? 원수까지 사랑하라고 한 분의 이 모순된 말씀을 어떻게 해석해야 할까? 원수는 사랑하면서 막상 자기 혈육은 사랑하지 말라는 이야기인가?

이해하기 어려운 말씀인 건 사실이지만 예수가 자기 특유의 과장법을 사용해서 사태의 심각성을 각인시켜 주었다고 보는데 가장 설득력이 있다고 생각한다. 눈에서 들보를 빼어내라든가(불가능성) 낙타가 바늘귀로 들어간다거나(역시 말도 안 되는 얘기) 하는 비유 역시 듣는 사람의 귀를 번쩍 뜨이게 하는 충격요법의 일환이었다.

따라서 '미워하라'는 말은 곧 '덜 사랑하라'는 의미였다. 신명기 21장 15절에도 비슷한 예가 나온다. 한 남자에게 두 아내가 있는데 한 아내는 사랑하고 다른 아내는 "미워했다"고 표현했다. 이는 한 아내를 다른 아내보다 덜 사랑했다는 뜻이다. 창세기 29장 31절도 마찬가지다. 레아는 야곱으로부터 '미움을 받았다'(다른 성경본에는 '사랑을 받지 못했다'라고 번역되어 있음). 여기서 '미워하다'라는 히브리어는 '덜 사랑하다'라는 의미로 볼 수 있다. "야곱이 또한 라헬에게로 들어갔고 그가 레아보다 라헬을 더 사랑하여"(창 29:30).

예수의 말은 진짜로 부모와 형제자매를 미워하라는 게 아니라 혈육 관계는 하나님 나라에서의 영적 관계보다 덜 중요하다는 뜻이다. 마태는 "나보다 더 사랑하는"이라는 표현을 사용했다(마 10:37). 이 표현이 예수가 의도한 말뜻에 가깝다고 할 수 있다. 그러나 누가복음의 가족을 '미워하라'는 표현만큼 강렬하게 그 의미를 전달해주지는 못한다. 과장은 상대의 이목을 잡아끌기 위한 수사법이다. 만일 내가 우리 아이들에게 "자정까지 집에 들어오지 않으면 평생 외출 못 하게 할 거야"라고 말한다면 그걸 곧이곧대로 믿는 자식이 어디 있겠는가? (어느 부모가 자기 자식을 평생 데리고 있으려고 할까?) 내가 사용한 과장법은 그대로 이행하겠다는 뜻이 아니라 그만큼 진지하니까 내 얘기를 들으라는 의미다. 예수도 그만큼 진지하고 심각하다는 걸 알려주고 싶었다.

이 세상 사람을 '아버지'라 부르지 말라는 말씀도 과장법의 일종이다(마 23:9). 설마 예수가 자녀들에게 아버지 이름을 막 부르라거나 혹은 '형제님'이라고 부르길 바랐겠는가? 여기서도 요점은 헌신이다.

가장인 아버지 말에 가족들은 절대적으로 순종한다. 이처럼 그리스도인들은 하나님 한 분께만 순종해야 한다. 그리스도인이라는 가족에서 가장은 하나님 한 분이시기 때문이다. "너희의 아버지는 한 분이시니 곧 하늘에 계신 이시니라"(마 23:9). 이어지는 말씀이 그 뜻을 확인시켜준다. "또한 지도자라 칭함을 받지 말라 너희의 지도자는 한 분이시니 곧 그리스도시니라"(마 23:10). 분명 이것도 교회에 교사나 지도자가 없어야 한다는 의미가 아닐 것이다. 신약의 모든 책이 교사와 지도자의 필요성을 말하고 있기 때문이다. 따라서 이 말씀은 세상에서 유일하게 권위 있는 교사와 지도자는 예수뿐이라는 의미다. 인간 교사와 지도자는 전부 예수의 권위 아래에 있다.

　재물이건 인간관계이건 간에 이 세상의 것을 하나님 나라보다 우위에 두고 그것에 충성하는 사람은 영원한 형벌을 피하지 못할 것이다. 상황이 그렇다면 '미워하라'는 표현도 부족하다고 할 수 있다. F. F. 브루스F. F. Bruce는 이렇게 말했다. "가족과 형제를 미워하라는 말이 충격적으로 들리는가? 사실 충격을 받으라고 한 말이다. 그만큼 하나님 나라 사명이 중대하다는 걸 충격을 주어서라도 사람들에게 일깨워주려는 것이었다."[7]

결론

　예전에 내가 스코틀랜드에서 박사 과정을 밟고 있을 때였다. 루마니아 학생들과 목사들에게 복음서를 가르치기 위해 루마니아에 한동안 머무른 적이 있다. 10대 시절에 멕시코로 전도 여행을 갔던 것을 제외하고 그렇게 외국에 가서 오랜 기간 그리스도들과 함께 일하는 건 처음 있는 일이었다. 때는 1990년 12월이었는데 무자비한 독재자 니콜라에 차우셰스쿠 정권을 몰아내기 위한 루마니아 혁명이 일어난 지 1년이 지난 시점이었다. 그렇기 때문에 여전히 독재가 남긴 열악한 경제 사정으로 모든 국민이 힘든 시기를 보내고 있었다. 하지만 내게 그 시간은 인생이 바뀌는 엄청난 경험이었다. 나의 강의를 듣는 학생들은 예수와 복음서에 대해서는 무엇이든 알고 싶어 했고 스펀지처럼 나의 가르침을 빨아들였다. 루마니아에 있는 동안 찾아간 도시와 교회들에서 처음 만난 사람들과 커피를 마시며 밤늦도록 성경 말씀과 신학과 정치에 대해 이야기하는 건 드문 일이 아니었다. 그들이 내게 보여준 환대는 그저 놀라울 따름이었다. 내가 머물렀던 집은 가난했지만 나를 식구처럼 대해주었고 가는 곳마다 왕 같은 대접을 받았다. 없는 형편에도 최선을 다해 때마다 맛있는 음식들을 내 식탁에 놓아 주었다. 어느 날인가는 아침에 잠이 깨어 머물던 집의 주방에 들어갔다가 그 집 가족들이 토스트와 차로 간단히 끼니를 해결하는 걸 보게 되었다. 하지만 그들은 나를 보자마자 즉시 식탁을 치우더니 새로운 음식을 내 앞에 차려주었다. 나는 아니라고, 토스트와 차 한 잔이면 충분하다고 말했지만 그들은 듣지 않았다. 나는 그들에게 귀빈이었다.

어느덧 집에 갈 때가 되어 떠날 준비를 하고 있는데 혁명 1주년을 맞아 타롬 루마니아 항공이 파업한다는 소식이 전해졌다(혁명 기념일에 대체 왜 파업을 하는 건지는 모르겠지만!). 티미쇼아라에서 기차를 타고 밤새 철도를 달려 기진맥진한 채로 수도인 부쿠레슈티에 도착했지만, 공항은 텅 비어 있고 항공편은 전부 취소되어 있었다. 꼼짝없이 며칠 동안 그곳에 발이 묶이게 생겼으니 참으로 난감한 일이었다. 더욱이 국제 전화는 연결 상태가 좋지 못해서 스코틀랜드에 있는 아내에게 무슨 일이 일어났는지 알려줄 수조차 없었다. 미국 대사관을 찾아갔지만, 그들은 "미안합니다."라는 말만 되풀이하고 아무런 도움도 주지 못했다. 가져간 돈도 거의 떨어진 상태였다.

고민 끝에 나는 크리스티라는 그리스도인 형제에게 전화를 걸었다. 루마니아에 도착했을 때 잠깐 만난 적이 있는 사람이었는데 내 전화를 받자마자 그는 만사를 제쳐놓고 달려와 나를 자기 집으로 데려가서 먹여주고 재워주었다. 그리고는 이런 제안을 했다. 부쿠레슈티에서 밤 기차를 타고 루마니아를 가로질러 헝가리의 부다페스트로 간 다음에 그곳에서 비행기를 타고 가라는 것이었다. 크리스티는 나를 부쿠레슈티 기차역에 데려다준 뒤 손수 기차표를 사서(그는 그럴 만한 돈이 없는 사람이었다) 내 손에 쥐여주며 어떻게 기차를 타고 가야 하는지를 자세히 가르쳐주었다. 그리고는 그 추운 12월 겨울 날씨에 그는 나와 함께 기차역 플랫폼에 서서 오랫동안 기차가 오기를 기다려주었다. 우리는 가족에 대한 얘기, 루마니아에서의 사역과 미래에 대한 이야기를 나누었다. 마침내 기차가 도착하자 그는 내 가방을 기차 안까지 들어다 주고 내 손에 돈을 좀 쥐여주려는 걸 간신히 만류해서 받지 않았다. 그는 루마니아식으로 내 양 볼에 입을 맞춘 후 "성공을 빕니다."라고 말하며 자리를 떴다. 나로서는 그런 그의 후한 인정이 하나도 이상하지 않았다. 결국 그도 주안에서 내 형제였다.

그 이후로 여러 나라를 다니며 말씀을 전하고 있는데 그런 따뜻한 사랑과 환대를 자주 경험하곤 한다. 예수는 바로 이런 것을 예견한 것이다. 마가복음 10장 29~30절에서 예수가 한 말을 기억하라. 예수의 제자가 되기 위해서는 엄청난 희생을 감수해야 한다고 부자 청년에게 말했을 때 베드로가 "보소서 우리가 모든 것을 버리고 주를 따랐나이다"라고 말했다. 그러자 예수는 그 희생에 따라올 보상을 다음과 같이 말했다.

> 내가 진실로 너희에게 이르노니 나와 복음을 위하여 집이나 형제나 자매나 어머니나 아버지나 자식이나 전토를 버린 자는 현세에 있어 집과 형제와 자매와 어머니와 자식과 전토를 백 배나 받되 박해를 겸하여 받고 내세에 영생을 받지 못할 자가 없느니라(막 10:29-30)

위의 약속에서 가장 놀라운 점이 무엇인지 아는가? 이 세상에서 가족과 집을 포함해 모든 것을 잃고 박해를 당한 사람은 내세에 영생을 받을 뿐 아니라 현세에서도 더 많은 형제와 자매와 어머니와 자식과 집을 갖게 될 거라고 한 점이다! 어떻게 그런 일이 가능하단 말인가? 대답은 간단하다. 하나님 나라를 받는다는 건 이 세상에서 가장 큰 가족에 입양되는 것이고 그 안의 모든 재산과 자원들이 우리 것이 된다는 의미이기 때문이다. 내가 루마니아와 다른 나라들에서 받은 환대는 하나님 가족으로서 경험하는 혜택의 일부에 지나지 않을 뿐이다. 그 사실을 염두에 두면서 지금 이 순간 세계 곳곳에서 박해를 견디고 있는 우리의 진짜 형제와 자매들의 고통을 기억하자.

나쁜 예수
그 오해와 진실

1.
예수가 가족을 중요시한다는 증거는 무엇인가?

2.
예수는 영적인 가족이 육신의 가족 보다 우선되어야 한다고 생각했는가? 어디에서 그런 면을 엿볼 수 있는가?

7

가정 파괴자인가
가정 화목을 바라던 자인가?

3 ·

자신의 제자가 되기 위해서는 가족도 미워해야 한다고 한 예수의 말씀은 어떤 의미인가?(눅 14:26)

4 ·

1세기 그리스 로마 시대에 예수를 믿고 따르던 사람들은 육신의 가족과 관련해서 어떤 어려움을 겪어야 했는가?

5 ·

전 세계 그리스도인들은 어떤 면에서 아직도 그런 어려움을 겪고 있다고 보는가?

6 ·

하나님 나라를 위해 자신의 가족과 재산을 포기한 사람에게 어떤 축복이 주어진다고 예수는 말했는가?

7 ·

지금 우리가 가족에 대한 예수의 가르침대로 살려면 어떻게 해야 한다고 생각하는가?

8

인종차별주의자인가 포용주의자인가?

이방의 개들과 하찮은 인간들

TV 코미디 시리즈 오피스The Office에 보면 던더 미플린 제지회사의 지역 본부장인 마이클 스콧Michael Scott이 직원들의 '다문화 교육'을 하러 온 강사를 보고 실망하는 장면이 나온다. '다문화의 날'이라는 제목의 이 에피소드는 마이클이 인종차별에 얼마나 무감각한가를 보여주는 코미디 단막극이다. 그는 브라운Brown이라는 강사의 성이 인종차별적 발언을 끌어내려 한다고 생각한다. 미국 흑인 중에는 그런 성을 가진 사람이 없기 때문이다. 오스카라는 멕시코계 미국인 직원에게는 '멕시코인'이라는 명칭에 '안 좋은 선입견'이 작용할 수 있으니 그보다 나은 명칭이 없겠느냐며 눈치 없는 질문을 던졌다. 그리고 인도에서 온 직원이 손님을 응대하기 위해 먼저 자리를 떠야 한다고 하자 "자네가 나가면 여기는 두 명만 남게 되겠군"이라고 했다. 즉, 흑인 강사와 멕시코인 직원만 남게 된다는 뜻이었다(나머지 직원은 전부 백인이었음). 마이클은 자신의 회사가 '인종차별 면에서 매우 진보적인 회사'이기 때문에 다문화 교육이 필요 없다고 자화자찬을 늘어놓았다. 하지만 강사는 마이클이 크리스 록Chris Rock(미국의 흑인 배우-역주)의 흉내를 내는 바람에 고객의 항의로 이런 교육을 하는 것이라고 되받아친다. 코미디는 보통 급소를 찌르는 통렬함이 있을 때 웃기는 법인데 이 에피소드 역시 예외가 아니다. 우리는 모두 마이클이 표현하는 것처럼 은근하게, 혹은 고의적으로 인종 차별 하는 걸 수없이 목격했을 것이다.

예수 시대의 인종차별

인종차별, 혹은 순화해서 자민족 중심주의는 고대에도 지금과 별반 다를 바가 없었다. 비록 그때는 피부색 같은 외모적인 면이 편견의 요인은 아니었지만, 인종이나 조상이 다른 경우에는 경멸하고 무시하는 경향이 강했다. 이런 인종차별은 때로 외국인 혐오증(낯설고, 이상하고, 다른 것들을 무조건 혐오하거나 피하는 현상)으로 발전하기도 했다(미국 드라마에 나왔던 여전사 제나를 혐오한다는 얘기가 아니다-역주). 고대 사람들은 자기들만이 '뼈대 있는(?)' 민족이고 그 외에는 모두 열등한 종족으로 여겼다. 그리스인들이 타민족을 지칭하던 '바바리안(야만인)'은 원래 의성어로서 그들이 하는 괴상한 언어가 마치 '바-바-바-'라고 지껄이는 것 같다는 뜻으로 만들어진 단어다. 케임브리지 대학에서 고전문학을 가르치는 메리 비어드Mary Beard 교수는 당시의 차별 문화를 이렇게 설명했다. "그리스인들은 페르시아인들을 가리켜 향수나 덕지덕지 바르고 다니는 퇴폐적인 얼간이 바지 나부랭이들이라 비웃었고 그 후에 세력을 잡은 로마인들은 그리스인들을 향해 바지만 빼고 다른 것들을 똑같이 묘사했다."[1]

유대인들도 자신들이 최고라고 여기기는 마찬가지였다(하긴 뭐, 그들은 하나님의 선택된 백성이었으니까). 이민족을 증오하거나 혐오하는 일도 다반사였다. 종말론적 외경인 집회서(BC 2세기)에도 그런 사상이 잘 드러나 있다. 대제사장 시몬은 이스라엘 국가를 축복하고 주변의 적국들을 저주했다.

> 내가 마음으로 증오하는 민족이 둘 있는데

> 세 번째 것은 민족이라 할 수도 없다.
> 사마리아 산에 사는 주민들과 블레셋인들,
> 그리고 세겜에 사는 어리석은 자들이 그들이다.(집회서 50:25-26)

세일과 에돔은 이스라엘 남부에 살고 있던 야곱의 형, 에서의 후예들이었다. 블레셋인들은 서쪽 해안에 살던 사람들이었고 세겜의 '어리석은 자들'은 사마리아인들을 말한다. 유대인들은 특히 사마리아인을 싫어했다. 그들이 혼혈인이라서 그런 것도 있었지만 더러운 이교도 의식을 섞어서 유대교인양 믿고 있었기 때문이었다. 집회서 내용처럼 사마리아인들에게 대한 적대감이 강했기 때문에 그들을 "민족이라 할 수 없다"고까지 이야기했다. 사실 팔레스타인 사람들은 단 한 번도 독립 국가를 세운 적이 없어서 지금도 '진짜 민족이라고 할 수 없는' 처지에 놓여 있다. 국가도 없는 사람들이 무슨 인권과 권리를 논할 수 있겠는가?

예수는 인종 차별주의자였는가?

예수는 자신의 조국과 민족만 사랑하는 애국자, 혹은 자민족 중심주의자였을까? 성경을 읽어보면 그런 구석이 엿보이는 것도 사실이다. 한 번은 이방 여인을 보고 "개"라고 했다. "예수께서 대답하여 이르시되 나는 이스라엘 집의 잃어버린 양 외에는 다른 데로 보내심을 받지 아니하였노라 하시니"(마 15:24). 또 제자들에게는 유대인에게만 복음을 전하고 이방인에게는 전하지 말라고 말했다. 유대의 종교 지도자들이 예수의 말을 외면하고 배척한 뒤에야(그리고 십자가에 못 박아버린 뒤에야) 예수는 제자들에게 유대인이 아닌 사람들에게도 복음을 전하라고 말했다. 이런 사실들이 예수의 인종 차별적 성향을 말해주는 것일까?

이방의 개들과 하찮은 인간들. 복음서에 기록된 예수의 말씀 중에 우리를 매우 당황하게 하는 건 이방 여인이 와서 귀신 들린 딸을 고쳐달라고 부탁했을 때 한 말이다(마 15:21-28//막 7:24-30). 당시 예수는 이방인들이 사는 두로와 시돈 지역으로의 여정 중에 있었다. 그곳은 지중해 연안을 따라 이스라엘 북부 페니키아에 있는 지방이었다. 예수가 굳이 왜 그곳을 갔는지는 알려진 게 없다. 혹시 갈릴리의 분봉 왕이었던 헤롯의 위협을 피해 멀리 떨어진 곳으로 피신을 했던 게 아닐까? 헤롯은 세례 요한을 죽인 후 예수에 대한 의혹과 경계를 강화하고 있었다. 그게 아니면 끈질기게 괴롭히는 종교 지도자들에게서 잠시라도 떨어지고 싶어서 그곳을 찾아갔는지도 모를 일이다. 어쨌든 그는 성실하게 어디서나 제자들을 가르치고 훈련했다. "예수께서 … 한 집에 들어가 아무도 모르게 하시려 하나 숨길 수 없더라"(막 7:24).

아무리 숨으려 해도 기적의 치유자라는 소문은 막을 수가 없었던 모양이다. 결국 그 지역에 사는 한 여인이 예수를 찾아와 도움을 요청했다. 귀신 들린 딸을 고쳐달라고 간곡히 부탁했는데 마태복음에 따르면 처음에 예수는 그 여인의 청을 들은 척도 안 했다고 한다. 그래도 굴하지 않고 끈덕지게 간청을 하자 슬슬 짜증이 난 제자들이 예수에게 제발 그녀를 보내라고 권했다. 그리고 그 말을 들은 예수는 자신이 오직 유대인들을 위해 왔다고 답변했다. "나는 이스라엘 집의 잃어버린 양 외에는 다른 데로 보내심을 받지 아니하였노라 하시니"(마 15:24). 어찌 보면 참으로 매정하고 섭섭한 말이었다. 하나님이 말씀하신 구원의 포괄성은 어디로 갔단 말인가?

여인은 굴욕을 견디며 계속 간청했지만, 상황은 갈수록 가관이었다. 예수의 입에서 급기야 이런 말까지 튀어나왔다. "자녀의 떡을 취하여 개들에게 던짐이 마땅하지 아니하니라"(마 15:26). 여기서 '자녀'는 물론 이스라엘 백성이다. 구약 성경에서는 그들을 '하나님의 자녀들'이라고 말한다. '개들'은 당시 유대인들이 이방인들을 부르던 모욕적 언사였다. 유대인들에게 개는 충성스럽고 사랑스러운 애완동물이 아니라 더럽게 쓰레기나 뒤지고 다니는 혐오 동물이었다. 예수 같은 분이 이방인을 한낱 짐승에 비유했다는 것 자체가 놀라운 일이 아닐 수 없다. 그나마 흔히 사용하던 크온kyōn, 개이라는 단어 대신 키나리온kynarion, 강아지이라는 단어를 사용한 게 조금 순화된 표현이었다고나 할까? 어쩌면 개를 애완동물로 여겼던 이방 문화를 생각해서 그렇게 말했을 수도 있다. 하지만 어쨌든 경멸의 뜻이 담겨있는 건 분명한 사실이다. 시트콤 사인펠드Seinfeld에는 나치처럼 수프를 파는 가게의 주인을 풍자해 '수프 나치Soup Nazi'라는 일화가 나온다. 주인은 자신이 정한 규칙에 맞지 않게 행동하지 않는 고객에게 "너한테는 수프 없어!"라고 나치처럼 말하며 수프를 안 판다. 예수도 이방 여인에게 이 시트콤처럼 "너는 수프(빵) 없어!"라고 한 셈이다.

그래도 이 의지의 여인은 물러서지 않았다. 예수가 말했듯 빵은 자녀가 먹는 게 당연하지만 그래도 "개들도 제 주인의 상에서 떨어지는 부스러기를 먹나이다"라고 대꾸했다. '개'라고 부르는 건 개의치 않을 테니 적어도 개의 권리, 즉 주인한테서 음식을 받아먹을 권리만은 행사하게 해 달라는 하소연이었다. 그 말에 감동한 예수는 그녀의 간청대로 딸을 고쳐 주었다. "여자여 네 믿음이 크도다 네 소원대로 되리라"(마 15:28).

이 이야기는 몇 가지 면에서 상당히 독특한 요소들을 갖고 있다. 우선 복음서에서 예수가 누구와 언쟁을 벌이다 진 경우는 이때가 유일하다. 예수는 여인의 말이 옳다고 인정한 후 태도를 바꿨다. 아이러니한 건, 권세 있고 기세등등한 남자 종교 지도자들과는 언제나 예수가 말싸움에서 이겼다는 사실이다. 그런데 여기 한 여인, 그것도 이방 여인과 옥신각신하는 상황에서는 예수가 졌다!

이를 두고 두 가지 해석이 제기된다. 일부 주석가들은 예수가 원래 여인을 도울 의향이 전혀 없었는데 그녀의 영리한 대답을 듣고 마음을 바꿨다고 말한다. 자신의 자민족 중심주의를 의식한 예수가 태도를 바꿨다는 것이다. 물론 그럴 가능성이 전혀 없는 건 아니지만 그보다 더 그럴듯한 건 예수가 일부러 여인을 자극해서 믿음을 강하게 했다는 해석이다. 사건이나 대화를 자신이 원하는 방향으로 이끌어 가는 데 탁월했던 분임을 고려한다면 나는 그것이 복음서의 기조와 더 어울린다고 생각한다.

예수는 여인이 마땅히 요구할 수 있는 것을 요구하기 바랐다. 물론 그것은 하나님의 구원이었다. 다만 여기서는 그 요구를 받아들이는 방식이 다소 도발적이었다는 점이 특이하다. 제자들이 보는 앞에서 유대인들이 노상 하던 이야기, 즉 이방인들은 하나님의 가족이 아닌 '개들'이고 구원의 대상이 아니라는 말로 여인의 요구를 단칼에 거절했다. 이 말을 했을 때 제자들은 고개를 끄덕이며 진심 어린 '아멘'을 외쳤을 것이다. 그런데도 여인은 겸손했고 자녀들과 같은 집에서 빵을 먹는 강아지로 이방인들을 묘사했다. 그 말에 예수는 "만점짜리 대답이다!"라며 기뻐했다. 그렇게 감동한 이유는 이방 여인이 이스라엘의 종교 지도자들보다 하나님의 구원 계획을 더 잘 알고 있었기 때문이었다.

여기서 유의할 것은 여인의 말에 구원의 순서가 들어있다는 점이다. 복음은 먼저 유대인에게 전파될 것이고 그다음에 이방인들에게 전파될 것이었다. 마가복음에서 예수는 "자녀로 먼저 배불리 먹게 할지니"라고 했다(막 7:27). 구원의 우선권에 대해서는 다음 항목에서 더 자세히 이야기해보겠다.

선택적인 구원. 예수가 유대인을 우선으로 생각했다는 건 여러 가지 사실을 통해 알 수 있다. 그 하나로, 예수는 12명의 제자를 전부 유대인으로 선별했다. 앞에서도 보았듯이 열둘이라는 숫자는 이스라엘의 열두 지파를 상징하고 이스라엘 국가의 회복을 의미한다.

마태복음에서 열두 제자를 파송했을 때에도 예수는 이방인이나 사마리아인들에게 가지 말라고 분부했다. "이방인의 길로도 가지 말고 사마리아인의 고을에도 들어가지 말고 오히려 이스라엘 집의 잃어버린 양에게로 가라"(마 10:5-6; 마 15:24). 요한복음에서 우물가의 사마리아 여인과 대화할 때는 이런 이야기도 했다. "너희는 알지 못하는 것을 예배하고 우리는 아는 것을 예배하노니 이는 구원이 유대인에게서 남이라"(요 4:22). 구원의 기회가 이렇게 선택적으로 제공된다는 사실을 어떻게 설명해야 할까? 이 질문에 대답하기 위해서는 하나님이 갖고 계신 구원 계획에서 이스라엘의 역할이 무엇인지를 알아보아야 한다.

유대인이 먼저다

창세기 12장에는 인류 역사의 중요한 전환점이 되는 사건이 등장한다. 하나님이 아브라함에게 고향과 아비 집을 떠나 자신이 지시할 땅으로 가라고 말씀하신 것이다. 아브라함을 축복할 것이고 땅을 줄 것이며 큰 민족을 이루게 해서 열방이 그로 인해 축복을 받게 하실 것이다(창 12:1-3). 하나님은 아브라함을 통해 이스라엘이라는 나라를 세우셨고 그 나라를 통해 다른 모든 나라를 축복하실 계획이었다. 구약은 하나님과 이스라엘 간의 이 특별한 관계를 지속해서 언급하고 있다. 그 대표적인 예가 신명기 14장 2절 말씀이다. "너는 네 하나님 여호와의 성민이라 여호와께서 지상 만민 중에서 너를 택하여 자기 기업의 백성으로 삼으셨느니라".

하나님의 선민으로서 이스라엘에게는 특별한 사명이 주어져 있었다. 다른 나라들의 빛이 되어 만민들이 와서 하나님의 영광을 경험하는 곳이 되는 것이다. 이사야 40장부터 55장까지의 말씀이 그 사실을 부각하고 있다.

> 내게 이르시되 너는 나의 종이요
> 내 영광을 네 속에 나타낼 이스라엘이라 하셨느니라 …
> 내가 또 너를 이방의 빛으로 삼아 나의 구원을
> 베풀어서 땅 끝까지 이르게 하리라(사 49:3,6)

예수가 공생애를 시작하고 가장 먼저 한 일은 이스라엘이 하나님의 의도대로 이스라엘이 아닌 다른 이방 나라에 빛이 되어야 한다는 호소였다. 그래서 열두 지파를 상징하는 열두 제자를 택했다. 처음에 제자들을 이스라엘의 잃어버린 양에게로 보낸 것도 그런 이유에서였다(마 10:6; 15:24). 예수의 생애와 죽음과 부활로 구원이 이루어진 후에 예수는 열두 제자에게 대위임령을 내리고 모든 민족을 제자 삼으라고 했다(마 28:18-20). 이스라엘 사람들은 빛과 소금이 되어 그 복음을 세상 끝까지 전할 하나님의 대사들이었다(행 1:8).

  이 비전과 사명은 사도 바울의 사역에서 확연하게 드러났다. 그는 가는 곳마다 회당에 들어가서 가장 먼저 유대인들에게 구원의 복음을 전했다. 그런 식으로 이스라엘이 본래의 사명을 자각하길 바랐던 것이다. 하지만 극히 일부의 유대인만이 그 권고를 받아들였고 대다수가 냉담한 반응을 보이자 바울은 이방인들에게로 돌아섰다. 그중에서도 특히 비시디아 안디옥에서의 전도는 이방인들의 폭발적인 호응을 끌어냈다. 하지만 이런 상황과는 대조적으로 유대인들은 그의 말에 귀 기울이지 않았다.

> 바울과 바나바가 담대히 말하여 이르되 하나님의 말씀을 마땅히 먼저 너희에게 전할 것이로되 너희가 그것을 버리고 영생을 얻기에 합당하지 않은 자로 자처하기로 우리가 이방인에게로 향하노라 주께서 이같이 우리에게 명하시되 내가 너를 이방의 빛으로 삼아 너로 땅 끝까지 구원하게 하리라 하셨느니라(행 13:46-47; 사 59:6)

  바울은 이스라엘의 남은 의인들을 구원으로 이끌고 나서 이방인 전도에 본격적인 시동을 걸었다. 비록 바울이 "우리가 이방인에게로 향하노라"(행 13:46), 혹은 "이후에는 이방인에게로 가리라"(행 18:6)와 같은 말을 했지만 그것은 '여기에서' 거기로 가겠다는 뜻이었다. 실제로 그는 어디를 가든지 먼저 유대인에게 복음을 전했고 그다음에 이방인에게 복음을 전했다. 구원의 우선권은 유대인들에게 있었기 때문이다. 그들은 빛과 소금이 되어 세상을 변화시키는 주역이 되어야 했다. 로마서 1장 16절 말씀이 바로 그런 뜻을 내포한다. "내가 복음을 부끄러워하지 아니하노니 이 복음은 모든 믿는 자에게 구원을 주시는 하나님의 능력이 됨이라 먼저는 유대인에게요 그리고 헬라인에게로다".

파격적인 포용주의

예수는 구원에 관한 이스라엘의 우선권을 자주 거론했지만, 그 구원이 만민을 위한 것이라는 하나님의 의도를 더 많이, 더 강한 어조로 말했다. 이스라엘인들은 구원을 자신들만 받을 수 있는 특혜로 여겼으나 예수는 구원의 메시지가 이스라엘을 거쳐 전 세계로 뻗어 나갈 것이라고 말했다.

앞에서 이방 여인의 믿음을 칭찬했다는 이야기를 했는데 로마 백부장이 자신의 종을 고쳐달라고 부탁할 때도 비슷한 일이 일어났다(마 8:5-13//눅 7:1-10).[2] 예수가 그 부탁을 들어주겠다고 하자 경건한 유대인은 (부정한) 이방인의 집에 들어가지 않는다는 걸 알고 있는 백부장이 그냥 멀리서 말씀만 하셔도 자신의 종이 낫게 될 거라고 만류했다. 예수는 그의 믿음에 놀라며 "이스라엘 중 아무에게서도 이만한 믿음을 보지 못하였노라"고 감탄했다(마 8:10//눅 7:9). 마태는 그 자리에서 예수가 종교 지도자들에 대한 분노와 실망감을 토로했다고 덧붙였다.

> 또 너희에게 이르노니 동 서로부터 많은 사람이 이르러 아브라함과 이삭과 야곱과 함께 천국에 앉으려니와 그 나라의 본 자손들은 바깥 어두운 데 쫓겨나 거기서 울며 이를 갈게 되리라(마 8:11-12; 눅 13:28-29)

예수는 말세에 놀라운 반전이 일어난다고 예고했다. 내부인인 이스라엘의 종교 지도자들은 밖으로 쫓겨나고 반대로 외부인들(이방인들)은 하나님 나라 자손들과 함께 메시아가 베푼 잔치 자리에 참석하게 된다는 것이었다. 그 시대 사람들을 충격에 빠뜨린 것이 바로 이 엄청난 반전 드라마였다.

성경에는 비슷한 메시지를 담은 구절들이 많이 있다. 나사렛 고향에서 처음 설교했을 때 핵심 주제도 바로 그것이었다.

나사렛 설교(눅 4:14-30). '자랑스러운 나사렛의 아들 금의환향!' 예수가 고향에 돌아왔을 때 안식일자 나사렛 일보에는 이런 제목의 머리기사가 실리지 않았을까? 그동안 갈릴리 전역을 다니면서 독보적인 선생이자 치유자이자 퇴마사로 명성을 떨쳤으니 그만한 환대도 당연하였을 터였다. 이제 예수에게는 회당의 안식일 예배에서 설교하는 기회까지 주어졌다. 그 나이 청년으로서는 드물게 받아보던 영예로운 대접이 아닐 수 없었다.

예수가 회당 안으로 들어오고 제자들이 그 뒤를 따라 들어왔을 때 아마도 사람들은 들뜬 기대감으로 목소리를 죽이고 눈빛을 반짝였을 것이다. 어떤 소년은 아버지에게 "저기 그분이 왔어요!"라며 신이 나서 소리쳤을 것이고 아버지는 그의 어깨를 감싸며 조용히 하라며 진정시켰을 것이다. 제자들은 붐비는 사람들 속에서 빈자리를 찾아 앉았을 것이고 예수는 설교하러 사람들 앞으로 걸어 나갔을 것이다. 긴 수염의 나이 지긋한 회당 책임자가 예수에게 나사렛 회당의 자랑거리인 아름다운 이사야서 두루마리를 건네주었다. 그의 얼굴과 눈빛에서 뿌듯함과 자긍심이 배어 나왔다. 바로 이 회당 학교에서 소년이었던 그에게 토라를 가르치지 않았던가!

  두루마리를 받아 든 예수는 미리 작정한 듯 이사야서 61장을 펼쳤다. 이 말씀이 그날 예배의 공식 성경 구절로 예정되어 있었던 건지, 아니면 예수가 그 자리에서 임의로 선택한 것인지는 알 수 없다. 어느 쪽이었든 그건 놀라운 일이었다. 만일 그의 선택이었다면 그건 자신을 메시아라고 선포하기 위함이었고 그날 예정된 말씀이었다면 하나님이 바로 그날 그 회당에서 예수가 메시아라는 사실이 공포되도록 예정하셨던 셈이 되는 것이다. 누가는 예수가 당시 읽었던 말씀을 기록해두었다.

> 주의 성령이 내게 임하셨으니
> 이는 가난한 자에게 복음을 전하게 하시려고 내게 기름을 부으시고 나를 보내사
> 포로 된 자에게 자유를, 눈 먼 자에게 다시 보게 함을 전파하며
> 눌린 자를 자유롭게 하고
> 주의 은혜의 해를 전파하게 하려 하심이라 하였더라(눅 4:18-19)

  "주의 은혜의 해"라는 표현은 희년을 얘기하는 구약 말씀에서 따온 것이다(레 25장). 이스라엘에는 50년째가 되는 해를 희년으로 정해서 각 지파에 속한 땅을 되돌려주고 노비를 해방하는 풍습이 있었다. 희년의 배경에는 모든 땅과 사람들이 하나님의 것이라는 사상이 깔려있다. 하나님이 애굽의 노예였던 이스라엘 백성을 구원하셨으니 사람이든 재물이든 모두가 하나님의 것이고 그것의 (영구적인) 소유권 이전을 주장할 수 없었다. 또한 희년은 사회 정의를 실현한다는 점에서도 의의가 있다. 부자가 점점 더 많은 땅을 차지하고 빚에 몰린 사람들을 노비로 삼

지 못하도록 막는 제도이다.

이사야 61장에서 이사야 선지자는 희년의 해방을 하나님의 마지막 (종말적) 구원에 빗대어 설명했다. 언젠가 때가 되면 성령의 기름부음 받은 사자가 최종 희년을 선언할 것이다. 그리고 그 선언은 가난한 자들에게 좋은 소식이 될 것이며 갇히고 억압받는 자들에게는 해방을, 맹인들에게는 빛을 주게 될 것이라고 예언했다.

예수는 그날 회당에 서서 과거 유대인 랍비들이 그랬던 것처럼 하나님의 최종 구원에 대한 위대한 예언의 말씀을 읽었다. 하지만 이번에는 한 가지 전혀 다른 점이 있었다. 누가는 잠시 이야기를 멈추고 장면 묘사를 집어넣는 서술법을 이용해서 이 장면의 묘미를 극적으로 살려냈다. "책을 덮어 그 맡은 자에게 주시고 앉으시니 회당에 있는 자들이 다 주목하여 보더라"(눅 4:20). 랍비들은 하나님의 말씀을 경외한다는 뜻으로 일어나서 성경을 읽은 뒤 자리에 앉아 사람들을 가르쳤다. 예수도 두루마리를 꼼꼼히 다시 접은 뒤에 관리인에게 주고 조용히 자리에 앉았다. 모두의 눈이 예수에게로 쏠렸다. 바늘 하나가 떨어져도 들릴 만큼 고요한 정적이 흐르는 중에 드디어 예수가 입을 열고 한 마디 한 마디 힘을 주어 이렇게 말했다. "이 글이 오늘 너희 귀에 응하였느니라"(눅 4:21).

놀란 군중이 술렁대기 시작했다. 뭐라고? 종말적 해방의 위대한 예언이 지금 성취됐다고? 그럼 예수가 하나님의 최종 구원을 공표하는 메시아란 말인가? 처음에 사람들의 반응은 긍정적이었다. "그들이 다 그를 증언하고 그 입으로 나오는 바 은혜로운 말을 놀랍게 여겨 이르되 이 사람이 요셉의 아들이 아니냐"(눅 4:22). 이 사람이 정말로 나사렛에서 우리 아이들과 함께 자란 코흘리개 목수의 그 아들이란 말인가? 진짜 많이 컸다, 많이 컸어!!!

한 가지 염두 할 건 당시 나사렛 사람들이 이사야의 예언을 어떻게 이해하고 있었는가 하는 점이다. 가난한 자들, 포로 된 자들, 눈먼 자들은 누구를 가리키는 말인가? 물론 그들의 대답은 '우리들!'이다. 로마제국의 철통같은 손아귀에 잡혀있던 사람들이었고 독립운동의 기미만 보이면 로마 군대가 무자비하게 응징하던 때였다. 누가복음 초장에서 사가랴 제사장이 말한 것처럼 메시아의 오심은 "우리 원수에게서와 우리를 미워하는 모든 자의 손에서 구원하시는 일"을 의미했다(눅 1:71). 그것은 당연히 가난하고 억눌린 자들에게도 좋은 소식일 수밖에 없었다!

그러나 예수는 그런 기대의 판을 완전히 엎어버렸다(이후에 예수는 진짜로 예루살렘 성전에서 판을 엎어버렸다). 문제는 그들이 좋아하던 해방의 메시지가 아니라 그 메시지를 해석하는 방식이었다. 그건 우리도 마찬가지일 것이다. 가끔 설교 내용은 다 잊고 설교에서 인용된 예화들만 기억할 때가 있지 않은가? 나사렛 마을 사람들 역시 같은 경험을 했을 것이다. 예수는 이스라엘의 가난하고 억눌린 자들을 제쳐두고 유대인이 아닌 사람들, 즉 이방인들에게 그 말씀을 적용하는 엄청난 파격을 선보였다! 엘리야 시대에 이스라엘에 가난한 과부들이 많이 있었지만, 하나님은 오직 시돈 땅 사렙다 과부에게만 엘리야를 보내셨다. 그리고 이스라엘에 수많은 나병환자가 있음에도 하나님은 엘리야 선지자를 이방인인 수리아 사람 나아만에게 보내서 치료해 주셨다(눅 4:24-27). 결국 예수는 하나님의 사랑과 구원이 이스라엘에만 한정된 특권이 아니라고 말한 것이다. 이 세상 모든 사람을 위한 것이고 구약에 기록된 위의 사실들이 이를 입증하는 자료라는 뜻이었다.

조금 전까지만 해도 호감과 애정으로 가득했던 사람들의 얼굴이 일순간 얼어붙고 분노로 이글이글 타오르기 시작했다. 이건 이단이다! 그들은 예수의 멱살을 잡고 회당 밖으로 끌고 나가 벼랑에서 떨어트려 죽이려고 했다. 천만 다행히 예수는 그들의 손에서 벗어나 다시 가야 할 길을 갔다(눅 4:28-30).

나사렛 연설이 불러온 파문은 누가복음 전체와 그 뒤를 잇는 사도행전 이야기의 예고편이 되었다. 누가는 마가복음과 달리 이 이야기를 의도적으로 초반에 배치해서 예수의 갈릴리 사역 초반의 가장 중요한 사건으로 다뤘다(막 6:1-6). 그가 하고 싶었던 말은, 하나님의 구원이 이스라엘 사람에게만 국한된 것이 아니라 전 세계 모든 사람이 믿음만 있으면 받을 수 있다는 사실이었다.

나사렛 설교가 보여준 이 주제는 예수의 가르침에 여러 번 등장하고 특히 누가복음에 많이 기록되어 있다.

선한 사마리아인 비유(눅 10:25-37). 예수의 비유 중에서 가장 유명한 것 중의 하나가 선한 사마리아인 비유다. 그러나 현대를 살아가는 우리는 그 이야기가 1세기 유대인들에게 어떻게 들렸을지 정확히 가늠하기 힘들다. 애당초 그들은 '사마리아인'이라는 단어 앞에 '선한'이라는 형용사가 붙은 것 자체가 모순어법이라고 그들은 생각했을 것이다. '인간말종 사기꾼', 혹은 '더러운 혼혈아', 혹은 '뱃속 시커먼 이단 자식들'이 그 시대 사마리아인들에게 어울리는 명칭이었으니까.

그럼 사마리아인은 어떤 사람들이었는가? 그들은 자신들을 이스라엘 북부의 에브라임 지파와 므낫세 지파의 직계 후손들이라고 자부했다. 그들의 역사에 따르면 사마리아인은 이스라엘의 하나님, 여호와 섬기는 일을 저버리지 않았다. 그리심 산에 있는 그들의 성전에서 하나님 숭배를 이어온 꿋꿋하고 신실한 민족이었다. 반면에 유대인들은 북 이스라엘 왕국이 앗시리아에 패해 잡혀간 식민지에서 이방인들과 결혼하여 낳은 혼혈아가 사마리아인들이라고 생각했다. 그렇기에 그들의 종교는 유대교에서 파생한 이단일 뿐이고 그들의 성전 또한 가짜 성전이라고 주장했다. 유대인과 사마리아인 간의 적대감은 기원전 128년에 절정에 이르렀다. 급기야 유대 왕 요한 힐카누스John Hyrcanus는 군대를 이끌고 북쪽의 세겜을 점령했다. 그리고 그리심 산의 사마리아 성전을 파괴한 후 수많은 사마리아인을 강제로 유대교로 개종시켰다.

예수 시대에도 유대인과 사마리아인은 여전히 앙숙이었다. 국경 지대에서 서로에게 가했던 잔혹 행위는 이루 말할 수 없을 정도였다. 그렇기에 예수가 굳이 사마리아 지역을 통과하자고 하며 우물가에서 사마리아 여인과 이야기 하는 걸 본 제자들은 아연실색할 수밖에 없었다(요 4장). 유대 랍비가 여자와 얘기하는 것도 불경한 일인데 하물며 멸시받는 사마리아 여인과 말을 하다니!

예수가 진정한 이웃의 의미를 설명하기 위해 사마리아인을 비유에 등장시켰을 때에도 사람들은 똑같은 충격으로 아연실색했다. 어느 날 한 율법교사가 예수를 찾아와 "내가 무엇을 하여야 영생을 얻으리이까"라고 물었다(눅 10:25). 그가 왜 그런 질문을 했는지 그 의도는 분명치 않다. 어쨌든 그는 인생의 가장 근원적인 문제를 예수에게 물었다. 하나님과 영원히 함께할 수 있는 비결은 무엇인가요? 그러자 예수가 율법은 무엇이라 가르치냐고 반문했다. 그때 율법교사는 두 개의 가장 큰 계명, 즉 하나님을 사랑하고 이웃을 사랑하라는 계명을 이야기했다

(신 6:5; 레 19:18). 예수는 정확한 대답이라고 칭찬했지만 그는 좀 더 확실한 얘기가 듣고 싶었는지 "내 이웃이 누구니이까"라고 재차 질문을 던졌다. 사실 '내 이웃이 누구입니까'라는 말에는 '내 이웃이 아닌 자가 누구입니까'라는 속뜻이 숨어있었다(눅 10:29). 다시 말해 빠져나갈 구멍을 찾았던 것이다. 영생을 얻기 위해 누구를 사랑해야 하고 누구를 사랑하지 말아야 할까요?

예수는 대답 대신에 비유 하나를 말했다. 비유의 무대가 된 장소는 예루살렘에서 여리고로 가는 황량한 사막길이었다. 30km에 걸쳐 750m나 경사가 지는 매우 험하고도 외딴 길이었다. 특히 행인을 노리는 노상강도가 많아 위험한 장소이기도 했다. 그곳을 지나가던 한 유대인 남자도 역시나 그곳에서 강도를 만나 돈을 빼앗긴 뒤 죽도록 매를 맞고 길가에 버려졌다. 그리고 얼마 뒤에 두 사람이 그곳을 지나갔다. 한 사람은 레위인이었고 또 한 사람은 제사장이었다. 그들은 죽어가는 남자를 돕는 대신 다른 길로 돌아서 지나쳐버렸다. 물론 멈추지 않고 그대로 지나간 이유도 이해가 된다. 어쩌면 그것이 함정이 되어 그들도 똑같이 강도질을 당할 수 있기 때문이었다. 나는 우리 아이들에게 혼자 운전할 때에는 절대로 낯선 사람 앞에서 차를 세우지 말라고 당부한다. 무슨 일이 생길지 어떻게 알겠는가? 그러나 이스라엘의 성직자라면 얘기가 다르다. 그들이야말로 누구보다 먼저 동정을 베풀어야 할 하나님의 종들이 아니던가!

종교 지도자들이 멈추어서 도움을 주지 않았다는 게 우리에게는 놀랍고 의외일지 몰라도 그 당시 사람들에게는 그다지 놀라운 일이 아니었다. 어차피 높고 고결한 성직자 양반들은 자신들의 경건함이나 신경

쓰지 일반인들하고는 상대하지 않는 게 당연한 일 아니었던가! 비유를 듣고 있던 사람들은 아마도 그 뒤에 존경받는 랍비가 나타나 다친 남자를 도와주는 식으로 이야기가 흘러갈 것이라 짐작하고 있었을 것이다. 적어도 이런 비유는 그런 식으로 전개되어야 제맛이니까. 쥐덫에는 먹음직한 미끼가 준비되어 있었다(비유와 쥐덫의 관계는 3장 참조).

그런데 여기서 예수가 핵폭탄급 반전을 투하했다. "어떤 사마리아 사람은 여행하는 중 거기 이르러 그를 보고 불쌍히 여겨 가까이 가서 기름과 포도주를 그 상처에 붓고 싸매고 자기 짐승에 태워 주막으로 데리고 가서 돌보아 주니라"(눅 10:33-34). 다시 한번 말하자면, 1세기 유대인들에게는 이 이야기가 우리에게와는 완전히 다르게 들렸다. 사마리아인이라니! 최악 중의 최악인 인간쓰레기가 왜 여기서 나온단 말인가! 요즘의 미국인들에게는 "한 마약상이 다가와서 쓰러진 남자를 도와주었다."라거나 "이슬람 테러리스트가 와서 남자를 치료받게 해 주었다." 정도의 이야기라고 생각하면 된다.

"네 생각에는 이 세 사람 중에 누가 강도 만난 자의 이웃이 되겠느냐?"라고 예수가 물었을 때 율법학자는 차마 "사마리아인입니다."라는 대답을 못 해서 "자비를 베푼 자니이다"라고 얼버무렸다. 그러자 예수는 "너도 이와 같이 하라"는 말로 대화를 갈무리했다(눅 10:36-37).

요점은 분명하다. 하나님 나라에서는 어떠한 편견이나 증오심도 설 자리가 없다. 참된 이웃은 '네 이웃을 네 몸처럼 사랑하라'는 하나님 계명대로 인종과 국적에 상관없이 모두를 사랑하는 사람이다.

하나님 나라의 포용주의. 하나님 나라가 차별 없는 곳이란 걸 보여주는 또 다른 말씀들이 있다. 예수에게 치유를 받은 열 명의 나병환자 중

한 사람이 그에게 돌아와 고마움을 표시하자 예수는 그가 외국인에다 사마리아인이라는 점을 언급했다(눅 17:11-19). 또 언젠가는 사마리아 마을에 불을 내려 태워버리자고 하는 야고보와 요한을 예수가 야단쳤다(눅 9:52-56).

성전의 환전상들을 쫓아낼 때도 예수는 이사야 56장 7절 말씀을 인용해서 그 이유를 설명했다. "내 집은 만민이 기도하는 집이라 칭함을 받으리라"(마 21:13//막 11:17//눅 19:46). 성전은 누구든 와서 하나님을 경배하는 장소가 되어야 한다. 바깥뜰에서 짐승을 팔고 돈을 환전하도록 허용한 종교 지도자들은 그 목적을 훼손했다.

마지막으로, 예수는 제자들에게 가서 모든 민족을 제자 삼으라는 대위임명령을 내렸다(마 28:18-20). 그들은 밖으로 나가서 모든 사람에게 구원의 기쁜 소식을 전하고 "예루살렘과 온 유대와 사마리아와 땅 끝까지 이르러" 예수의 증인이 되어야 했다(행 1:8). 이 마지막 구절이, 앞서 인용한 이사야 49장 6절 말씀의 메아리라는 점은 의미심장하다. 그 말씀에서 하나님은 이스라엘을 "이방의 빛으로 삼아 나의 구원을 베풀어서 땅 끝까지 이르게 하리라"고 하셨다. 예수는 이 비전을 이루기 위해 자신을 따르는 자들에게 세계만방에 가서 모든 사람에게 복음을 전하라고 말했다.

결론

이방 여인의 딸과 로마 백부장의 하인을 고쳐주고, 이방인을 예로 들어 나사렛 설교를 하며, 선한 사마리아인 같은 비유를 들려주고, 치유받은 나병환자의 인사성을 칭찬함으로써 예수는 복음이 세계 만민을 위한 것임을 분명히 했다. 하나님이 이스라엘을 그의 특별한 백성으로 선택해서 아브라함과 이삭과 야곱의 혈통에서 메시아가 나도록 했다. 하지만 하나님의 목적은 언제나 모든 나라를 회복하고 구원하는 것이었다. 아담의 죄가 세계 만민을 타락으로 이끌었다면 메시아 예수를 통한 구원 업적은 전 세계에 기쁜 소식이 되었다.

부끄러운 일이지만 예로부터 인종차별을 조장한 게 그리스도인들이었던 경우가 많았다. 그러나 예수 그리스도를 믿는다고 자처하는 사람이라면 누구나 세상을 향한 예수의 사명을 감당해야 한다. 요한계시록 7장 9-10절에서 요한이 보았던 환상이 그 사실을 실감 나게 보여주고 있지 않은가!

> 이 일 후에 내가 보니 각 나라와 족속과 백성과 방언에서 아무도 능히 셀 수 없는 큰 무리가 나와 흰 옷을 입고 손에 종려 가지를 들고 보좌 앞과 어린 양 앞에 서서 큰 소리로 외쳐 이르되 구원하심이 보좌에 앉으신 우리 하나님과 어린 양에게 있도다
> (계 7:9-10)

세상 끝 날에는 모든 나라와 종족과 방언의 사람들이 하나님 보좌 앞에 모여 한 목소리로 그를 찬양하고 예배할 것이다. 하나님을 섬기고 싶다면 지금 바로 그 합창대에 지원하자.

나쁜 예수
그 오해와 진실

1.
오늘날 이 세상에서 인종차별과 자민족중심주의로 볼 수 있는 사례들은 무엇인가?

2.
당신은 살면서 인종차별을 경험한 적이 있는가? 혹은 주변에서 목격한 적이 있는가?

3.
예수가 자민족중심주의자(유대인을 편애하는 사람)였음을 보여주는 증거들은 무엇인가?

8

인종차별주의자인가 포용주의자인가?

4·

시돈의 이방 여인을 "개"라고 불렀던 진짜 의도는 무엇이었는가?
(마 15:26//막 7:27).

5·

처음에 예수가 제자들을 파송할 때 오직 이스라엘 사람들에게만 전도하라고 당부한 이유는 무엇인가?

6·

구원의 복음이 전 세계 모든 사람을 위한 것임을 알게 해주는 예수의 말씀들을 이야기해보라.

7·

나사렛 설교는 만인 구원에 대한 예수의 사명을 어떤 식으로 보여주고 있는가?
(눅 4:14-30).

8·

구원이 모든 사람을 위한 것임을 보여주는 복음서 말씀들을 이야기해보라.

9·

오늘날의 그리스도인들은 인종차별과 자민족 중심주의에 어떻게 대응해야 하는가?

9

성차별주의자인가 성평등주의자인가?

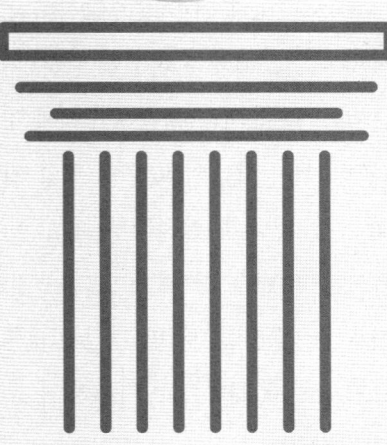

정말로 남녀가 동등하다면
왜 남자들만 좋은 직장을 독차지하는 걸까?

"저는 바울이 마음에 안 들어요. 가만히 보면 항상 화난 사람 같고 특히 여자를 싫어하는 것 같아요." 예배가 끝난 후 나와 이야기했던 한 여성도의 입에서 그동안 많이 들어왔던 소리가 또 나왔다. 사실 교회와 집에서의 여성 역할을 논할 때마다 항상 도마 위에 오르는 건 사도 바울이다. 여성들에게 가르치지 말라 하고 남자를 주관하지 말라 한 사람이 바울이었기 때문이다(딤전 2:11-12). 교회에서는 조용히 하라고 했고(고전 14:34) 예배드릴 때는 머리를 가리라고 했다(고전 11:5-6). 또한 아내는 남편에게 복종해야 한다는 말도 했다(엡 5:22; 골 3:18; 딛 2:5). 이런 말은 현대의 독자들에게는 시대에 역행하고 구식이며, 부르카를 뒤집어 쓴 이슬람 근본주의자 여인들에게나 어울릴 법하다. 이제는 이런 원시적 사고에서 벗어나 여성 평등 시대에 맞게 생각해야 하지 않을까?

이 책은 바울에 관한 책이 아니기 때문에 그의 입장을 변호하는 데 많은 지면을 할애할 수는 없다. 다만 여기서 짚고 넘어갈 것은 바울의 의도를 오해해서 부당한 비난을 할 때가 있다는 것이다. 물론 여성을 차별하는 듯한 얘기를 한 게 사실이지만 그건 바울이 살았던 시대상과 역사적 배경을 모르기 때문에 하는 말이다. 1세기 세상, 그중에서도 특히 유대인 사회는 철저히 가부장적인 사회였으므로 집에서나 밖에서나 남자들만 사람대접을 받았고 남자들이 모든 걸 주관했다.

따라서 그 시대 사고방식에 맞춰야 했던 말씀들에서 오늘날 교회에 적용할만한 보편적 원칙을 찾는 논의가 활발히 진행되고 있다. 가부장적 사회에서 여성이 가르치거나 남자들을 이끄는 건 분명히 부적절한 일이었기에 바울이 그런 당부의 말을 했던 것은 될 수 있으면 교회를 욕 먹이지 않으려는 의도로 해석할 수 있다.

그러나 시간이 지나면서 바울의 태도에도 놀라운 변화가 일어났다. 여성들과도 가깝게 일했으며 그들을 사역의 '동역자'라고 불렀다(롬 16:3, 브리스길라; 빌 4:2-3 유오디아와 순두게). 특히 브리스길라는 전도자 아볼로를 가르치고 훈련하는데 중심 역할을 했을 뿐 아니라(행 18:26) 다른 지도자들과 함께 고린도와 에베소와 로마의 가정 교회들을 이끌었던 것으로 보인다(행 18:2, 18-19; 롬 16:3). 바울은 또한 뵈뵈라는 여성을 '집사'라고 불렀는데(롬 16:1) 이는 교회의 지도자를 의미하는 것이었다. 뵈뵈는 바울의 사역 현황이 담긴 서신들을 로마 교회들에게 전달해주는 일도 했다(롬 16:7).

성차별 논란이 있는 말씀들을 어떻게 적용해야 하는가의 문제는 이 책에서 간단히 풀 수 있는 문제가 아니다. 그러기엔 지면이 모자란다. 다만 바울의 여성관은 우리가 생각하는 것처럼 부정적인 게 아니고 오히려 그 시대 문화에서는 진보적으로 평가되었다는 사실을 기억하기 바란다.

하지만 지금 우리가 집중해야 할 대상은 예수다. 일반적으로 예수는 여성의 권리를 옹호하고 여성 해방에 앞장선 분으로 알려져 있다. 앞으로 살펴보겠지만 실제로 많은 여성이 예수를 따랐고 그는 그들을 정중한 태도로 대했다. 하지만 이런 반시대적 행동에도 불구하고 여전히 열두 명의 남자만 사도로 받아주었고 여자들이 권위를 행사하는 데 제한을 두었다. 그럼 예수는 성차별주의자였을까?

1세기 유대 사회의 여성들

예수 시대에는 대부분의 지역이 여성을 남성보다 열등한 존재로 간주했다. 행사할 수 있는 권리도 거의 없었고 아버지나 남편의 소유로 여겨졌다. 그 사실을 수많은 문헌이 증명해준다. 1세기 유대인 역사학자 요세푸스는 이런 기록을 남겼다. "성경이 말하길 여자는 모든 면에서 남편보다 열등하다고 했다. 그러므로 여자는 남편에게 복종해야 한다. 그렇다고 여자를 함부로 대하면 안 된다. 여자는 남편에 대한 의무를 다해야 한다. 하나님이 남편에게 권위를 주셨기 때문이다."[1] 요세푸스는 정확히 성경 어디에 여성이 남성보다 열등하다는 말씀이 적혀있는지는 밝히지 않았다. 당연히 구약에는 그런 말이 없으니 성경을 해석한 어느 랍비의 말을 인용했거나 창세기 2장의 말씀을 참고삼아 지어낸 이야기였을 것이다.

유대 여성은 믿을 만한 증인이 아니라고 보았기에 법정에서 증언할 수도 없었다.[2] 지적으로나 도덕적으로나 남성보다 뒤처지는 존재로 간주하였기 때문이다. 이집트 알렉산드리아에서 활동했던 유대인 철학자 필로(Philo, BC 30-AD 50 추정)의 기록을 보면 이런 이야기가 나온다. "여성들의 사고능력은 남자들보다 다소 낮아서 지식인만이 평가할 수 있는 것들의 경우, 외부감각을 자극할 만한 무언가의 도움을 받지 않으면 제대로 이해하지 못한다."[3] 인간의 타락을 이야기할 때도 비난의 화살을 받는 일차적인 대상은 하와다. 바보처럼 손쉽게 유혹에 넘어갔다는 게 그 이유다. 필로는 창세기 주석에서 에덴동산의 뱀이 하와에게 먼저 다가간 이유는 "여자는 남자보다 속이기 쉽고 … 그럴싸한 거짓말을 사실로 받아들이는 까닭이다."라고 말했다.[4] 그리고 이어서 이렇게 말했다. "본질적으로 불완전하고 부패한 여자들은 범죄와 거짓말의 시조이며 그들보다 우수하고 완벽한 존재인 남자들은 수치를 아는 자의 본이 되었고 사실상 모든 좋은 감정과 행동의 귀감이 되었다."[5] (필로가 오프라 윈프리 쇼에 나갔다간 몰매를 맞고 쫓겨났을 것이다).

유대의 여성들과 여자아이들은 안식일에 회당 예배에 참석해서 성경을 읽을 수는 있었지만 남자아이들처럼 회당 학교에서 정식교육을 받는 것은 율법으로 금지되어 있었다. 여자와 신앙 얘기를 하는 건 시간 낭비니 차라리 그 시간에 토라를 공부하는 게 낫다고 했다. 유대의 미쉬나(기원후 200년 경)에는 이런 잠언이 있다. "여자들과 이야기를 많이 하는 자는 복이 달아나고 율법 공부에도 게을러져서 결국은 게헨나Gehenna, 지옥를 상속받게 된다."[6]

위의 사례들을 보면 예수 시대 사람들이 얼마나 여자들을 경멸했으며 철저한 남성 위주의 사회를 이루었는지 알 수 있다. 그 유명한 어느 랍비의 기도에도 유대인 남자들의 사고방식이 잘 드러나 있다. "하나님, 저를 이교도나 여자나 노예로 만들지 않으셨음을 감사드립니다."[7]

여자들을 칭찬한 예수

그런 면에서 여자들에 대한 예수의 태도는 매우 대조적이었다고 할 수 있다. 요한복음 4장에서 예수는 우물가의 사마리아 여인과 신학적인 문제를 거침없이 토론했는가 하면 딸을 고쳐달라는 시돈 여인의 믿음과 신학적 통찰력을 인정했다(막 7:24-30//마 15:21-28). 성전의 헌금함 앞에서는 거액의 재산에서 쥐꼬리만큼 떼어 헌금하는 부자들이 아니라 없는 형편에도 힘껏 헌금한 가난한 과부를 칭찬했다(막 12:41-44//눅 21:1-4). 또

한 예수의 장례에 대비해 값비싼 향유를 머리에 부어준 한 여인의 희생 정신과 영적 통찰력에 감사했다(막 14:3-9//마 26:6-13)(요한복음 12:1-8에서는 베다니의 마리아라고 이름을 밝혔음).

예수는 특히 가난하고 소외되고 억눌린 여성들에게 특별한 관심을 기울이며 도와주었다. 자신의 겉옷을 만져 만성 혈루병에서 벗어난 여인의 믿음을 칭찬했고(막 5:25-34//마 9:20-22//눅 8:43-48) 눈물로 자신의 발을 적시고 그것을 머리칼로 닦아준 죄 많은 여인에게 큰 사랑을 베풀었다(눅 7:36-50). 외아들을 잃고 슬퍼하는 나인성 과부를 불쌍히 여겨 그녀의 아들을 살려주었으며(눅 7:11-17) 포기 말고 기도하라는 의미로 끈덕지게 소송을 제기하는 과부를 비유로 들었다(눅 18:1-8). 간음 현장에서 붙잡혀 돌에 맞아 죽게 생긴 여자를 보곤 사람들의 위선을 지적하며 "너희 중에 죄 없는 자가 먼저 돌로 치라"고 했다(요 8:7).

무엇보다 놀라운 건, 예수가 여자들을 자신의 제자로 인정했다는 사실이다. 그건 당시의 유대인 랍비로서는 상상할 수도 없는 일이었다. 마가는 그 여인들의 이름까지 거론하며 "이들은 예수께서 갈릴리에 계실 때에 따르며 섬기던 자들이요"라고 설명했다(막 15:41). 여기서 '따르며'라는 단어는 예수의 남자 제자들을 묘사할 때도 똑같이 사용된 표현이다(마 4:20, 22; 8:10, 19, 22; 9:9; 10:38; 19:21, 27). 누가 역시 여러 명의 여인이 예수의 사역에 도움을 주었고 그의 제자들과 함께 다녔다고 했다.

> 그 후에 예수께서 각 성과 마을에 두루 다니시며 하나님의 나라를 선포하시며 그 복음을 전하실 새 열 두 제자가 함께 하였고 또한 악귀를 쫓아내심과 병 고침을 받은 어떤 여자들 곧 일곱 귀신이 나간 자 막달라인이라 하는 마리아와 헤롯의 청지기 구사의 아내 요안나

와 수산나와 다른 여러 여자가 함께 하여 자기들의 소유로 그들을 섬기더라(눅 8:1-3)

예수의 곁에는 많은 사람이 있었지만 분명한 건 특별히 두 무리의 사람들이 그와 매우 가까웠다는 사실이다. 하나는 열두 제자이고 다른 하나는 재정후원을 담당했던 부유층 여인들이다. 그들은 가장 충성스러운 제자들이었다. 예수가 붙잡혔을 때 남자 제자들은 전부 예수를 버리고 도망쳤지만 이 여인들은 십자가 옆에서도 그를 떠나지 않았다(막 15:40-41//마 27:55-56//눅 23:49). 또한 이들은 예수가 무덤에 안치되는 모습을 지켜보았고 일요일 아침 그 무덤을 찾아갔다가 예수의 부활을 제일 먼저 목격하는 사람들이 되었다(막 15:47//마 27:61//눅 23:55; 막 16:1-8//마 28:1-8//눅 24:1-8).

그중에서도 가장 눈에 띄는 여인은 막달라 마리아다. 열두 제자를 말할 때 가장 먼저 언급되는 사람이 베드로인 것처럼 막달라 마리아도 가장 먼저 언급되는 이름이다. 비록 『다빈치 코드』라는 시답잖은 책이 아무런 역사적 증거 없이 마리아가 예수의 아내였느니, 정부였느니 얼빠진 얘기를 하고 있다. 하지만 마리아는 분명 예수의 여자 제자 중에서 중요한 역할을 맡고 있던 제자였다.[8] 단지 이름만 먼저 거론되는 것뿐 아니라 부활한 예수를 가장 먼저 본 사람도 그녀였다(요 20:14-18). 사학자들은 그녀가 전직 창녀였다고 말하지만 그걸 뒷받침해줄 역사적 증거는 없다. 신약에 워낙 많은 마리아(당시의 흔한 여자 이름)가 나오고 예수의 머리와 발에 향유를 부었다는 여인들이 많아서 혼동했던 것 같다.[9] 마리아의 나이는 언급되지 않았으나 죽은 남편에게서 상당한 유산을 물려받은 나이 든 과부였을 것으로 추측된다. 그랬기에 예수의 사역을 후원할 수 있었을 것이다. 우리가 확실하게 아는 건 예수가 그녀에게 들렸던 귀신들을 쫓아내 주었다는 사실이다(눅 8:2).

또 한 명 유의해서 봐야 할 여인은 베다니에 살고 있었던 마리아다. 그녀의 이야기를 읽어 보면 여인들을 대하던 예수의 태도를 확실하게 알 수 있다. 누가는 예수가 마르다와 마리아 자매 집에 방문했던 일을 비교적 상세하게 기록해놓았다(눅 10:38-42). 자매는 예루살렘에서 멀지 않은 베다니에서 나사로라는 형제와 함께 살고 있었다(요 11:1-42; 12:1-11). 누가는 그들의 집을 마르다의 집이라고 표현했고 마르다는 음식 준비에 눈코 뜰 새 없이 바쁘지만 마리아는 예수의 발치에 앉아 그의 이야기를 듣고 있었다고 했다. 당시 사회 관습상 그것은 예사로운 광경이 아니었다. '발치에 앉았다'는 것은 그녀가 제자의 위치에 있었다는 걸 의미하기 때문이다(행 22:3). 앞에서도 말했지만, 유대 사회에서 여성들은 그런 지위를 가질 수 없었다. 마르다가 모든 일을 도맡아 하느라 힘들다고 하소연하자 예수는 이렇게 대답했다. "마르다야 마르다야 네가 많은 일로 염려하고 근심하나 몇 가지만 하든지 혹은 한 가지만이라도 족하니라 마리아는 이 좋은 편을 택하였으니 빼앗기지 아니하리라"(눅 10:41-42).

가장 필요한 건 예수와의 친밀함이고 더 구체적으로는 제자의 신분으로 그의 말씀을 듣고 배우는 것이다. 유대에서는 여성이 그런 제자가 된다는 게 흉이었지만 예수는 마리아의 태도를 칭찬했다. 여기서도 예수는 사회적 편견을 허물고 하나님 나라의 참모습을 보여주었다.

열두 명의 (남자) 제자들

예수가 그렇게 진보적인 여성관을 갖고 있었다면 열두 명의 사도가 전부 남자라는 사실은 어떻게 설명해야 할까? 왜 하필 남자만 열둘을 뽑았을까? 복음서들이 보여주듯 많은 사람이 예수를 따랐고 그는 그중 열두 명을 핵심 리더십으로 선출했다. 그리고 그들은 전부 남자였다. 마가가 그 과정을 다음과 같이 기록했다.

> 또 산에 오르사 자기가 원하는 자들을 부르시니 나아온지라 이에 열둘을 세우셨으니 이는 자기와 함께 있게 하시고 또 보내사 전도도 하며 귀신을 내쫓는 권능도 가지게 하려 하심이러라 이 열둘을 세우셨으니 시몬에게는 베드로란 이름을 더하셨고 또 세베대의 아들 야고보와 야고보의 형제 요한이니 이 둘에게는 보아너게 곧 우레의 아들이란 이름을 더하셨으며 또 안드레와 빌립과 바돌로매와 마태와 도마와 알패오의 아들 야고보와 및 다대오와 가나나인 시몬이며 또 가룟 유다니 이는 예수를 판 자니라(막 3:13-19//마 10:1-4//눅 6:12-16; 요 6:70)

열두 명은 '사도'로 임명되었는데(마 10:2; 막 6:30; 눅 6:13) 그 말은 파송받은 '사자', 혹은 '특사'를 의미했다. 예수는 그들을 파송해서 전도하고, 병을 고치고, 귀신을 쫓아내라고 했다(마 10:2-16; 막 6:8-11; 눅 9:2-5). 때로는 열두 명만 따로 보내서 사람들을 가르치게 하고 그들이 예수의 공식적인 복음전도자임을 분명히 했다. 마지막 만찬에도 오직 열두 제자만이 참석했다(막 14:17//마 26:20//눅 22:14). 앞에서 보았듯이 열둘이라는 숫자는 이스라엘의 열두 지파를 가리키는 상징적인 숫자일 가능성이 높고 이는 이스라엘의 회복을 의미한다고 볼 수 있다. 예수는 새로운 세상, 즉 하나님 나라가 완성됨으로써 새 세상이 열릴 거라고 약속했다. 그때 그들이 열두 보좌에 앉아 이스라엘의 열두 지파를 재판하게 될 거라고 했다(마 19:28; 눅 22:30).

열두 남자가 열두 지파를 다스린다고? 이거 너무 성차별이 심한 거 아닐까? 예수가 그토록 위대한 개혁가이자 여권신장의 선봉자였다면 왜 남자들만 수장의 자리에 앉히는 건가? 이 문제는 지금도 교회 안에서 큰 논란거리가 되고 있기에 여기서는 가장 설득력 있는 주장 두 가지를 제시해보려고 한다. 이 둘은 요즘 교회에서 가장 널리(가장 요란하게) 대두되고 있는 견해들이다.

상호보완 주의자의 견해. 상호보완 주의자는 하나님의 구원대상이라는 점에서는 남녀가 동등하지만 교회와 집에서의 역할은 차이가 있다고 주장하는 사람들이다.[10] 말하자면 남자는 이끌고 보호하는 역할이고 여자는 돕고 양육하는 역할이 본래 맡은 소임이라는 것이다. 이런 견해에는 여러 가지 다양한 시각이 존재하지만 상호보완 주의자들은 여성이 어린이와 여성들을 가르치는 건 괜찮아도 남자들을 가르치거나 지도해서는 안 된다고 말한다. 일반적인 상황(사업체 운영이나 공직 등의 경우)에서는 상관없지만 교회와 가정에서는 반드시 남녀의 역할이 구분되어야 한다는 것이다. 이들의 견해를 뒷받침하는 성경 구절로는 디모데전서 2장 12절을 꼽는다. "여자가 가르치는 것과 남자를 주관하는 것을 허락하지 아니하노니 오직 조용할지니라".

상호보완 주의자 입장을 견지하는 사람들은 예수가 열두 명의 남자를 뽑은 것도 하나님이 정하신 지도자 원칙을 보여주는 것이라고 말한다. 구약의 제사장이 전부 남자였던 것처럼 교회의 지도자들도 남자여야 하고 예수가 열두 제자를 남자로 선정한 것도 같은 이유라는 것이다. 모든 그리스도인이 제자(예수를 '따르는 사람들')이고 모든 성도가 그리스도의 몸 안에서 영적 은사를 사용하기 때문에 남자들은 목사, 장로, 교사, 집사 같은 역할을 맡는 게 적합하다고 주장한다.

평등 주의자의 견해. 평등 주의자는 교회와 집에서의 지도자와 가장 역할은 성별이 아니라 은사와 재능에 따라 맡아야 하고 예수 그리스도의 교회에서는 남녀가 동등하게 모든 지위와 역할을 분담할 수 있다고 생각한다.[11] 물론 신체적으로나 사회적, 정서적으로 남녀가 똑같다는 의미는 아니고 다만 그런 차이점을 이유로 여자가 차별을 당해서는 안 된다는 것이다. 사실 전통적으로 '여성의 특징'으로 알려진 민감성이나 부드러움, 분별력 같은 기질이 지도자로서도 손색없는 기질로 판명이 났다.

평등 주의자들의 입장을 뒷받침하는 성경 구절은 갈라디아서 3장 28절이다. "너희는 유대인이나 헬라인이나 종이나 자유인이나 남자나 여자나 다 그리스도 예수 안에서 하나이니라". 그들은 예수로 인해 하나님의 구원이 노예와 자유인, 유대인과 헬라인사이의 사회적 장벽을 없앤 것처럼 성차별의 장벽도 없앴다고 주장한다. 실제로 구약 시대에는 남자만이 제사장이 될 수 있었지만 신약 시대에는 모든 성도가 제사장이라고 말한다(벧전 2:5,9). 구시대의 차별은 이제는 적용할 수 없는 것이다. 믿는 성도는 남자든 여자든 단 한 분의 중재자, 즉 예수 그리스도를 통해 하나님 앞에 나아갈 수 있으며 남녀 모두 하나님의 은사와 사명을 똑같이 부여받는다.

평등 주의자 입장을 견지하는 사람들은 여인들에게 복종을 권한 말씀이 그 시대의 사회문화적 배경에서 나온 충고라고 말한다. 바울과 베드로가 그 대표적인 경우인데 아내들이 남편에게 복종하지 않을 경우 당시 사회나 문화에서는 부적절한 행동으로 비쳤을 것이기 때문이다(엡 5:22-24; 골 3:18; 딛 2:5; 벧전 3:1). 그러나 바울은 모든 성도가 서로에게 복종해야 한다는 평등 주의자적 시각을 은연중에 드러내기도 했다(엡 5:21). 오늘날의 그리스도인들은 여자들이 머리를 가려야 한다거나, 성도들이 입맞춤하며 인사하라는 바울의 충고들이 당시의 일반적인 사회관습일 뿐 현대 그리스도인들이 그대로 따라 할 필요가 없다는 걸 잘 알고 있다. 마찬가지로 남자들만 지도자가 되어야 한다는 말씀 역시 불변의 원칙이 아니라 1세기 문화가 반영된 시대적 산물로 인식해야 한다.

예수가 열두 명을 선택한 일도 마찬가지다. 만일 예수가 여자를 제자로 받아들였다면 사회적 물의를 빚었을 것이고 이스라엘을 회개와 믿음으로 향하게 하는 데 방해가 되었을 것이다. 게다가 야곱(이스라엘)의 열두 아들이 열두 지파를 형성한 구약의 선례도 있지 않은가![12] 이런 사실을 참작한다면 예수가 열두 남자를 핵심 제자로 받아들인 게 당시로써는 가장 적절한 결정이었고, 미래 교회 지도자가 모두 남자이어야 한다는 원칙을 세운 것으로 보기는 어렵다는 결론을 내릴 수 있다.

해결책은 무엇일까?

이 장에서 거론한 주제는 매우 복잡하고 난해한 문제라서 짧은 한 장의 분량으로 깔끔히 해결할 수는 없다. 하지만 나 개인적으로는 전통적인 상호보완주의와 평등주의의 중간이라는 견해를 밝히고 있다는 점을 밝히고 싶다. 하나님은 일반적으로 남자들에게 지도자 역할을, 여자들에게는 좀 더 돕는 역할을 맡기셨다고 본다. 하지만 성경적으로나(미리암, 훌다, 드보라, 브리스가, 뵈뵈, 유니아의 경우처럼) 역사적으로 워낙 많은 예외가 존재하기 때문에[13] 하나님은 자신이 원하시는 사람을 남녀불문하고 지도자의 자리에 앉히신다고 생각한다.

그러나 예수의 경우에는 어떤 견지에서도 그를 '성차별주의자'라고 단정할 근거가 없다. 당시에는 이례적이라 할 만큼 예수는 여성들을 존중했고 제자로도 받아주었으며 남자와 함께 하나님 나라를 유업으로 얻을 공동상속자로 삼았다. 예수가 열두 남자를 제자로 선택했다는 사실은 당신이 어느 견해를 갖고 있느냐에 따라 (1) '교회에서는 남자들만이 지도자가 되어야 한다는 하나님의 원칙을 확인시켜주신 것이다' 혹은 (2) '하나님이 그 시대 사회문화에 적합한 방식을 사용하신 증거다'의 두 가지로 갈라지게 될 것이다.

나쁜 예수
그 오해와 진실

1.
예수 시대 유대인 사회에서 여성은 어떤 차별과 대우를 받았는가? 그들의 사회적 신분은 어떠했는가?

2.
예수가 여성의 존재 가치와 존엄성을 인정했다는 증거는 무엇인가?

성차별주의자인가 성평등주의자인가?

3.

예수가 다른 유대인들보다 더 부정적 견해를 갖고 있었다는 증거는 무엇인가?

4.

보수적인 그리스도인들은 자신을 보통 상호보완 주의자나 평등 주의자라고 말한다. 두 용어의 뜻은 무엇인가?

5.

예수가 열두 제자를 전부 남자로 뽑은 것에 대해 상호보완 주의자와 평등 주의자는 각각 어떤 견해를 갖고 있는가?

7.

당신은 어떤 견해가 예수의 생각과 비슷하다고 보는가? 그 이유는 무엇인가?

10

예수는 반(反) 유대주의자였는가?

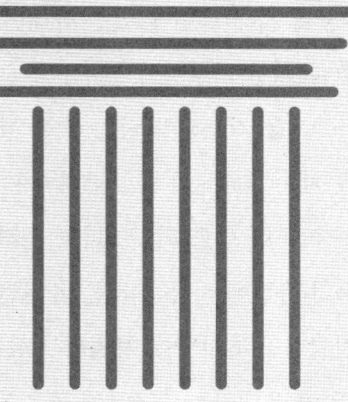

이스라엘의 잃어버린 양을 찾는 목자

2004년에 멜 깁슨Mel Gibson 감독이 제작한 영화 '패션 오브 크라이스트'가 상영되자 엄청난 비난과 혹평이 쏟아졌다. 예수의 마지막 12시간을 그린 장면들이 너무 잔혹하고 폭력적인 것도 문제지만 유대인을 광기 어린 살인자로 묘사한 반유대적 영화라는 게 비평가들의 의견이었다. 이 영화가 나오고 얼마 뒤에 내가 만난 유대인 지도자들도 영화를 매우 못마땅해 했고 이 영화로 인해 유대인들에 대한 반감이 증폭되지 않을까 염려했다.

교회에서의 반유대주의

유대인을 혐오하는 반유대주의는 오래전부터 교회에서 사라지지 않고 있는 오점이다. 중세 시대 유럽에 있던 유대인 마을들은 숱한 박해와 폭력에 시달렸고 유대인 거주지역으로 강제 이주를 당했는가 하면 개종을 안 할 경우 죽음을 각오해야 하는 극한 상황에 내몰렸다. 십자군 전쟁이 벌어졌을 때는 소위 '기독교 군대'라는 병사들이 중동의 무슬림 지배하에 있는 거룩한 땅을 되찾겠다고 돌격했다. 하지만 엉뚱한 방향으로 화살을 돌려 유럽에 사는 수많은 유대인을 살상했다. 14세기 중반에는 치명적 전염병인 흑사병이 창궐해서 유럽 인구의 3분의 1이 희생되었는데 뜬금없이 유대인들이 우물에 독을 탔다는 유언비어가 돌아 많은 사람이 억울한 죽임을 당했다. 1348년 스트라스부르 도시에서는 9백 명의 유대인을 산채로 불태워 죽였으며 스페인 종교재판이 한창이던 1480년대와 1490년대에는 이사벨 여왕 1세Isabel와 페르난도 2세 Ferdinand의 주도하에 수많은 유대인이 스페인에서 추방당했다. 그리고 비밀리에 유대교를 신봉하는 사람들은 체포와 고문과 사형을 당했다.

이마저도 소수의 사례에 지나지 않을 정도로 지난 수 세기 동안 유대인들에게 행해진 가혹행위는 헤아릴 수 없을 만큼 많았다. 물론 제2차 세계대전 중 나치가 저지른 홀로코스트는 그 정점을 찍는 사건이었고 그로 인해 6백만 명의 유대인이 형장의 이슬로 사라졌다.

예로부터 사람들은 반유대 사상을 정당화하기 위해 신약에서 유대인들이 예수의 죽음에 책임 있는 자들로 기록된 것을 지적했다. 빌라도가 예수를 어떻게 하면 좋겠냐고 예루살렘 사람들에게 물었을 때 그들은 "십자가에 못 박혀야 하겠나이다"라고 소리쳤다. 빌라도가 예수의 결백을 얘기해도 그들은 막무가내로 "십자가에 못 박혀야 하겠나이다"라며 악을 썼다(마 27:21-24//막 15:12-14//눅 23:20-23; 요 19:14-15). 현대에 나온 몇 편의 영화도 빌라도를 사리 분별은 하되 무능한 통치자로, 유대 군중은 난폭하고 피에 굶주린 자들로 묘사한다. 특히 마태복음에서는 빌라도가 자기 손을 씻으며 "이 사람의 피에 대하여 나는 무죄하니 너희가 당하라"고 하면서 자신이 예수를 처형한 게 아니란 걸 확인시키려 했다. 그러자 유대인들은 그 말에 동조하듯 "그 피를 우리와 우리 자손에게 돌릴지어다"라고 소리 질렀다(마 27:24-25). 이 한 마디가 그 이후로 유대인과 그리스도인들 간의 건너지 못할 강이 되고 말았다. 과거부터 유대인들에게는 '예수를 죽인 자들'이라는 꼬리표가 따라다녔고 그 때문에 그들은 하나님의 저주를 받았다고 생각했다. 따라서 어떤 불행이 그들에게 닥쳐도 메시아를 살해한 자들이 당연히 받을 응징으로 여기게 된 것이다.

심지어 존경받는 그리스도인 지도자 중에도 반유대주의에 깊이 물든 사람들이 있었다. 가장 유명한 사람이 마르틴 루터(1483-1546)다. 오직 믿음으로 구원을 얻는다는 진리로 종교개혁의 불씨를 피워낸 루터는 초반에는 유럽의 유대인들을 걱정하고 그들이 개종하기를 바랐다. 하지만 생애 후반으로 갈수록 반유대 사상에 몰입해서 말년에는 다음과 같은 설교를 하기도 했다.

> 그들은 우리의 공적입니다. 성모 마리아를 창녀라 부르고 예수를 사생아라고 하면서 우리 주 예수 그리스도에 대한 모독을 멈추지 않고 있습니다. … 만일 우리 모두를 죽일 수 있다면 그들은 기꺼이 그렇게 했을 것입니다. 그들은 툭하면 그런 일을 합니다. 특히 의사라는 사람들이 말이죠. … 한 시간, 혹은 한 달, 혹은 일 년, 혹은 이십 년에 걸쳐 죽일 수 있는 독을 사람들에게 먹게 하지요. … 그러니 그들과 관계하지 마십시오. 우리 주 예수 그리스도를 악의적으로 모독하고 우리의 재산과 몸과 생명과 명예를 앗아가는 흉악범들로 생각하십시오.[1]

더 나아가 루터는 유대인들의 회당과 학교들은 불태워야 하고, 기도책들은 폐기해야 하며, 랍비들은 설교를 못 하게 막고 재산을 몰수해야 한다고 주장했다.[2] 그의 반유대 사상은 인종이 아닌 종교적인 이유에서 비롯된 것이었다. 만일 유대인들이 개종해서 그리스도인이 된다면 그때는 얼마든지 기독교 공동체에서 환영해야 한다고 말했다. 그러나 독일에서 루터가 가진 지위와 권위로 인해서 그의 견해는 향후 유대인에 대한 인종차별과 핍박을 심화시키는 데 지대한 영향을 미치게 되었다. 나치의 홀로코스트를 지지했던 사람들이 내세운 명분도 루터의 그 선동적인 설교문이었다.

마르틴 루터처럼 성경 말씀에 정통했던 사람들이 극단적 반유대주의 사상을 갖게 된 이유는 무엇일까? 예수는 반유대주의자였을까?

예수와 유대인 지도자들: 유대인 대 유대인

앞에서 보았듯이 예수는 바리새인과 서기관들을 공공연히 비난했다(3장 참조). 특히 그들의 교만, 위선, 하나님 나라에 대한 무지와 훼방을 날카롭게 지적했다. 예수가 그들을 부르는 별칭들도 화려(?)했다. 위선자, 맹인이 된 안내자, 눈먼 바보, 욕심쟁이, 제멋대로 구는 놈, 살인자, 독사 새끼, 지옥의 자식 …. 이쯤 되면 예수가 이스라엘의 유대인 지도자들을 어느 정도로 싫어했는지 짐작이 갈 것이다.

그러나 예수, 혹은 그의 제자들을 반유대주의자로 단정하는 건 시대착오적이자 역사적 상황을 간과한 오해일 뿐이다. 예수는 (물론) 유대인이었고 그의 제자들도 전부 유대인이었다. 우리가 복음서에서 보는 분쟁들은 '유대인 대 그리스도인'이 아니라 '유대인 대 유대인'이었다. 예수는 유대주의 내에서 개혁 운동을 시작했다. 더 자세히 말하면 예수는 하나님이 자신의 백성 유대인을 통해 이루려는 그의 목적과 역사가 예수의 언행으로 성취될 순간에 이르렀다고 선포했다. 반유대주의가 아니라 오히려 친 유대주의적 행보였다. 예수는 이스라엘이 하나님의 진정한 백성이며 그들의 사명은 하나님의 구원을 세상에 전하는 것임을 확인시켜 주었다. 그렇기에 유대인들은 하나님과의 언약에 충실해야 하고 하나님의 구원 약속이 곧 이루어진다고 믿어야 했다.

사실 공관복음(마태, 마가, 누가복음)에서 예수가 자신의 대적들을 가리켜 '유대인'이라고 한 적은 단 한 번도 없었다. 유대교의 종교 지도자들이었던 바리새인과 사두개인, 유대 율법의 전문가였던 서기관들과 치열한 공방전을 벌였지만 그들을 '유대인들'이라고 부르지는 않았다. '유대인'이라는 용어는 "유대인의 왕"과 "유대의 장로들"처럼 중립적인 민족성을 보여주는 표현이었을 뿐 절대 경멸의 어조로 사용되지 않았다.³ 바리새인, 서기관, 사두개인, 헤롯당원과 같은 유대교 내의 여러 집단은 예수가 자신들의 권위에 대항하고 사람들의 인기와 영향력을 독차지하고 있었기에 예수를 경계하고 적대시했다.

그런데 여기서 요한복음을 들여다보면 조금 다른 이야기가 펼쳐진다.

요한복음에서의 '유대인들'

우리가 이 장에서 예수의 언행을 문제시하는 이유는 반유대주의가 원래 요한복음에 나오는 유대인들과 관련이 있기 때문이다. 유독 요한복음은 예수의 대적들을 계속 '유대인들'이라고 지칭한다.

요한복음에서의 '유대인들' 의미. 흔히 '유대인'으로 번역하는 헬라어 '우다이오이Ioudaioi'는 요한복음에 71번 나온다. 일부 성경 번역본들은 일괄적으로 '유대인들'이라고 번역했지만, 문맥에 따라 그 이상의 뜻을 내포하는 경우가 있다. 예를 들어 예루살렘의 어떤 사람들(전부 유대인)은 예수를 좋은 사람이라고 말했지만 "유대인들을 두려워하므로" 드러나게 말하지는 못했다고 한다(요 7:13). 유대인이 유대인을 두려워했다니 조금은 이상한 일이다.

요한복음 9장에서 예수가 맹인을 고쳐주었을 때 그 부모도 역시 "이미 유대인들이 누구든지 예수를 그리스도로 시인하는 자는 출교하기로 결의하였으므로 그들을 무서워"했다고 되어 있다(요 9:22). 부모 자신도 유대인이면서 유대인들을 두려워했단 말인가? 요한복음 19장에는 유대 지도자였던 아리마대 사람 요셉이 "유대인이 두려워" 비밀리에 예수를 따랐다는 기록이 있다(요 19:38). 이런 정황들을 보더라도 '유대인'은 그냥 일반적인 유대 사람이 아니라 예수를 대적했던 유대 지도자들을 말하는 것임을 짐작할 수 있다. 물론 예수와 제자들도 유대인이었으므로 예수를 대적했던 '유대인들'은 그의 언행을 싫어했던 특정 집단을 일컫는다.

주요 성경 번역본들(예: NRSV, NASB, NKJV, ESV)이 '우다이오이'를 '유대인들'로 번역했지만 좀 더 관용적인 번역본에서는 문맥에 따라 다른 표현을 사용하기도 했다. 예를 들어 NIV 성경은 요한복음 7장 13절에서 예루살렘 사람들이 '유대인'을 무서워한 게 아니라 '지도자들'을 무서워했다고 번역했다. 또한 치유 받은 맹인의 부모 역시 단순히 '유대인'을 두려워한 게 아니라 '유대의 지도자들'을 두려워했다고 구체적으로 번역했다(NIV, NLT, NET). 아리마대 사람 요셉이 비밀리에 예수를 믿었던 이유도 '유대 지도자들'을 두려워했기 때문이라고 했다(NIV, NLT, NET). 물론 다른 본문에서는 "유대인의 유월절"이라든가(요 2:13; 6:4; 11:55), 우물가 사마리아 여인에게 "구원이 유대인에게서 남이라"고 했던 것처럼 일반적인 '유대인들'을 의미하기도 했다(요 4:22).

요한은 반유대주의자인가? 요한복음의 저술 시기와 상황. 요한은 같은 헬라어를 두 가지 뜻으로 사용했는데 일반적인 유대인을 그냥 유대인이라고 지칭했고 종교 지도자들을 의미할 때도 유대인이라는 단어를 사용했다. 문제는 그가 왜 예수의 대적들을 말할 때 굳이 '유대인'이라는 용어를 사용했는가 하는 점이다. 그 이유가 특히 궁금한 이유는 다른 공관복음에서는 그렇게 하지 않았기 때문이다. 한 가지 확실한 건 요한복음이 다른 복음서들과 다른 시대, 다른 상황에서 기록되었다는 점이고 그렇다면 그 사실이 결정적 요인으로 작용했을 가능성이 높다고 볼 수 있다.

요한복음은 유대인과 그리스도인들이 갈라져서 기독교를 완전히 다른 종교로 인식하게 되었던 1세기 말에 쓰인 복음서다. 초기 그리스도인들은 그저 예수의 '도the Way'를 따랐을 뿐 새로운 종교를 창시할 생각이 전혀 없었다. 그들의 신앙이 유대교의 완성이고 자신들은 유대 메시아의 제자들이라고 봤다. 유대인과 이방인들이 섞여 있었던 초대 교회들도 말세의 하나님 백성으로서 구약(히브리어 성경)을 그들의 성서로 삼았다.

그러나 요한이 복음서를 기록할 즈음에는 교회와 회당 간의 골이 돌이킬 수 없을 만큼 깊어져서 별개의 종교로 빠르게 분리되고 있었다. 한때는 두 무리의 유대인들, 즉 예수가 메시아임을 믿는 유대인과 그렇지 않은 유대인들이 충돌했지만, 이제는 '유대인'과 '그리스도인들'이 마찰을 빚고 있었다. 다른 공관복음서처럼 요한복음도 바리새인들을 예수의 대적으로 표현했지만 그들을 그저 '유대인들'이라고 칭할 때가 더 많았다. 그렇게 자기 시대 상황이 투영된 언어로 예수 시대의 정황들을 묘사한 것이다.

시대착오적 '반유대주의'. 자, 그럼 네 번째 복음서의 저자는 예수의 대적들을 '유대인들'이라고 함으로써 반유대 정서를 표출한 것일까? 요한복음 어디를 보나 예수는 항상 그 '유대인들'과 부딪친 걸 볼 수 있다. 그들은 자기들이 아브라함의 자손이라고 생각했지만 예수는 그들이 마귀의 자식이고 거짓말쟁이이며 살인자라고 하셨다(요 8:31-47). '유대인들은' 자기들이 본다고 했지만 사실은 맹인이었고(요 9:41), 하나님의 양들을 쳐야 할 목자라는 자들이 실은 도둑에, 강도에, 삯꾼이라서 위험이 오면 제일 먼저 달아난다고 책망했다(요 10:8-13).

요한복음의 저자와 그가 속한 공동체가 더 큰 유대인 공동체와 반목했던 건 사실이지만 그렇다고 모든 걸 통틀어서 반유대주의 딱지를 붙이는 건 과한 일이다. 반유대주의란 사회에서 열등하게 취급되는 소수 집단에 대한 편견과 반감을 의미한다. 요한이 살던 시대의 그리스도인들과 유대인들은 둘 다 소수 집단이었고 적대적인 그리스 로마 문화권에서 살아남기 위해 발버둥 쳤으며 누구든 자기편을 만들려고 애쓰던 사람들이었다. 그런데도 서로가 앙숙이었던 이유는 각각 자신들이 이스라엘의 하나님을 믿는 진정한 성도들이라 믿었고 구약 말씀이 자신들을 위한 말씀이라고 생각했기 때문이었다. 그들은 로마제국 전역에 있던 도시에서 자신들을 돕고 옹호해주는 이방인 후원자들을 확보하려고 경쟁했다.

사도행전에서 보듯이 바울과 선교사들이 여러 도시를 순회하며 회당에서 그리스도의 복음을 전했을 때도 그런 상황으로 인해 두 집단 간의 물리적 충돌이 일어나곤 했다. 복음을 믿는 유대인은 소수였지만 '하나님을 경외하는' 이방인들은 많은 사람이 복음을 받아들였고 이런 사실이 유대인들의 반감을 부채질했다. 기독교 선교사들이 회당 후원자들을 자기편으로 끌어들이고 있었기 때문이었다. 그로 인해 바울은 고소를 당해 재판을 받기도 했고 마을에서 강제로 쫓겨나기도 했다.[4] 바울 서신에 보면 그가 다섯 번이나 '유대인들'로부터 채찍 40대의 태형을 받았다고 한다(고후 11:24). 틀림없이 바울의 사역을 못마땅하게 여긴 회당 지도자들의 소행이었을 것이다.

유대인들의 처지에서 볼 때 바울은 자기 백성을 잘못된 길로 인도하는 거짓 선지자였고 후원자와 개종자를 훔쳐 가는 양 도둑이었다. 따라서 양들을 지키려는 투철한 사명 의식이 발동될 수밖에 없었을 것이다. 요즘으로 치면 이런 가정을 해 볼 수 있다. 자, 기독교에서 파생된 어느 이단 단체가 당신 동네로 이사 와서 당신 교회의 교인들을 한 명씩 빼 간다고 생각해보라. 그들은 자신들만이 진정한 하나님의 백성이라고 주장하지만 당신 처지에서 보면 그들은 한낱 사교 집단에 불과할 뿐이다. 그렇다면 교회 지도자들이 온 힘을 다해 그들을 저지하고 쫓아내려 애쓰지 않겠는가?

소수의 그리스도인 유대인들과 다수의 유대인 간의 충돌을 단순히 반유대주의 때문이었다고 보기엔 문제가 있다. 그보다는 유대교 안에서 두 개의 종파가 자신들만이 정통임을 주장하며 살인도 불사할 만큼 강력하게 대립했다는 게 더 정확한 설명일 것이다.

로마 제국에서 유대인과 그리스도인들이 부딪쳤다는 증거는 기독교 초기 역사 기록에서도 찾아볼 수 있다. 로마 역사가 수에토니우스Suetonius는 120년경에 "계속해서 크레스투스를 선전하여 교란하였으므로"[5] 클라우디우스Claudius 황제가 유대인들을 로마에서 추방했다고 말했다. 이 사건은 사도행전 18장 2절에도 기록되어 있다. 수에토니우스가 말한 '크레스투스Chrestus'는 아마도 헬라어 '크리스토스Christos, 그리스도'의 철자법 오류가 아닐까 학자들은 추정하고 있다. 그는 결국에는 '크레스투스'라는 자가 이 사교 집단의 우두머리일 거로 생각했을 것이다. 실제로 로마에 사는 유대인들과 유대 그리스도인들은 예수가 정말로 '그리스도(메시아)'인가를 놓고 치열한 공방을 벌였다. 그리고 두 집단 간에 무력충돌이 계속되자 보다 못한 클라우디우스 황제가 로마에 사는 유대인들을 전부 추방해버렸다. 신앙의 차이를 모르니까 그냥 모든 유대인을 쫓아낸 것이다.

결론 : 성경의 문맥을 파악하며 읽으라

요한복음에 기록된 예수와 '유대인들' 간의 싸움은, 성경(과 모든 문학작품)을 읽을 때 그것이 쓰인 시대 상황을 함께 고려해야 한다는 사실을 깨닫게 해 준다. 요한복음은 반유대주의가 아니라 기독교가 태동하던 시기의 혼란한 상황을 엿보게 해 주는 기록이다. 나아가 예수의 말씀과 초대교회가 어떤 배경과 상황에서 비롯되고 시작된 것인지를 알아야 한다는 사실도 상기해 준다.

나쁜 예수
그 오해와 진실

1.
교회 역사 속에서 반유대주의는
어떤 식으로 표출되었는가?

2.
예수가 반유대주의자였는지 묻는 게
시대착오적인 이유는 무엇인가?

10

예수는 반(反) 유대주의자였는가?

3·

예수는 왜 당대의 종교 지도자들을 비난했는가?

4·

요한복음에서 "유대인들"이라는 용어는 어떤 사실과 연관이 있는가?

5·

예수의 제자들은 새로운 종교를 창시하려고 했는가? 자세히 설명해보라.

6·

초기 그리스도인들은 무엇을 하려고 했는가?

7·

오늘날의 그리스도인들은 유대교인들을 어떻게 대해야 한다고 생각하는가?

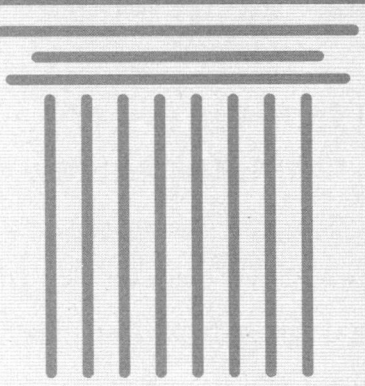

11 실패한 선지자인가 승리한 왕인가?

말세를 잘못 짚은 종말론자일까?

"세상의 종말이 다가왔다!" 과거로부터 지금까지 수많은 사람이 세상의 종말을 부르짖었다. 1800년대 초에는 윌리엄 밀러William Miller라는 영국인 전도자 겸 자칭 예언자가 나름의 성경 해석 방식을 들고나와 자기는 예수의 재림과 종말 시기를 맞출 수 있다고 장담했다. 많은 사람이 그를 추종했고 그들에게 '밀러족Millerites'이라는 별칭까지 붙여주었다. 처음에 그는 1843년 3월 21일에서 1844년 3월 21일 사이에 예수가 재림한다고 했다. 하지만 그 예언이 불발로 끝나자 곧바로 성경해석 방식을 바꾸어서 1844년 10월 22일을 새로운 재림의 날로 잡았다. 일부 추종자들은 가진 재산을 전부 팔고서 예수의 재림을 기다렸다. 하지만 예정된 날이 되어도 아무 일이 일어나지 않자 결국 그들의 믿음은 증발해버렸다. 역사에서는 이날을 "대실망의 날The Great Disappointment"이라고 부른다.[1]

윌리엄 밀러만이 종말을 예언한 게 아니었다. 거의 시대마다 말세의 현자들이 나타났다.[2] 쿰란의 에세네파 신도들을 예로 들어보자. 이들은 사해 문서(히브리 성서를 포함한 900여 편의 다양한 종교적인 문서들로 1947년에서 1956년경까지 사해 서쪽 와디 쿰란 주변 11개의 동굴들에서 발견됨-역주)를 만든 유대교의 한 분파로서 유대 사막에서 사회와 격리된 생활을 하며 메시아가 나타나 로마군을 물리쳐주길 고대하고 있었다. 심지어 '전쟁 성서The war scroll'라는 문서에는 전쟁에 임할 때의 군사 대형까지 세밀하게 짜여 있었다. 또한 2세기 소아시아에는 기독교에서 파생된 '몬타누스파Montanus'라는 분파가 있었다. 창시자 몬타누스의 이름을 딴 이 분파는 예수가 곧 브루기아Phrygia로 재림할 것이며 그곳에 새 예루살렘을 건설할 것이라고 했다. 로마의 히폴리토스Hipolytus, AD 170-235 똑똑하게 연도까지 정확히 계산해서 AD 500년에 예수가 재림한다고 말했다.

현대로 들어서면 그의 재림을 여러 번 예언했던 '여호와의 증인'을 빼놓을 수 없다. 처음에는 1914년이라고 했다가 그 뒤에는 1915년, 1918년, 1920년, 1925년, 1941년, 1975년, 1994년으로 계속 말을 바꿨다. 그러더니 급기야 예수가 사실은 1914년에 재림했지만, 비밀리에 했다고 둘러댔다(그런 말은 누군들 못하겠는가?). 몇 해 전에는 전도자이자 라디오 진행자인 해럴드 캠핑Harold Camping이 자기 계산에 의하면 예수가 2011년 5월 21일에 온다고 말했다가 망신을 당하기도 했다. 그는 '패밀리 라디오Family Radio'를 운영하고 있었는데 자신의 막대한 재산을 털어 미국 전역에 '5월 21일, 심판의 날'이라는 광고를 냈지만 역시 이번에도 허풍과 자작극으로 끝나고 말았다.

그다음 해에도 종말 열풍은 사그라지지 않았다. 이번에는 기독교인이 아닌 마야인이 주인공이었다. 알다시피 고대 마야의 '장기 달력long calender'은 세계의 종말을 예견하듯 2012년 12월 21일로 끝이 난다. 그로 인해 신이 난 건 전문가와 만화가들이었다. 내가 좋아하는 어느 만화에는 마야인이 술집에 앉아 우울한 표정을 짓고 있는데 술집 주인이 그를 위로한답시고 "힘내세요, 세상이 끝난 게 아니잖아요."라고 말하는 장면이 나온다. 그렇다. 세상이 끝나려면 조금 더 기다려야 할 것 같다. 마야 문명을 연구한 전문가들은 그것이 종말을 예언한 게 아니라 하나의 달력 주기가 끝나고 다른 주기가 시작된다는 표시일 뿐이라고 말한다.

우리는 종말 예언가들을 약간 비정상이라고 생각한다. 그도 그럴 것이 왕방울만 한 눈에 덥수룩한 수염을 하고 "세상의 종말이 다가왔습니다!"라고 광고하는 사람들을 보면 확실히 뭔가 기괴하게 느껴지는 게 사실이다. 어찌어찌 그런 자들을 따르는 충성된(혹은 어수룩한) 추종자들이 생겨나도 대개는 소리소문없이 해체되거나 예언이 안 맞았을 때 또 다른 헛소리에 또 다른 바보들이 속아 넘어가곤 한다.

아, 그런데 여기서 잠깐! 예수의 입에서도 비슷한 말이 나왔던 것 같지 않은가? 예수도 곧 세상의 종말이 온다고 말하지 않았던가? 하나님의 나라(천국)가 가까이 왔다고 선포했고(막 1:14-15; 마 4:17) 이 세대가 가기 전에 인자가 하늘에서 구름을 타고 내려오겠다고 하지 않았던가?(막 13:26-30//마 24:30-34//눅 21:27-32)? 그때 해와 달이 빛을 잃고 어두워질 것이며(막 13:24-25//마 24:29) 지금 자신과 함께 있는 사람 중에는 죽기 전에 하나님 나라가 권능으로 임하는 걸 볼 자도 있다고 하지 않았던가?(막 9:1//마 19:28//눅 9:27). 예수의 제자들은 그들 생전에 그가 다시 올 거라고 믿었다(살전 4:16-17). 그럼 예수도 다른 미치광이 예언자들처럼 날짜를 잘못 짚은 실패한 예언자란 말인가?

지금까지 나는 이 책에서 예수의 이해 못 할 말씀과 행동들 몇 가지를 주의 깊게 살펴보았다. 그러나 학자들은 심지어 매우 진보적인 학자라도 예수가 전쟁선동가라거나, 혐오주의자, 율법주의자, 민족주의자, 여성 혐오자, 반유대주의자, 미치광이였다고 보는 사람은 거의 없다. 물론 그렇다고 해서 그를 하나님의 아들이라거나 세상의 구주로 보지도 않는다. 그들이 볼 때 역사 속의 예수는 종말(하나님 나라)이 가까워져 온 상황에서 이스라엘이 회개하기를 바랐던 유대인 선지자였다. 그러다가 하나님의 최종 구원이 이루어지기 전에 당시 정권에 의해 안타깝게 희생된 비극의 주인공일 뿐이다. 예루살렘 성전에서의 다소 난폭했던 행동 때문에 로마 군인들에게 체포되어 재판을 받고 십자가형을 당함으로써 예수의 생애는 막을 내렸다는 것이다. 요컨대 예수라는 역사 속 인물은 과거의 비슷한 예언가들처럼 실패한 종말론 선지자였다는 게 학자들이 내린 결론이다.

The Quest of the Historical Jesus(역사 속 예수에 대한 탐구)라는 책에서 알베르트 슈바이처Albert Schweitzer, 1875-1965 박사는 예수가 세상 끝 날을 예견했던 종말론적 선지자 중 한 사람이었다고 했다. 처음에는 예수가 자신을 메시아라고 생각하지 않았고 하나님이 다니엘서 예언대로 "인자"라는 천국 메시아를 곧 보낼 것이라 믿었다. 그런데 그 인자가 오지를 않자 예수가 생각을 바꾸고 자신이 인자가 되어야겠다고 결심한다. 그 후 예루살렘으로 가서 종교 지도자들의 권위에 대항하고 하나님이 그를 위해 역사를 일으키길 바랐다는 것이다. 여기 슈바이처 박사의 예수론을 들여다보자.

> 예수는 … 그가 세상에 올 '인자'라는 사실을 알았을 때 세상의 운전석에 앉아 앞으로 나아가게 했고 마지막 혁명으로 모든 평범한 역사를 종결지으려 했다. 그러나 세상이라는 바퀴가 움직이려 하지 않자 자기 자신을 그 위에 내던졌고 드디어 움직였을 때는 그를 치어 압사시켰다. 종말론적 상황을 만드는 대신에 상황을 망쳐버린 것이다. 그래도 바퀴는 계속 굴러갔다. 자신을 인류의 영적 지도자라고 생각할 만큼, 그리고 역사를 자기 목적대로 구부릴 만큼 확신에 차 있었던 상상 초월의 위대한 인간은 파괴되어 그 시신이 바퀴에 여전히 매달려 있다. 이것이 그의 승리이고 그의 통치다.[3]

슈바이처 박사는 예수가 한 사람의 지도자로서 위대했다는 사실을 인정했지만 헛된 꿈과 야망으로 결국 비극의 주인공이 되었다고 봤다. 이런 시각에 전적으로 동의하는 학자는 별로 없지만, 예수를 종말론적 선지자로 생각하는 면에서는 대부분이 의견을 같이한다. 바트 어만Bart Ehrman이라는 학자도 슈바이처와 마찬가지로 예수를 실패한 종말론자로 여겼다.

> 역사 속의 예수는 자신의 신성을 강조하지도 않았고 훗날 사도신경이 될 기독교 교리를 제자들에게 가르치지도 않았다. 그의 관심사는 1세기 유대의 종말론자들이 갖고 있었던 것과 동일했고 세상의 종말이 자기 시대에 올 것이라고 믿었다. 가까운 시일 내에 하나님이 우주의 심판관을 내려보내서 이 세상의 모든 잘못을 바로잡을 것이다. 그리고 하나님과 그분의 백성을 억압하는 자들과 악인들을 응징해서 완벽한 하나님의 왕국을 이루고 더 이상의 증오, 전쟁, 질병, 재앙, 절망, 죄, 사망이 없게 할 거라고 확신했다. 이런 심판의 날이 코앞으로 다가왔기에 그는 사람들에게 회개하라고 외쳤다.[4]

어만의 주장에 따르면, 모든 게 예수의 뜻대로 이루어지지 않자 그는 예루살렘 성전에 들어가 일대 소동을 일으킴으로 일종의 세력 과시를 하려고 했다. 그러나 로마군에게 체포되어 빌라도에게 넘겨졌고 결국은 빌라도에 의해 사형이 선고되었다고 한다.

그럼 진짜로 예수는 실패한 예언자였는가, 아니면 이스라엘의 메시아, 혹은 세상의 구원자였는가? 예수의 죽음은 로마 군인들의 일상이었던 한낱 가혹행위의 결과에 불과했던 걸까, 아니면 세상 죄를 사하고 구원받은 새 세상을 열기 위한 대속의 희생이었을까? 사실 이 두 가지는 하늘과 땅만큼이나 엄청난 차이를 갖고 있다. 만일 하나님 나라에 대한 예수의 기대가 잘못이었고 그의 생애 목표가 실패로 끝난 것이었다면 예수는 일생일대의 끔찍한 실수를 저지른 것이다. 따라서 이 문제를 제대로 파악하기 위해서는 앞서 잠깐 이야기한 두 개의 핵심 질문부터 되짚어볼 필요가 있다. 하나는 '하나님의 나라가 대체 무엇인가?'이고 또 하나는 '예수는 그 나라가 어떻게 임하기를 바라셨는가?'이다.

하나님의 나라는 무엇인가?

예수의 핵심 설교가 '하나님 나라'였다는 사실에는 아무도 이의를 달지 않는다(막 1:14-15). 그럼 그 나라는 대체 어떤 나라인가? 요점만 말하자면, 하나님의 나라는 하나님의 권세와 통치, 온 우주를 다스리는 하나님의 왕권이 역사하는 나라를 말한다. 그는 영원부터 영원까지 모든 것을 다스리는 전능한 하나님이다. "주의 나라는 영원한 나라이니 주의 통치는 대대에 이르리이다"(시 145:13). 이사야 37장 16절도 비슷한 얘기를 한다. "그룹 사이에 계신 이스라엘 하나님 만군의 여호와여 주는 천하만국에 유일하신 하나님이시라 주께서 천지를 만드셨나이다".

그러나 조금만 세상을 둘러보면 하나님 나라가 많이 훼손되었다는 걸 금방 알아챌 수 있다. 이 세상은 완벽한 곳과는 거리가 멀다. 온갖 악과 증오와 살인과 죽음과 재앙이 어디에나 만연해있다. 성경은 이것이 인류의 죄 때문이라고 설명한다. 인간이 하나님의 통치를 거부했기에 그와의 관계가 단절되고 세상 만물이 타락의 상태로 전락했다는 것이다. 따라서 인류를 다시 하나님과 화목하게 하고 그의 통치와 왕국을 회복하는 것이 성경 전체를 관통하는 핵심주제라고 할 수 있다. 구약의 선지자들은 하나님 나라가 언젠가 하늘에서와같이 땅에서도 실현될 것이라고 내다봤다.

> 이는 만군의 여호와께서 시온 산과 예루살렘에서 왕이 되시고
> 그 장로들 앞에서 영광을 나타내실 것임이라(사 24:23)

'하나님의 나라가 가까이 왔다'는 예수의 말씀은 바로 이 종말(세상 끝날)의 나라가 가까웠다는 뜻이었다. 그럼 이 나라는 어떤 형태를 취할 것이며 어떤 식으로 이루어질 것인가?

하나님 나라는 언제, 어떤 식으로 이루어질까?

예수는 대홍수 같은 천재지변이 일어나 하나님의 나라가 세워질 거라고 기대했다는 게 학자들의 추측이다. 물론 그런 일은 일어나지 않았고 예수의 기대는 빗나갔다고 말할 수 있겠다. 하지만 그의 언행을 자세히 살펴보면 하나님 나라에 대한 예수의 생각이 그렇게 단순하지 않다는 것을 알 수 있다. 신약에 기록된 예수의 가르침에는 하나님 나라의 도래가 다음과 같은 사건들과 밀접하게 연결되어 있음을 보게 된다.

(1) 예수의 가르침과 기적
(2) 예수의 십자가 위에서의 희생적 죽음
(3) 말세 부활의 시작인 예수의 부활
(4) 하나님 보좌 우편으로의 승천과 성령 강림
(5) 세계 복음화
(6) 성전의 파괴와 구약 시대 제사 제도의 폐지

(7) 하나님 나라를 완성하기 위한 인자의 재림

요컨대 하나님 나라는 예수의 생애와 죽음과 부활과 승천과 영광스러운 재림을 통해 이루어지는 것이다. 그럼 이제 위의 사건들을 하나하나씩 간략하게 살펴보도록 하자.

예수의 치유와 귀신 쫓는 역사를 통해 이루어짐. 앞서 2장에서도 말했듯이 예수가 갖고 있던 하나님 나라 개념은 가르침을 동반한 그의 기적들에 잘 드러나 있다. 예수는 병자들을 고쳐주었고, 귀신을 쫓아내주었으며, 죽은 자를 살렸고, 자연 현상까지 지배했다. 이중 어떤 것도 로마의 패망하고는 관련성이 없었고 그보다 더 높고 숭고한 것, 즉 타락한 피조물의 궁극적인 회복을 가리키고 있었다.

귀신들이 쫓겨나는 것은 사탄이 완전히 무릎 꿇는 최종 패배를 보여주는 거라고 예수는 말했다(눅 10:17-18). 귀신들을 쫓아냈다는 건 사탄의 왕국에 침범하여 갇힌 자들을 구출하고 하나님 나라로 들어가게 함을 의미했다. "내가 하나님의 성령을 힘입어 귀신을 쫓아내는 것이면 하나님의 나라가 이미 너희에게 임하였느니라"(마 12:28//눅 11:20).

예수의 병 고침도 앞으로 피조물이 회복될 거라는 가시적인 증거였다. 사도 요한이 자기 제자들을 보내 "오실 그이(메시아)"가 맞느냐고 묻자 예수는 자신의 가르침과 기적들을 보라고 말했다. "맹인이 보며 못 걷는 사람이 걸으며 나병 환자가 깨끗함을 받으며 귀먹은 사람이 들으며 죽은 자가 살아나며 가난한 자에게 복음이 전파된다 하라"(눅 7:22//마 11:5). 사실, 이 대답은 마지막에 세상이 어떻게 회복될지에 대한 이사야서의 예언들을 암시하고 있었다(사 26:19; 29:18-21; 35:5-6; 61:1).

이로써 예수는 자신의 사역을 로마에 대항하는 혁명이라거나 유대교

내에서의 개혁 운동으로 보지 않았다는 걸 알 수 있다. 이사야서의 종말론적 구원을 언급함으로써 자신을 통해 세상이 새롭게 되고 구원받게 되는 하나님의 계획이 시작되었음을 인정했다. 그럼 이사야가 예언했던 말세의 모습이 어떤 것인지 직접 확인해보자.

> 그 때에 맹인의 눈이 밝을 것이며
> 못 듣는 사람의 귀가 열릴 것이며
> 그 때에 저는 자는 사슴 같이 뛸 것이며
> 말 못하는 자의 혀는 노래하리니
> 이는 광야에서 물이 솟겠고
> 사막에서 시내가 흐를 것임이라(사 35:5-6)

> 그 때에 이리가 어린 양과 함께 살며
> 표범이 어린 염소와 함께 누우며
> 송아지와 어린 사자와 살진 짐승이 함께 있어
> 어린 아이에게 끌리며 …
> 내 거룩한 산 모든 곳에서
> 해 됨도 없고 상함도 없을 것이니
> 이는 물이 바다를 덮음 같이
> 여호와를 아는 지식이 세상에 충만할 것임이니라(사 11:6,9)

> 또 이 산에서 모든 민족의 얼굴을 가린 가리개와
> 열방 위에 덮인 덮개를 제하시며

사망을 영원히 멸하실 것이라

주 여호와께서 모든 얼굴에서 눈물을 씻기시며(사 25:7-8)

살인도 없고, 슬픔도 없고, 질병도 없고, 사망도 없는 곳…. 누구나 하나님을 잘 아는 곳…. 이거야말로 완벽한 에덴으로의 회귀가 아닌가! 예수가 이사야 35장 5~6절로 자신의 기적을 설명했을 때 바로 이 종말론적 회복의 비전이 날개를 펴고 있었다. 예수에게 하나님 나라는 인류와 피조물이 다시 한번 하나님의 통치 아래 조화를 이루며 사는 것을 의미했다.

그러면 예수는 그 계획을 어떻게 이루었을까? 당시 사람들은 용맹한 전사 메시아가 나타나서 로마 군대를 물리쳐주길 원했다. 하지만 예수는 계속해서 자기 죽음만을 이야기했다.

세상 죄를 대속하는 예수의 죽음을 통해 이루어짐. 베드로의 고백 이후에 예수의 사역은 결정적인 전환점을 맞이했다(막 8:27-30//마 16:13-20//눅 9:18-21). 그는 지속해서 자기 죽음을 예고하고 있었다. "인자가 많은 고난을 받고 장로들과 대제사장들과 서기관들에게 버린 바 되어 죽임을 당하고 사흘 만에 살아나야 할 것을 비로소 그들에게 가르치시되"(막 8:31; 막 9:31; 10:33).

어떤 학자들은 이 '죽음의 예고들'이 훗날 초대 교회에서 지어낸 것이라고 이야기한다. 예수의 죽음에 의미를 부여하기 위해 나중에 이런 내용을 삽입했다는 것이다. 여기에는 예수가 자기 죽음을 미리 알 수 없었다는 전제가 들어간다. 하지만 그런 인간적 관점에서 이 문제를 본다고 해도 예수가 자기 죽음을 미리 알았고, 심지어 죽을 각오를 하고 예루살렘에 올라왔음을 말해주는 성경의 엄연한 증거들을 무시할 수가 없다.

첫째로, 예수는 종교 지도자들의 지속적인 비난과 공격을 받았다. 거짓 선지자, 안식일을 어기는 자, 사탄의 힘으로 귀신을 쫓아내는 자, 하나님을 모독하는 자라는 비난이 끊임없이 예수를 향해 날아들었다.[5] 유대교에서는 이 모든 게 사형감이었다. 따라서 그는 자신의 목숨이 위태롭다는 걸 분명히 알고 있었을 것이다. 둘째로, 예수는 선지자들의 고난을 계속 언급했고 자신도 그들 중의 하나라고 말했다.[6] 자신의 고향인 나사렛에서는 "선지자가 고향에서는 환영을 받는 자가 없느니라"고 했다(눅 4:24). 또한 예루살렘으로 가려는 것이 선지자로서의 임무를 수행하려는 의도라고 했다. "오늘과 내일과 모레는 내가 갈 길을 가야 하리니 선지자가 예루살렘 밖에서는 죽는 법이 없느니라"(눅 13:33). 초대교회 교인들은 예수를 메시아, 주님, 하나님의 아들이라고 높여 불렀기 때문에 여기 말씀처럼 그를 '선지자'로 언급할 가능성은 매우 낮다. 그러므로 죽음을 예고한 말씀들이 훗날 교회에서 지어낸 것이라고 보기에는 무리한 면이 있다. 분명히 예수는 자기 죽음을 인지하고서 예루살렘으로 갔을 것이다.

그럼 다가올 죽음은 그에게 어떤 의미였을까? 그저 순교자로서 예루살렘에 가서 죽으려고 했던 걸까, 아니면 그 이상의 다른 뜻이 있었던 걸까? 예수는 아주 특별한 상황에서만 자기 죽음의 의미를 밝혀주었는데 그중에서 가장 눈여겨봐야 할 상황은 최후의 만찬이다.

오늘날 어떤 학자건 간에 예수가 제자들과 함께 마지막 만찬을 먹었다는 데에는 의문을 품지 않는다. 그 의식은 예수가 승천한 뒤에도 교회들이 그대로 계승해오고 있다. 세 개의 공관복음이 당시의 상황을 자세히 기록했고 사도 바울도 고린도전서 11장에서 그 의미를 깊이 조명하고 있다. 고린도전서는 기원후 50년 중반에 쓰인 서신인데 성찬의 전통을 앞선 선배들로부터 물려받았다고 바울은 말하고 있다(고전 11:23). 따라서 우리가 하는 성찬은 예수 시대로 거슬러 올라가는 정말 오래된 전통이라고 할 수 있다.

그럼 그 자리에서 예수는 뭐라고 말했는가? 우리가 예수의 종말론적 말씀이라고 하는 것들은 출처에 따라 약간 다르게 기록되어 있다. 마태복음과 마가복음의 말씀이 비슷하고 누가복음과 바울서신의 말씀이 서로 비슷하다. 마태복음과 마가복음에서 예수는 떡을 떼신 후에 "받으라 이것은 내 몸이니라"고 말했다(막 14:22; 마 26:26). 그런 다음 포도주잔을 마시고 "이것은 많은 사람을 위하여 흘리는 나의 피 곧 언약의 피니라"고 했다(막 14:24). 마태복음에는 "죄 사함을 얻게 하려고"라는 말이 덧붙여져 있다(마 26:28). 누가와 바울은 예수가 떡을 나눠주고 나서 "이것은 너희를 위하여 주는 내 몸이니라 너희가 이를 행하여 나를 기념하라"고 했다고 했으며 포도주잔을 마시고는 "이 잔은 내 피로 세우는 새 언약이니 곧 너희를 위하여 붓는 것이라"고 말했다고 적었다(눅 22:19-20; 고전 11:24-25).

표현과 내용은 조금씩 달라도 핵심은 한 가지다. 예수는 다른 사람들을 위해 이제 곧 죽을 거라고 말했다. 자신이 피를 흘림으로써 하나님과의 새 언약이 맺어질 것이라고 했다. 마태와 마가복음의 "많은 사람"이라는 표현은 이사야 53장의 고난 받는 종을 연상시킨다. "나의 의로운 종이 자기 지식으로 많은 사람을 의롭게 하며 또 그들의 죄악을 친히 담당하리로다"(사 53:11). 또한 마가복음 10장 45절(마 20:28)에서 예수가 "인자가 온 것은 섬김을 받으려 함이 아니라 도리어 섬기려 하고 자기 목숨을 많은 사람의 대속물로 주려 함이니라"고 했던 말도 생각나게 한다.

예수가 자신을 이사야 53장의 고난 받는 종이라고 여겼는지 아닌지의 여부는 학자들 사이에서 여전히 쟁점이 되고 있다. 하지만 그 여부를 떠나 마지막 만찬에서 예수가 한 말은 대단히 심오한 의미를 지니고 있다. 유월절은 하나님이 애굽의 노예 생활에서 해방해주신 출애굽을 기념하는 국경일이었다. 이스라엘 백성을 시내 산으로 인도하신 하나님은 그곳에서 그들과 언약을 맺으셨고 피의 제사를 통해 언약이 체결되었다(출 19-20장).

그런데 이제 예수가 제자들과 함께 유월절을 기념하고 있다. 하지만 유월절의 상징과 의미들은 신기하게도 전혀 다른 차원으로 바뀌어있었다. 예수 자신의 몸과 피를 희생제물 삼아 새로운 출애굽의 구원과 새로운 언약의 체결이 이루어진 것이다. '새 언약'이라는 말은 누가복음 22장 20절과 고린도전서 11장 25절에서 사용되었다. 이는 하나님이 훗날 자기 백성과 새 언약을 맺고, 하나님을 아는 지식을 넣어주며, 그들의 가슴에 율법을 새기고 죄를 용서하겠다고 하셨던 예레미야서의 약속을 암시하고 있다(렘 31:31-34). 그것은 하나님 나라가 이루어질 것이라는 약속이었다.

참으로 놀라운 말씀이 아닌가! 예수는 단지 이스라엘 백성에게 죄를 회개하라거나 유월절을 위해 자신을 정결케 하라고 요구한 게 아니었다. 유월절의 의미를 통째로 바꾸어버린 것이다. 그건 완전한 갱신이자 성취였다! 약속된 새 언약을 통해 하나님의 최종 구원이 임했다는 놀라운 선포였다! 유월절을 만드신 분은 하나님이었지만 유월절의 목적을 달성하고 실현하게 한 분은 예수였다.

예수의 말씀을 전체 공생애 사역 틀에 끼워 맞추면 하나의 거대한 그림이 완성된다. 그는 하나님 나라를 선포하심으로 공생애를 시작했다. 병을 고치고 귀신을 쫓아낸 등의 기적들은 동정심에 의한 것이기도 했지만 더 정확히는 하나님 나라의 예고편 같은 것이었다. 사탄의 패배와 타락한 인류에 내린 저주를 풀고 만물을 회복시킨다는 예고편이었다.

그럼 어떤 식으로 그런 회복이 일어났을까? 갈릴리 전역에서 하나님 나라를 선포한 예수는 예루살렘으로 가기를 원했고 그곳에서 자신이 곧 속죄양으로 죽게 될 거라고 말했다(막 10:45//마 20:28). 마지막 만찬에서 한 성찬의 말씀에서 예수가 자기 죽음을 속죄 제사로 보고 있음을 확인할 수 있다. 그럼으로써 새 유월절과 새 출애굽의 시대가 열리고 하나님과 그의 백성 간에 새 언약이 맺어진다는 사실을 인증해주고 있다.

예수의 죽음으로 하나님 나라 건설이 무산된 것으로 보았던 회의론자들과 달리 예수는 자기 죽음으로 하나님 나라가 건설되었다고 했다.

물론 예수가 하나님이 베푸시는 구원의 대리인이라고 주장하는 것과 실제로 그 일을 하는 것은 별개의 문제다. 우리가 아는 것처럼 과거 이스라엘에는 자신이 구원자라고 주장하며 나라를 구하겠다고 나선 사람들이 있었지만 결국 그들은 아무것도 아니었다(행 5:36-38 참조). 예수는 자신이 고난을 받은 뒤에 하나님이 혐의를 풀어주시고 다시 살려주실 것이라고 말했다. 부활은 하나님 나라 건설의 세 번째 단계이다.

최종 부활의 '첫 열매'인 예수의 부활을 통해 이루어짐. 구약에는 하나님과 함께 살아가는 영원한 삶과 사망을 이기는 최종 승리를 암시하는 말씀이 있으나 부활의 신학은 아직 확실하게 정립되어 있지 않았다.[7] 오직 다니엘 12장만이 부활을 명확하게 묘사했다.

> 그 때에 네 백성 중 책에 기록된 모든 자가 구원을 받을 것이라 땅의 티끌 가운데에서 자는 자 중에서 많은 사람이 깨어나 영생을 받는 자도 있겠고 수치를 당하여서 영원히 부끄러움을 당할 자도 있을 것이며 지혜 있는 자는 궁창의 빛과 같이 빛날 것이요 많은 사람을 옳은 데로 돌아오게 한 자는 별과 같이 영원토록 빛나리라(단 12:1-3)

유대인들은 부활이 그 시대에 일어날 것으로 생각하지 않았다는 걸 염두에 둘 필요가 있다. 그들은 세상 끝 날에 그렇게 될 것이라고 믿었다. 즉, 마지막 심판과 하나님 나라 건설이 서로 맞물려 있었다.

그렇기에 예수의 부활은 단순히 범죄 혐의를 벗는 것 이상의 의미를 지니고 있었다. 내가 말한 것처럼 예수가 자기 죽음을 하나님 나라의 시작이자 새 언약의 체결로 봤다면 자신의 부활은 분명 하나님 백성이 부활하는 말세 부활의 시작으로 보았을 것이다. 그것은 육체의 소생이 아니라 영화롭게 된 새로운 존재로의 시작을 뜻했다. 그리고 하나님의 백성이 별과 같이 빛나면서 그와 함께 영원히 살아가는 것을 의미했다(단 12:3).

사도 바울은 예수가 완전히 새로운 존재로서 영광스러운 불멸의 몸으로 살아가는 게 곧 부활의 삶이라고 이해했다(고전 15:42-44). 그 영광스런 몸으로 "죽은 자들 가운데서 먼저 나신 이"가 되었고(골 1:18), 잠자는 자들의 "첫 열매"가 되었다(고전 15:20). 첫 수확이 끝난 후에 더 많은 수확이 기다리듯이 예수의 부활은 모든 성도의 최종 부활을 보증하는 출발점이었다. 즉, 그들 역시 불멸의 존재로 다시 살게 될 것을 보증하는 셈이었다(고전 15:50-56). 그런 면에서 예수의 부활이 하나님 나라의 문을 열었다고 볼 수 있다.

예수의 승천과 성령 강림을 통해 이루어짐. 예수의 부활과 결부된 것이 예수의 승천이다. 그는 하나님 보좌 오른편에 앉아서 성령을 보내 주었다. 구약의 예언자들은 하나님의 영이 부어질 때 구원의 시대(하나님 나라)가 열릴 것이라고 했다. 이사야 44장 3절은 종말의 상황 속에서 "나의 영을 네 자손에게 나의 복을 네 후손에게 부어 주리니"라고 했다(사 32:15, 렘 31:31-34, 겔 39:29). 오순절 날에 베드로는 요엘 2장 28~32절을 인용하며 성령 강림이 예언의 성취이자 종말의 시작이라고 말했다.

> 이는 곧 선지자 요엘을 통하여 말씀하신 것이니 일렀으되
> 하나님이 말씀하시기를 말세에 내가 내 영을 모든 육체에 부어 주리니
> 너희의 자녀들은 예언할 것이요 너희의 젊은이들은 환상을 보고
> 너희의 늙은이들은 꿈을 꾸리라
> 그 때에 내가 내 영을 내 남종과 여종들에게 부어 주리니
> 그들이 예언할 것이요
> 또 내가 위로 하늘에서는 기사를 아래로 땅에서는 징조를 베풀리니
> 곧 피와 불과 연기로다
> 주의 크고 영화로운 날이 이르기 전에 해가 변하여 어두워지고 달이 변하여 피가 되리라
> 누구든지 주의 이름을 부르는 자는 구원을 받으리라 하였느니라
>
> (행 2:16-21)

여기서 말하는 하늘의 징표들은 말세 문헌에 흔히 등장하는 장면들이므로 이것이 말세에 일어날 사건들임을 확인시켜 준다.[8] 그러나 베드로는 이 사건이 예수의 부활, 그리고 승천과 함께 실제로 일어났다고 이야기한다. 오순절 날 베드로가 했던 설교를 읽어보라. "하나님이 오른손으로 예수를 높이시매 그가 약속하신 성령을 아버지께 받아서 너희가 보고 듣는 이것을 부어 주셨느니라"(행 2:33). 하나님의 나라는 성령 강림을 통해 이루어지고 있었다.

예수의 승천으로 세워진 하나님 나라 역시 하나님 나라 건설과 인자의 '오심'이 밀접하게 연관되었음을 보여준다. 예수가 '인자'라는 명칭을 사용한 배경은 다니엘 7장 13~14절 말씀이다. 이 말씀에서 인자가 하늘의 구름을 타고 온다고 했다. 하지만 원래의 본문을 보면 인자는 이 땅으로 오지 않는다.

> 내가 또 밤 환상 중에 보니 인자 같은 이가 하늘 구름을 타고 와서 옛적부터 항상 계신 이에게 나아가 그 앞으로 인도되매 그에게 권세와 영광과 나라를 주고 모든 백성과 나라들과 다른 언어를 말하는 모든 자들이 그를 섬기게 하였으니 그의 권세는 소멸되지 아니하는 영원한 권세요 그의 나라는 멸망하지 아니할 것이니라(단 7:13-14)

이 말씀에서 인자의 오심은 이 세상이 아니라 하늘에 계신 하나님의 임재 앞이다. 그 앞에서 예수는 모든 권세와 권능을 부여받았다. 만일 예수가 언제 이 권세를 받았냐고 묻는다면 가장 정확한 대답은 그가 부활하고(마 28:18) 하나님 보좌 우편으로 승천했을 때라고 해야 할 것이다(행 2:32-36). 물론 예수의 두 번째 재림 때 이 모든 예언이 성취되고 하나님 나라가 완전히 세워지겠지만 첫 번째로 성취된 건 고난 후의 부활과 승천 때였다.

복음의 세계 전파를 통해서 이루어짐. 예수는 하나님 나라만 전파한 게 아니었다. 사도행전에 보면 사도들이 전한 복음이 '하나님 나라'의 전파였다고 거듭해서 표현했다. 빌립은 "하나님 나라와 및 예수 그리스도의 이름에 관하여"(행 8:12) 사마리아 사람들에게 전도했다. 바울은 선교 여행 동안 하나님 나라를 담대하게 외쳤다(행 19:8; 28:23). 선교가 절정에 이르렀을 때 가택연금을 당했지만 "하나님의 나라를 전파하며 주 예수 그리스도에 관한 모든 것을 담대하게 거침없이" 가르치는 일에는 변함이 없었다(행 28:31). 문맥상 여기에서의 하나님 나라는 메시아 예수의 생애와 죽음과 부활과 승천으로 말미암은 구원을 가리키고 있다.

이 사실은 구약의 소망과도 일맥상통한다. 이사야가 예언하길, 하나님은 말세에 메시아를 "이방의 빛으로 삼아 나의 구원을 베풀어서 땅끝까지 이르게 하리라"고 했다(사 49:6; 사 42:6). 이 약속이 이루어진 게 사도행전에서 초대교회가 헌신했던 세계 복음화다. 사도행전 1장 8절에서 예수는 제자들에게 자신의 증인이 되어 "예루살렘과 온 유대와 사마리아와 땅 끝까지 이르러" 복음을 전하라며 이사야서 49장 6절 말씀을 암시했다. 바울이 비시디아 안디옥 회당에서 설교할 때에도 똑같은 말씀을 인용해서 하나님이 이방인에게 복음을 전파하라고 했음을 역설했다(행 13:47). 야고보는 아모스 9장 11~12절을 근거로 예수가 "다윗의 무너진 장막을 다시 지으며 또 그 허물어진 것을 다시 지어 일으키리니 … 내 이름으로 일컬음을 받는 모든 이방인들로 주를 찾게 하려 함이라"고 했다(행 15:16-17). 복음이 세계로 전파되면서 하나님의 나라가 세워진 것이다.

　이 말씀은 또 하나의 중요한 사실도 증명해준다. 그것은 교회(현시대의 하나님 백성)가 곧 하나님 나라는 아니라는 것이다. 구원의 새 시대에 하나님의 통치가 이루어지도록 사용하는 매개체가 교회일 뿐이다. 누구든 회개하고 복음을 받아들이면 예수가 성취하신 구원을 얻게 된다. 그리고 하나님의 통치에 순복할 때 그의 나라에 들어가게 되는 것이다.

　구원의 완성인 예수의 재림을 통해 이루어짐. 말세의 하나님 나라가 예수의 생애와 죽음과 부활과 승천을 통해 이루어지긴 했어도 온전하게 완성되는 건 이 세상을 심판하기 위해 오시는 그의 재림 때다. 예수는 세상 끝날 인자가 천사들과 함께 와서 악을 행하는 모든 것들을 그의 왕국에서 제거하겠다고 말했다. "그 때에 의인들은 자기 아버지 나라에서 해와 같이 빛나리라"(마 13:40-43). 마태복음 16장 27절에서 예수는 "인자가 아버지의 영광으로 그 천사들과 함께 오리니 그 때에 각 사람이 행한 대로 갚으리라"고 했다(막 8:38//눅 9:26 참조). 이것이 마지막 심판이다(마 25:31-46). 신약 전체에서 예수의 '오심파로우지아, parousia'은 말세 예수의 재림과 연결되어 있다(살전 3:13; 약 5:7-8; 벧후 1:16; 요일 2:28).[9] 하나님 나라가 이 땅에 완전히 이루어질 때 마지막 재앙이 임할 것을 이 말씀들이 확실하게 보여주고 있다.

　예루살렘과 성전의 파괴를 통해 이루어짐. 하나님 나라의 도래를 이야기할 때 빼놓을 수 없는 사건이 하나 있다. 사실은 여기에 나열한 내용 중에 가장 논란이 되는 것이기도 하다. 감람산에서의 대화(막 13:1-37//마 24:1-51//눅 21:5-36) 중에 예수는 예루살렘의 멸망을 하나님 나라, 그리고 인자의 재림과 연관 지어 말했다. 거기에는 이유가 있었다. 예수의 희생적 죽음으로 새 언약이 맺어지면 더는 옛언약이 필요가 없게 된다. 히브리 기자의 표현대로 예수의 '영 단번'의 제사가 구 언약의 임시 제사를 대체했다(히 8-10장).

기원후 70년에 파괴된 예루살렘과 성전은 초기 그리스도인들에게는 두 가지 의미였다. 첫째로, 메시아를 외면한 이스라엘 지도자들에 대한 심판으로 여겨졌고, 둘째로 예수의 대속의 역사로 인해 구 언약의 제사 제도가 폐지되었다는 의미로 받아들여졌다. 구약의 제사 제도가 폐지되면 인자가 심판관으로 오실 것이고 하나님 나라가 이루어질 터였다.

요컨대 하나님 나라의 도래는 넓은 의미로 인류와 하나님 사이에 올바른 관계 정립을 뜻했다. 어느 한 가지 사건이 아니라 예수의 생애와 죽음과 부활과 승천과 재림의 모든 사건을 통해 하나님 나라는 임하게 된다. 공생애 동안 예수는 치유와 귀신이 쫓겨나는 것으로 하나님 나라가 임했다고 공언했다. 그것들은 피조물의 완전한 회복을 보증했다. 하나님 나라는 예수의 십자가 죽음을 통해서도 임했다. 그의 보혈이 새로운 유월절과 새로운 언약을 가능케 했다. 예수의 부활은 사망이 패배했다는 신호였고 그가 최종 부활의 첫 열매가 되었음을 의미했다. 그러기에 이 또한 하나님의 나라가 임하는 사건이었다. 하나님 나라는 또한 예수가 하나님 우편으로 승천하고 오순절에 성령을 부어짐으로써 이루어졌다. 그것은 말세에 성령이 오실 거라고 했던 오랜 예언의 성취였다. 아울러 전 세계에 복음이 점차 전파됨을 통해서도 하나님 나라가 이루어지고 있다. 기원후 70년에 예루살렘과 성전이 파괴된 것도 구약의 제사 제도가 폐지되고 율법이 성취되었음을 의미하는 사건으로 인식되었다. 마지막으로, 하나님 나라는 예수의 재림으로 이 땅에서 완벽하게 이루어질 것이다. "나라가 임하시오며 뜻이 하늘에서 이루어진 것 같이 땅에서도 이루어지이다"(마 6:10).

네 개의 모호한 말씀들

하나님 나라 도래에 관한 말씀들을 살펴보았다. 이제는 하나님 나라에 관해 예수가 잘못 알고 있었다고 말하는 네 개의 성경 말씀을 하나씩 검토해보기로 하자.

"이스라엘의 모든 동네를 다 다니지 못하여서 인자가 오리라". 이 말씀은 오직 마태복음에만 기록되어 있다. 예수가 열두 제자를 갈릴리 마을들로 파송할 때 한 말이다. 그들을 보내기 전 몇 가지를 당부하던 중에 "이 동네에서 너희를 박해하거든 저 동네로 피하라 내가 진실로 너희에게 이르노니 이스라엘의 모든 동네를 다 다니지 못하여서 인자가 오리라"고 했다(마 10:23). 인자가 온다는 건 하나님 나라가 임한다는 뜻이므로(마 13:40-43; 25:31; 마 16:28//막 9:1//눅 9:27) 예수의 이 말씀은 복음이 이스라엘 전역에 전파되기 전, 가까운 시일 내에 하나님 나라가 도래할 것이라는 얘기로 들린다.

하지만 정확히 이 말씀은 무엇을 의미하는 것일까? 이 본문의 앞에 나오는 이야기들을 종합해보면 다음과 같은 추측이 가능하다. (1) 예수의 부활 (2) 예수의 승천과 오순절 성령 강림 (3) 예루살렘 파괴 (4) 예수의 재림. 마태복음 10장을 자세히 관찰하면 이 말씀이 두 부분으로 나뉜다는 사실을 알 수 있다. 1절부터 15절까지는 당시의 상황, 즉 예수의 공생애 동안 열두 제자가 갈릴리에서 해야 할 일들을 말하는 것이다. 16절부터 23절까지는 예수의 부활 뒤에 제자들이 수행해야 할 전도

활동에 대해 이야기하고 있다. 5절과 6절에서 예수는 반드시 이스라엘 사람들에게만 가라고 했는데 18절에 가면 "그들과 이방인들에게 증거가 되게 하려 하심이라"고 느닷없이 말했다. 사실 마태복음에서 예수는 부활 뒤에 대 위임명령을 내리기 전까지 이방인들에게 가라고 말한 적이 없다(마 28:18-20). 그렇다면 부활 뒤에 이방 선교가 본격적으로 시작될 것을 미리 말했다고 볼 수 있지만, 당시 교회는 여전히 유대 회당과 긴밀한 관계를 맺고 있었다. 게다가 "그들이 너희를 공회에 넘겨주겠고 그들의 회당에서 채찍질하리라"는 경고까지 했다(마 10:17).

아마도 마태는 1세기 상황을 염두에 두고서 이 말씀을 기록했을 것이다. 교회는 이스라엘에서 열심히 복음을 전했지만, 그와 동시에 심각한 박해도 경험했다. 그들은 왜 그리 절박하게 복음을 전했을까? 예루살렘의 멸망이 가까웠다고 생각했기 때문이라는 게 가장 설득력 있는 대답이다. 그것은 메시아를 거부한 이스라엘 국가의 운명이기도 했다. 위의 말씀에서 인자가 오리라고 한 이유는 AD 70년에 예루살렘이 멸망할 때 예수의 심판이 온다는 사실을 가리키는 것으로 보인다. 이는 하나님이 옳은 손으로 예수를 변호하심을 확인해주는 사건이다(단 7:13-15; 막 14:62//마 26:64//눅 22:69).

"여기 서 있는 사람 중에는 죽지 않는 사람도 있을 것이다." 두 번째로 뜻이 모호한 말씀은 제자로서 치러야 할 희생을 논하는 마가복음 8장 34~38절 말씀이다(마 16:24-27//눅 9:23-27 참조). 예수는 불충한 자의 말로를 다음과 같이 경고했다. "누구든지 이 음란하고 죄 많은 세대에서 나와 내 말을 부끄러워하면 인자도 아버지의 영광으로 거룩한 천사들과 함께 올 때에 그 사람을 부끄러워하리라". 아울러 이런 말씀을 덧붙였다. "내가 진실로 너희에게 이르노니 여기 서 있는 사람 중에는 죽기 전에 하나님의 나라가 권능으로 임하는 것을 볼 자들도 있느니라"(막 9:1). 누가복음에도 같은 말씀이 있으나 "권능으로"라는 단어만 빠졌다(눅 9:27). 마태복음에서는 "하나님의 나라가 권능으로 임하는 것"이라는 표현 대신에 "인자가 그 왕권을 가지고 오는 것"을 보게 될 거라고 했다(마 16:28). 어찌 보면 인자가 와서 하나님 나라를 세울 때까지 열두 제자가 살아있을 거라는 말씀처럼 보인다.

하지만 그게 사실이 아님을 알기에 해석은 난감해진다. 하나님 나라가 임했던 사건들, 즉 예수의 부활과 승천과 예루살렘의 멸망과 재림을 의미하는 것이라고 볼 수도 있다. 하지만 부활이나 승천은 해당 사항이 없다고 봐야 하는 이유가 그의 죽음과 부활 전에 제자들(유다는 제외하고)이 죽을 거라고는 생각하지 않았을 것이기 때문이다. 아마도 제자들은 로마에 맞서 투쟁을 하다가 상처 입는 것을 의미하는 건가 생각했을지도 모른다. 그러나 이것은 예수(전혀 그런 투쟁을 생각지 않았던 분이기에)의 입에서 나온 말씀이므로 이런 해석도 올바르다고 보기는 힘들다. 따라서 이 경우는 70년의 예루살렘 멸망이 가장 가능성이 높아 보인다. 예수가 말씀한 시점부터 40년 후에 일어난 일이니까 그때까지 살아있을 제자들이 필경 있을 것이기 때문이다. 실제로 몇 명의 제자가 예루살렘과 성전을 향한 심판을 목격했고 예수의 생애와 죽음과 부활을 통해 구원의 새 시대가 정말로 열렸다는 걸 실감했다.

또 하나의 가능한 해석은 그 말씀이 변화 산에서의 예수를 의미한다는 것이다(막 9:2-13//마 17:1-8//눅 9:28-36). 그때 그가 변화한 모습은 재림할 때 보여줄 영광스러운 모습의 '미리 보기'였다. 시간상으로 두 개의 말씀이 연결되기 때문에 나름의 일리 있는 해석이라고 볼 수 있다("엿새 후에"; 막 9:2//마 17:1; 눅 9:28).

열두 제자 중에 베드로와 야고보와 요한("여기 서 있는 사람 중")은 그 말씀을 하신 직후에 변화 산에서 '인자'(예수)가 영광스러운 모습으로 변화되는 걸 목격했다. 그렇게 짧은 기간 내에 하나님 나라가 권능으로 임하는 걸 보았으니 '여기 서 있는 사람들'이 죽기 전에 볼 거라는 그의 말은 거짓이 아니었던 셈이다. 누구도 사람이 엿새 만에 죽으리란 예상은 하지 않을 테니까! 그렇다면 "죽기 전에" 볼 거라는 말씀은 결국 세 명의 제자가 하나님 나라의 영광을 살아생전에 (변화 산에서) 본다는 뜻으로 해석할 수 있다. 그리고 나머지는 물론 마지막 부활 날에 그것을 보게 될 것이다.[10] 자, 그 말씀을 친절하게 다시 풀어쓰면 이렇게 된다. "너희 중에 몇 명은 이 세상에서, 지금부터 며칠 이내에 하나님 나라 영광을 보게 될 것이다."

"이 세대가 지나가기 전에 이 일이 다 일어나리라". 세 번째로 다룰 난해한 말씀은 예수의 감람산 설교에 등장하는 말씀이다(막 13:1-37//마 24:1-51//눅 21:5-36). 성전이 웅장하고 아름답다는 제자들의 감탄에 예수는 그 성전이 허물어질 것이라고 말했고 이에 제자들이 언제, 어떤 징표와 함께 그런 일이 일어나느냐고 물었다. 그러자 예수는 세상에 복음을 전하는 동안 많은 핍박을 당하게 될 거라고 대답했다. 그리고 그 뒤에 인자가 올 거라고 했다.

> 그 때에 그 환난 후 해가 어두워지며
> 달이 빛을 내지 아니하며

별들이 하늘에서 떨어지며

하늘에 있는 권능들이 흔들리리라

그 때에 인자가 구름을 타고

큰 권능과 영광으로 오는 것을 사람들이 보리라

또 그 때에 그가 천사들을 보내어 자기가 택하신 자들을

땅 끝으로부터 하늘 끝까지 사방에서 모으리라

(막 13:24-27)

몇 구절 내려가면 예수가 이렇게 말씀하는 걸 볼 수 있다. "내가 진실로 너희에게 말하노니 이 세대가 지나가기 전에 이 일이 다 일어나리라"(막 13:30//마 24:34//눅 21:32). 여기서도 예수는 인자의 재림과 하나님 나라 도래를 당시 세대에 이루어질 것처럼 말했다.

감람산 설교는 해석이 어렵기로 악명 높은 말씀이다. 세 개의 복음서(마태, 마가, 누가)마다 각기 다른 형태를 취한 것뿐만 아니라 감람산 설교가 예루살렘의 멸망과 인자의 재림을 너무 밀접하게 다루는 까닭이기도 하다. 주석가들 중에는 이 설교 전체가 70년의 예루살렘 멸망에 관한 이야기라고 보는 사람들도 있고 그리스도의 재림과 세상 끝 날에 관한 이야기라고 추정하는 이들도 있다. 하지만 대부분은 두 가지가 혼합되어 앞의 말씀들이 뒤 말씀들의 맛보기 같은 역할을 한다고 생각한다.

그럼 이 말씀에 대한 나의 견해를 간략히 설명해보겠다.[11] 첫째로, 예루살렘의 멸망은 재림과 깊은 연관성을 갖고 있고 그 두 가지 사건은 또한 예수의 죽음과 부활과 승천과도 연결되어 있다. 앞에서도 보았듯이 모든 사건은 하나님의 최종 구원을 성취하기 위한 것이기에 종말론

적 사건이라고 말할 수 있다. 그렇다면 '인자의 오심'(막 13:26)은 그가 예루살렘을 멸망시키는 심판자로 온다는 의미로 봐야 할 것이다.

그러나 마가복음 13장 26절에 나오는 '인자의 오심'은 예루살렘의 멸망과 무관한 것으로 보인다. 이 사건에 동반되는 말세의 징표들(막 13:24-25)과 인자가 천사들을 보내 전 세계에서 성도들을 모을 거라는 말씀(막 13:26-27)이 세상 끝 날의 심판을 의미하는 것으로 보이기 때문이다. 내가 정리한 마가복음 말씀의 요약은 다음과 같다.

1. 예루살렘의 멸망으로 이끄는 사건들(막 13:5-23)
2. 인자의 재림과 연관된 사건들(막 13:24-27)
3. 위의 사건들과 각각 연관성을 가진 두 개의 비유
   a. 예루살렘의 멸망과 관련된 무화과나무 비유(막 13:28-31)
   b. 재림과 관련된 파수꾼의 비유(막 13:32-37)

5절부터 23절까지의 말씀은 70년도에 예루살렘 멸망이 일어나기까지 어떤 일이 일어날지를 이야기하고 있다. 24절에서 27절은 말세에 인자가 다시 올 것을 이야기하며 그 뒤를 이어 세 가지 사건의 시기를 말해주는 두 개의 상징적 비유가 등장한다. 먼저 무화과나무 비유(28-31절)는 예루살렘의 멸망을 의미하고 그 전에 여러 가지 징표가 나타날 것이며(28-29절) 제자들 세대에 그 일이 일어날 것을 말해주고 있다(30절). 반면에 집주인의 비유(32-37절)는 인자의 재림 시기를 아무도 알 수 없으니 경계를 늦추지 말라는 당부의 말씀이다.

이렇게 대충 말씀의 윤곽을 잡고 나면 예수의 모호한 말씀들을 이해하기가 훨씬 쉬워진다. 무화과나무 비유를 한 건 그 사건들이 언제 일어날지를 알라는 뜻이었다. "이와 같이 너희가 이런 일이 일어나는 것을 보거든 인자가 가까이 곧 문 앞에 이른 줄 알라"(29절). 아울러 그것은 한 세대 안에 일어날 거라고 했다. "내가 진실로 너희에게 말하노니 이 세대가 지나가기 전에 이 일이 다 일어나리라"(30절). 두말할 여지 없이 이것은 다가올 예루살렘의 멸망을 뜻하는 말씀이었다. 실제로 한 세대 안에 예수가 말한 징표와 함께 그 일들이 일어났다. 그러나 몇 구절 밑에서 그는 "그 날과 그 때는 아무도 모르나니 하늘에 있는 천사들도 아무도 모르고 아버지만 아시느니라"고 했다(32절). 또한 "주의하라 깨어 있으라 그 때가 언제인지 알지 못함이라"는 말씀도 덧붙였다(33절). 이건 분명 예수의 재림을 뜻하는 말씀으로 봐야 한다. 하나님 아버지 외에는 아무도 모르는 사실이니까.

마가복음 13장 30절(마 23:34//눅 21:32)의 "이 세대"는 예수와 제자들의 세대를 의미하는 것으로 보는 게 가장 타당하다. 실제로 제자 중 몇 명은 살아서 예루살렘의 멸망을 지켜보았다. 물론 말세의 징조들은 분명 인자가 심판관으로 오심(예루살렘의 멸망)을 가리키는 것이지만 한발 더 나아가 세상 끝 날에 예수가 재림해서 할 최종 심판의 '미리 보기'라는 점도 기억해야 한다.

"인자가… 구름을 타고 오는 것을 너희가 보리라" 마지막으로 살펴볼 난해한 말씀은 예수가 죽기 전 유대 공회에서 재판을 받을 때 한 말씀이다. 대제사장이 예수에게 메시아인가 아닌가를 물었을 때 그의 대답은 이랬다. "내가 그니라 인자가 권능자의 우편에 앉은 것과 하늘 구름을 타고 오는 것을 너희가 보리라"(막 14:62//마 26:64). 누가복음에서는 우편에 앉는 것만 기록되어 있다. "이제부터는 인자가 하나님의 권능의 우편에 앉아 있으리라"(눅 22:69).

막강한 권력을 쥔 대제사장 앞에서도 예수는 결코 주눅 들지 않았다. 하나님이 자신을 변호하시고 대제사장을 응징하실 것임을 알았기 때문이다. "하나님의 권능의 우편"이라는 표현은 시편 11편 1~2절을 연상시킨다. 신약에서 이 말씀은 예수의 변호에 자주 사용되었기 때문이다.[12] 앞에서 잠깐 언급했듯이 "구름을 타고 오는"이라는 표현은 다니엘서 7장 13~14절 말씀과 연결되어 (1) 승천 (2) 예루살렘의 멸망 (3) 재림과 연관성을 갖고 있다고 볼 수 있다. 세 가지 모두 가능성이 높다. 부활 후에 하나님 우편에 앉으시면 예수는 즉시 영화롭게 될 것이고 예루살렘 성전이 멸망할 때 예수를 죽인 죄의 응징이 이루어졌음이 상징적으로 표현될 것이다. 물론 궁극적인 영광은 재림과 함께 이루어진다.

그러나 대제사장과 공회에 있던 나머지 사람들이 그의 영광을 어떻게 보게 된다는 걸까? 육안으로 보는 건 말 그대로 불가능한 일이다. 만일 승천을 의미하는 것이라면 예수가 하늘에서 하나님 우편에 앉아 있는 걸 그들이 어떻게 볼 수 있겠는가? 그게 아니고 예루살렘의 멸망을 의미하는 것이라면 대제사장과 대부분의 공회 회원들은 70년이 되기 전에 죽었을 것이다. 따라서 이 말씀에서의 '보다'라는 말은 상징적 용어라고 봐야 한다. 산헤드린(공회) 사람들은 물론이고 세상의 모든 사람이 언젠가는 영화롭게 된 예수를 보게 될 것이다. 요한계시록 1장 7절과 다니엘 7장 13절과 스가랴 12장 10절이 그 사실을 말해주고 있다.

볼지어다 그가 구름을 타고 오시리라

각 사람의 눈이 그를 보겠고 그를 찌른 자들도 볼 것이요

땅에 있는 모든 족속이 그로 말미암아 애곡하리니 그러하리라(계 1:7)

이와 더불어 빌립보서 2장 10~11절 말씀도 그 사실을 확증하고 있다.

하늘에 있는 자들과 땅에 있는 자들과 땅 아래에 있는 자들로

모든 무릎을 예수의 이름에 꿇게 하시고

모든 입으로 예수 그리스도를 주라 시인하여

하나님 아버지께 영광을 돌리게 하셨느니라(빌 2:10-11)

언젠가 세상의 모든 피조물이 영화롭게 되신 인자(예수)를 보며 경배드리게 될 것이다.

결론

예수가 하나님 나라가 '가까웠다'고 말한 지 2천 년이 지났다. 예수의 예언은 빈말이었을까? 이 질문은 어제 갑자기 튀어나온 질문이 아니다. 벌써 1세기의 어떤 사람들은 그리스도인들이 헛된 소망이 있다고 비웃었다. 베드로후서는 그들에게 이런 답을 보냈다. "주께서 강림하신다는 약속이 어디 있느냐"(벧후 3:4). 이 대답의 속뜻은 두 가지다. 하나는 하나님이 정한 시간이 우리가 생각하는 시간과 다르다는 것이다. "주께는 하루가 천 년 같고 천 년이 하루 같다는 이 한 가지를 잊지 말라"(벧후 3:8).[13] 또 하나는 하나님이 모든 사람이 회개하고 그분께 돌아오길 바라시기에 인내하시며 심판을 미루신다는 것이다(벧후 3:9).

이 장에서는 예수의 예언들을 그의 공생애라는 맥락에서 살펴보았다. 예수는 이 세상에 와서 하나님 나라가 임했음을 선포했다. 동시대 사람들은 메시아가 와서 로마인들을 물리치고 예루살렘에 하나님 나라를 세워주길 바랐다. 하지만 예수는 그보다 더 숭고한 포부를 갖고 있었다. 자신의 사명은 이사야의 예언대로 피조물의 궁극적인 회복이라고 믿었다. 병자를 치유한 것은 질병과 죽음을 이기고 승리한다는 증거였고 귀신을 쫓아낸 역사는 사탄의 영역을 점령해서 악에 묶여 있는 자들을 해방함을 의미했다.

예수는 아무도 예상 못 한 의외의 방식으로 구원이 이루어질 것을 말했다. 예루살렘으로 올라가는 중에 자신이 고난을 받고 죽게 될 거라고 했다. 마지막 만찬 자리에서는 자기 죽음이 어떤 의미를 지녔는지도 알려주었다. 자신의 몸과 피가 새 유월절과 새 출애굽을 성취하는 희생제사로 드려진다고 했다. 결국 예수의 죽음으로 인간은 죄의 용서를 받고 하나님과 새로운 언약 관계를 맺게 되었다.

참으로 놀라운 말씀이지만 과연 그것이 전부 사실일까? 사실이 아니라면 예수는 그저 이스라엘 역사 속에 왔다가 사라진 비극적인 이야기의 주인공에 불과하다. 하지만 만약 사실이라면 그는 이 세상의 구원자이자 승리한 왕이다. 이 중대한 질문 하나에 인류 역사가 달려있다. 복음서에 따르면 예수는 자신이 죽은 뒤에 하나님이 그를 부활시켜 영광의 자리로 이끌 거라고 했다.

예수의 죽음 뒤에 일어난 일이 기독교의 진위를 가려줄 것인가? 마지막 장에서는 그 질문의 해답을 찾아보기로 하자.

나쁜 예수
그 오해와 진실

1·

종말론이 부정적 결과를 가져온 사례들을 이야기해보라.

2·

예수도 곧 말세가 온다고 예언했다는 증거는 무엇인가?

3·

알베르트 슈바이처와 바트 어만과 일부 학자들은 예수가 실패한 종말론 선지자라고 말했다. 그들은 왜 그렇게 생각했는가?

4·

예수가 말한 '하나님 나라'는 어떤 의미인가?

11

실패한 선지자인가 승리한 왕인가?

5・

이 장에서는 하나님나라의 도래가 복잡하고도 다면적인 사건이라고 말한다. 하나님 나라의 도래를 알려주는 사건들은 무엇인가?

6・

마지막 만찬에서 했던 예수의 말들은 그의 죽음이 가진 의미를 어떻게 보여주고 있는가?

7・

예수의 부활은 하나님 나라 도래와 마지막 심판과 어떤 연관성을 갖고 있는가?

8・

오순절 날의 성령강림은 하나님 나라 도래와 인자가 영화롭게 되심과 어떤 연관성이 있는가(단 7:13-14)?

9・

이 장의 내용을 바탕으로 하나님 나라 도래에 대한 당신의 믿음을 간략하게 설명해보라.

12

부패한 시체인가 부활한 구주인가?

모든 걸 걸어야할 한 가지

물론 당연한 일이라 할 수 있겠지만, 예수의 부활은 (어쩌면 인류 역사에서) 가장 논란이 되고 있는 사건이다.[1] 예수가 정말로 죽었다가 살아났다면 그가 말했던 것들이 사실로 입증되는 셈이다. 그렇지 않다면 그가 한 모든 말이 과대망상에 걸린 선지자, 혹은 미치광이의 헛소리에 지나지 않게 되기 때문이다. 사도 바울은 부활의 이런 극단적 양면성을 다음과 같이 이야기했다.

> 그리스도께서 만일 다시 살아나지 못하셨으면 우리가 전파하는 것도 헛것이요 또 너희 믿음도 헛것이며 또 우리가 하나님의 거짓 증인으로 발견되리니 우리가 하나님이 그리스도를 다시 살리셨다고 증언하였음이라 … 그리스도께서 다시 살아나신 일이 없으면 너희의 믿음도 헛되고 너희가 여전히 죄 가운데 있을 것이요 … 만일 그리스도 안에서 우리가 바라는 것이 다만 이 세상의 삶뿐이라면 모든 사람 가운데 우리가 더욱 불쌍한 자이리라
> (고전 15:14-15,17,19)

결국 복음은 부활의 사실 여부에 좌우된다는 뜻이다. 기독교는 한 가지, 즉 부활에 모든 게 달려있다.

이상한 부활 고지

예수의 부활을 논하지 않고는 그가 한 이상한 언행을 이해하기가 힘들다. 물론 그 중에서 가장 큰 의문은 부활 사건일 것이다. 하지만 복음서(중에서도 특히 마가복음)에 기록된 부활 사건은 상당한 의문을 품게 한다. 마가복음 16장 1~8절 말씀을 읽어 보자.

안식일이 지나매 막달라 마리아와 야고보의 어머니 마리아와 또 살로메가 가서 예수께 바르기 위하여 향품을 사다 두었다가 안식 후 첫날 매우 일찍이 해 돋을 때에 그 무덤으로 가며 서로 말하되 누가 우리를 위하여 무덤 문에서 돌을 굴려 주리요 하더니 눈을 들어본즉 벌써 돌이 굴려져 있는데 그 돌이 심히 크더라 무덤에 들어가서 흰 옷을 입은 한 청년이 우편에 앉은 것을 보고 놀라매 청년이 이르되 놀라지 말라 너희가 십자가에 못 박히신 나사렛 예수를 찾는구나 그가 살아나셨고 여기 계시지 아니하니라 보라 그를 두었던 곳이니라 가서 그의 제자들과 베드로에게 이르기를 예수께서 너희보다 먼저 갈릴리로 가시나니 전에 너희에게 말씀하신 대로 너희가 거기서 뵈오리라 하라 하는지라 여자들이 몹시 놀라 떨며 나와 무덤에서 도망하고 무서워하여 아무에게 아무 말도 하지 못하더라
(막 16:1-8)

　마가복음의 초기 사본은 여기서 끝이 난다. 부활한 예수가 나타난 것과 제자들에게 달려가서 보고하는 내용이 빠져있다. 여자들은 그저 공포에 질려 아무 말도 못하고 가만히 있었다고 한다. 도대체 무슨 일이 일어났던 걸까? 그들은 부활한 예수를 정말로 보았을까? 두려움을 떨치고 제자들에게 가서 자신들이 본 것을 이야기했을까? 제자들은 다시 사신 예수를 보았을까? 마가복음은 아무런 답도 주지 않고 있다.
　한 가지 분명한 건 마가복음의 저자가 예수의 부활을 확실히 믿고 있었다는 사실이다. 어떤 이들은 마가복음에 부활 사건이 없다고 말하지만 그건 사실이 아니다. 예수는 신뢰할만한 분이고 그의 말씀 중에는 이루어지지 않은 것이 없었다. 또한 여러 차례에 걸쳐 자신의 죽음과 부활을 예고했으며(막 8:31; 9:9, 31; 10:33-34; 14:28; 16:7) 천사도 그 사실을 증거했다(막 16:6). (천사를 못 믿으면 누구를 믿겠는가?) 게다가 마가가 복음을

기록했던 60년대 후반에는 교회가 수십 년에 걸쳐 그의 부활을 증거 해 오고 있었다. 따라서 마가복음에서 빠진 건 부활 사건이 아니라 부활 후에 제자들에게 나타나신 사건이다.

후기에 발견된 마가복음 사본들에는 예수가 부활 후에 나타났다는 이야기가 포함되어 있다(막 16:9-20). 하지만 이것은 마가복음의 어색한 마무리를 보완하기 위해 나중에 원본을 필사한 사람들이 추가했다는 의견이 우세하다. 마가의 문체나 논지하고 다를 뿐 아니라 초기 사본에는 없는 내용이기 때문이다.[2] 그렇다면 마가복음이 그렇게 갑자기 끝나버린 이유는 무엇일까? 어떤 학자들은 마가복음의 마지막 장이 분실되었을 거라고 추정하지만 그렇게 끝을 낸 것이 의도적이었다는 분석도 있다. 무덤에 왔던 여인들처럼 마가복음을 읽는 사람들도 믿음으로 부활을 받아들이라는 뜻에서 뒷이야기를 생략했다는 것이다.

반면에 다른 복음서들에는 부활 후 일어난 사건들을 자세히 기록한다. 마태복음에 보면, 무덤이 비어있는 걸 목격한 여인들에게 천사가 예수의 부활 소식을 전했고(마 28:1-7) 곧 이어 예수가 여인들 앞에 나타났다(마 28:8-10). 그리고 얼마 뒤에는 갈릴리에 있던 제자들에게도 모습을 드러냈다(마 28:16-20). 누가복음에서는 여인들이 빈 무덤을 발견했고 두 천사가 부활 소식을 알려준 뒤에(눅 24:1-12) 예루살렘 근처의 엠마오 길을 걷던 두 제자들 앞에 예수가 나타나서 말했다(눅 24:13-35). 또 얼마 후에는 예루살렘의 열 한 제자들에게도 나타났다(눅 24:36-49). 그리고 사도행전에는 부활 후 40일 만에 그가 하늘로 승천했다고 되어 있다(눅 24:50-53; 행 1:1-11). 요한복음은 막달라 마리아(아마도 혼자서)가 빈 무덤을 목격했고 그것을 베드로와 사랑하는 제자(아마도 요한?)에게 알려주자 그들이 달려와 무덤을 자세히 살펴보았다고 한다(요 20:1-10). 그런 뒤에 예수가 막달라 마리아에게 나타났고(요 20:11-18) 예루살렘에 있는 제자들에게도 나타났다. 처음에는 도마가 빠졌지만(20:24-25) 일주일 후에는 도마도 함께 부활한 예수를 만났다(요 20:26-29). 그리고는 마지막으로 갈릴리 바다에서 제자들을 만나셔서 풍어(豊漁)의 기적을 베풀어주었다(요 21:1-23).

이 복음서들의 기록을 하나씩 읽다보면 많은 의문점이 생겨난다.

여러 명의 여인들(막 16:1)이 빈 무덤을 목격한 것인가, 아니면 막달라 마리아(요 20:1) 혼자서 빈 무덤을 목격한 것인가?

무덤에서 그의 부활을 알려준 건 누구였는가?

어떤 청년이었나(막 16:5), 아니면 천사였나(마 28:2), 아니면 빛나는 옷을 입은 남자들이었나?(눅 24:4).

그 때 여인들은 정말로 살아나신 예수를 본 것인가(마 28:9), 아니면 두렵고 심란한 마음으로 그냥 돌아온 걸까?(막 16:8).

마리아는 예수를 혼자서 본 것일까(요 20:11-13) 아니면 다른 여인들과 같이 본 것일까?(마 28:9)

제자들은 모두 여인들의 이야기를 믿지 않았는가(눅 24:11), 아니면 무덤을 조사하러 간 베드로와 사랑하는 제자만 믿었는가?(요 20:3-10).

열한 명의 제자들이 부활한 예수를 처음 만난 곳은 갈릴리인가(마 26:32; 28:10, 16-20; 막 14:28; 16:7) 아니면 예루살렘인가?(눅 24; 요 20).

그는 부활 직후에 승천했는가(눅 24:50-51) 아니면 40일 뒤에 승천했는가?(행 1:3-11).

물론 모든 기록을 꿰어 맞추면 시간별로 그럴듯한 시나리오가 완성되겠지만[3] 그마저도 쉬운 일은 아니다. 바트 어만의 말을 들어보라.

> 복음서 기록들을 직접 읽어보라 … 거의 모든 사항이 다르게 쓰여 있다. 한 이야기의 빠진 부분을 다른 이야기에서 보충할 수 있는 차원이 아니라 완전히 서로 다른 이야기같이 되어 있다. 어떤 경우에는 이게 도대체 같은 사건을 기록한 게 맞는지 의심이 갈 정도다.[4]

바트 어만은 복음서 기록들을 조합하려는 노력을 하지 않았고 철학적인 이유로 부활이 실제 사건임을 부인했다. '기적이 없다'라는 전제 조건을 달고 부활을 연구한 것은 아니지만 현실적으로는 기적이 불가능한 일이라고 그는 생각했다.

> 역사가들은 어느 정도 상대적 가능성에 근거해서 과거 사건들을 평가한다 … 그러나 기적들은 어떻게 그런 일이 일어났는지에 대한 합리적인 설명이 본질적으로 어려운 특징을 갖고 있다. 신앙이 있든지 없든지 그건 마찬가지다 … 단지 기독교를 반대하는 입장이라서

부활이 불가능하다고 주장하는 게 아니라 사람이 죽었다가 다시 살아나고 또 다시 죽지 않는다는 게 전혀 현실성이 없기 때문이라서 그렇다.⁵

세계관 고찰

바트 어만의 주장은 18세기 스코틀랜드 철학자 데이비드 흄David Hume이 했던 말을 연상시킨다. 인간이 자연법칙을 거스를 수 없다는 면에서 볼 때 기적은 고도의 명확한 증거자료가 있어야만 사실로 인정받을 수 있다고 흄은 말했다.⁶

하지만 이런 논쟁은 잘 알 듯이 순환논법이다. 합리적인 설명을 할 수 없다는 가정 하에 어떤 기적도 증명이 불가능하다고 하지만 최근에 나온 기적 관련 책에서 크레이그 키너Craig Keener가 말한 것처럼 흄은 연역적 순환논법을 사용하고 있다. "흄은 '경험'에 근거해서 기적이 일어날 수 없다고 주장하나 기적을 보고 경험한 사람들의 신뢰할만한 체험담, 혹은 목격담을 간과하고 있다."⁷

이를 증명하듯 크레이그 키너는 전 세계 다양한 문화권에서 기적을 목격한 사람들의 신뢰할만한 체험담을 모은 방대한 자료들을 증거로 내놓았다. 수천, 수만의 사람들이 기적을 체험했다는 사실은 오직 무지하고 순진한 후진국 사람들만 기적을 본다는 흄의 주장을 무색하게 했다. 따라서 반(反)초자연적 성격의 전제를 재고해야 한다고 그는 강조했다.⁸

물론 그렇다고 해서 초자연적인 것을 무조건 믿으라거나 모든 기적 체험담을 아무런 의심 없이 사실로 받아들이라는 얘기는 아니다. 세상에는 분명 어리석은 사람들도 있고 거짓말을 하는 사람들도 있다. 하지만 기적은 절대 일어날 수 없다고 하는 것과 유연한 사고로 신중하게 접근하는 것 중 무엇이 더 객관적이고 옳다고 생각하는가? 누군가 고도의 신빙성을 갖추고 기적을 간증 한다면, 그리고 그것을 뒷받침할만한 충분한 목격자가 있다면 그 기적을 사실로 받아들이지 않을 이유가 없다.

그럼 예수의 부활은 어떨까? 역사적으로 신빙성 있는 증거들이 있는가, 아니면 그보다 더 합리적인 설명이 가능한 걸까?

부활에 대한 합리적인 설명

지금까지 이성적인 근거로 부활 사건을 설명하려는 시도가 줄기차게 이어져왔다. 여인들이 혼동을 해서 잘못된 무덤을 찾아갔다거나 제자들이 예수의 시신을 훔쳐가고는 부활한 것처럼 꾸몄다는 이들도 있었다. 심지어 예수는 십자가에서 죽지 않았다고 주장하기도 했다. 그냥 정신을 잃고 의식불명 상태였다가 나중에 깨어나서 자신이 부활했다고 말했다는 것이다.

하지만 어떤 가설도 큰 호응을 얻지는 못했다. 그 중에서도 잘못된 무덤 가설이 가장 황당하다. 그 말이 사실이면 여인들만이 아니라 예수의 제자들도, 심지어 무덤의 소유자인 아리마대 사람 요셉도 죄다 여긴지 저긴지 헷갈려서 다른 무덤으로 갔다는 말인가? 제자들이 예수의 시신을 훔쳤다는 설도 말이 안 되기는 마찬가지다. 모든 기록과 정황들이 보여주듯 그들은 사랑하는 그를 잃고 망연자실했으며 엄청난 실의에 빠져있었다. 안 그런 척 할 이유도 없었다.

게다가 전 세계에 최상의 도덕 기준과 윤리의식을 심어주고 진리 전달의 통로가 된 제자들이 원래는 예수의 시신을 훔치고 거짓말한 사람들이란 걸 믿을 수 있겠는가? 예수가 십자가 위에서 죽지 않고 기절하셨을 거라는 가설도 받아들이기 어렵다. 로마 군인들은 그렇게 어수룩한 사람들이 아니었고 서툴게 임무를 수행할 만큼 비전문가들도 아니었다. 십자가 형틀에서 반죽음이 되신 예수와 사망을 이기고 영광스런 구주가 되신 예수를 어느 누가 혼동할 수 있겠는가? 죽을 뻔 하다 간신히 살아난 사람을 보고 부활절 믿음이 생길 수 있을까?[9]

사실 위의 가설들을 고수하는 학자들은 거의 없다. 부활을 부인하는 학자들은 대부분 예수가 죽고 나서 제자들이 꿈이나 환상을 보고 그의 부활을 믿게 되었을 거라고 추측한다. 즉, 예수의 영이 되살아나서 영화롭게 되었다는 얘기다. 예수가 나타났다는 기록을 바탕으로 그런 주장들은 더욱 설득력 있는 가설로 발전했다. 이 가설의 대표적인 사람이 앞에서 소개한 바트 어만이다. "예수와 가장 가까웠던 제자들과 후에 사도가 된 바울은 예수가 살아난 것을 봤다고 주장했다. 그 말은 죽은 후에 되살아났다는 뜻인가? 아니, 그럴 리가 없다. 죽은 사람을 마치 살아 있는 듯 착각하는 사람들이 많은데 그들도 분명 그런 현상을 겪었을 것이다."[10] 오늘날도 이 주장이 가장 많은 지지를 받고 있다.

그럼 영이 아니고 육신이 부활했다는 증거는 무엇일까? 다음에 이어지는 내용에서는 성경의 권위나 영감, 혹은 복음서의 신빙성과 같은 부분은 제쳐두고 부활과 연관된 역사적인 사실들을 관찰했을 때 그것이 이성적인 의심을 넘어 얼마나 확실한 사실인지를 알아보도록 하겠다.

부활과 연관된 증거들

의심할 수 없는 첫 번째 증거는 예수가 기원후 30년경에 십자가에 달려 정말로 죽었다는 사실이다. 회의론자 중에는 예수가 세상에 존재하지도 않았다고 하는 사람들도 있지만 어떤 역사가도 그 말을 믿지 않는다. 또한 30~33년경에 로마 총독 빌라도의 명으로 십자가형을 받고 죽었다는 사실을 부인하는 역사가도 없다. 그리스도인뿐 아니라 유대인(요세푸스)과 로마인(타키투스, Tacitus) 역사가들도 빌라도가 예수의 처형을 허락했다고 기록했다.[11] 일단 예수가 십자가형을 받아 죽었다는 사실은 그의 생애에서 가장 확실한 부분이다.

둘째로, 죽은 뒤에 예수의 시신은 아리마대 사람 요셉의 무덤에 장사되었다는 게 거의 정설이다. 보통 십자가형으로 죽은 사람들은 정식 장례를 못 치르게 하기 때문에 예수의 시신도 짐승의 먹잇감이 되거나 공동묘지에 그냥 버려두었을 거라고 추정하는 학자들도 있다.[12] 하지만 그건 빈 무덤의 이야기를 부정하는 것에 지나지 않다. 처음부터 무덤이 없었는데 3일 뒤에 빈 무덤을 목격했을 리가 없지 않은가!

성경에 묘사된 예수의 장례는 매우 신빙성이 높다. 공관복음(막 15:43-47; 마 27:57-61; 눅 23:50-54)을 비롯해 요한복음(요 19:38-42), 사도행전(행 2:31; 13:36-38)에 기록되어 있을 뿐 아니라 바울(고전 15:3-4)도 기원 후 55년에 그 사실을 그리스도인들로부터 듣게 되었다고 적었다. 바울은 35년경부터 예수를 믿기 시작했으므로 그것이 초기의 사실이란 걸 짐작할 수 있다.

만약 이후에 교회가 장례 이야기를 지어낸 것이라면 '아리마대 사람 요셉'이라는 특정인의 이름까지 거론했을 리가 만무하다. 대체 왜 그런 이름을 지어낸단 말인가? 요셉의 고향인 아리마대는 아무런 상징적 의미도 없는 곳이다. 게다가 요셉은 유대의 종교 재판소였던 산헤드린의 회원이었기에 그의 이름을 도용하는 건 더더욱 생각도 못할 일이다(막 15:43//눅 23:50). 예수에게 유죄를 선언했던 종교재판소의 일원이 형 집행이 끝나자 엄숙한 장례를 치러주었다는 아이러니를 굳이 지어낼 이유가 있을까? 마태는 요셉이 산헤드린 회원이었다는 이야기를 아예 꺼내지도 않았다(마 27:57). 아마도 너무 황당한 일이라 그랬을 것이다.

세 번째로 확실한 사실은 예수가 장사된 지 3일째 되는 날 그의 무덤이 비었다는 걸 발견했다는 점이다. 네 개의 복음서가 그것을 뚜렷이 증거하고 있다(마 28:1-7; 막 16:1-8; 눅 24:1-8; 요 20:1-18). 바울도 사흘째 되는 날에 부활이 일어났다고 기록했다(고전 15:4). 복음서 내용이 세부적으로는 다소 차이가 있지만 모두가 여인들이 빈 무덤을 발견했다고 적었다. 1세기 유대에서는 여인들을 신뢰할만한 증인으로 여기지 않았기에 그 기록들이 더 놀랍다고 할 수 있다. 교회가 꾸며낸 이야기였다면 절대로 여인들이 발견했다고 하지 않았을 것이다.

또 하나 빈 무덤 이야기에 덧붙여서 생각해 볼 것은, 제자들이 예수의 시신을 훔쳐갔다는 헛소문이 돌았다는 사실이다(마 28:11-15). 실제 그런 일이 일어나지 않았다면 교회가 굳이 이런 것까지 지어내서 마태복음에 기록했을 리가 없지 않겠는가? 시신을 훔쳐갔다는 것도 분명 시신이 없어졌기에 그런 소문이 만들어졌을 것이다.

마지막으로는, 예수가 죽은 뒤 얼마 지나지 않아 제자들이 그의 부활을 외쳤다는 점을 들 수 있다. 만일 시신이 여전히 무덤에 있었다면 예수의 원수들이 당장 시신을 확인하고 부활 사실을 반박하고 나섰을 것이다.

제자들은 예수가 죽은 직후에 그를 보았다고 주장했다. 초대 교회는 초창기부터 부활이 그들이 외친 설교의 중심 메시지였다. 가장 이른 기록은 바울 서신에서 발견할 수 있다.

> 내가 받은 것을 먼저 너희에게 전하였노니 이는 성경대로 그리스도께서 우리 죄를 위하여 죽으시고 장사 지낸 바 되셨다가 성경대로 사흘 만에 다시 살아나사 게바에게 보이시고 후에 열두 제자에게와 그 후에 오백여 형제에게 일시에 보이셨나니 그 중에 지금까지 대다수는 살아 있고 어떤 사람은 잠들었으며 그 후에 야고보에게 보이셨으며 그 후에 모든 사도에게와 맨 나중에 만삭되지 못하여 난 자 같은 내게도 보이셨느니라(고전 15:3-8)

많은 추가적인 사항들이 부활 후 예수가 나타났다는 사실을 확증하고 있다. 베드로(게바)에게 나타난 사실은 바울과 누가복음 24장 34절에서 증거하고 있고, 열 한 제자에게 나타나신 사건은 바울과 공관복음과 요한복음이 증거하고 있으며, 예수의 남동생이었던 야고보에게 나타남도 고린도전서 15장 5절에 기록되어 있다. 야고보는 예수의 공생애 기간 동안 그를 믿지 않았지만(막 3:21; 요 7:5), 부활한 뒤에는 교회의 지도자가 되었다(행 1:14; 12:17; 고전 9:5; 갈 1:19). 어쩌면 부활이 그의 생각을 돌리게 만들었는지도 모른다.

여자 제자들에게 예수가 나타났다는 사실 역시 이야기의 신빙성을 높여준다. 앞에서도 말했듯이 유대사회에서 여자들을 믿을 만한 증인으로 간주하지 않았기에 교회는 절대로 여자들이 부활의 증인이라는 식으로 이야기를 지어내지 않았을 것이다.

심지어 불가지론자와 비기독교인 학자들도 예수가 살아나셨다는 사실을 제자들이 믿었다는 것만은 부인하지 않는다. 복음서의 모든 기적이 신화라고 주장했던 18세기 저술가 다비드 프리드리히 슈트라우스David Friedrich Strauss는 "사도들이 부활한 예수를 보았다는 신념에 젖어 있었다"고 말했다.[13] 공개토론을 통해 부활의 신빙성을 줄기차게 주장해온 독일의 저명한 신약학 박사 게르트 뤼드만Gerd Ludemann은 이렇게 말했다. "베드로와 제자들이 예수가 돌아가신 후에 부활한 그리스도로서 재차 그를 만났다는 건 역사적인 사실로 받아들여야 한다고 본다."[14] *From Jesus to Christ*(예수에서 그리스도로)라는 책의 저자 폴라 프레드릭슨Paula Fredriksen 역시 비슷한 말을 했다. "우리는 이 증거로부터 가장 당연한 결론에 도달할 수 있다. 예수의 죽음이 확실했는데도 제자들은 역시 똑같은 확신으로 예수가 살아나셨음을 외쳤다는 사실이다."[15] 부활에 회의적인 E. P. 샌더스E. P. Sanders라는 학자도 "예수의 제자들(과 바울)이 부활을 직접 목격했다는 건 내 판단에 사실이라고 생각한다."라고 말했다.[16] 이 학자들 중 어느 누구도 부활을 믿는다고 얘기하지는 않았지만 제자들이 부활한 예수를 만난 게 사실일 거라고 확신했다.

하지만 예수를 만난 것이 단순히 환상이거나 꿈이었을까? 고린도전서 15장 8절에서 바울이 부활한 예수를 봤다고 한 것은 틀림없이 환상이었을 거라고 학자들은 이야기한다. 그러나 이 대목에서 바울은 자기가 다른 사도들처럼 부활한 예수를 봤다는 이야기를 하고 싶었던 게 아니라 부활한 예수로부터 자신도 전도사명을 받았다는 걸 강조하고 싶었던 것이다. 게다가 그는 아주 특이하게 "만삭되지 못하여 난 자

같은 내게도"라는 표현을 덧붙였다(고전 15:8).

물론 초기 그리스도인들도 예수에 대한 꿈을 꾸고 환영도 보았겠지만 그런 현상은 실제로 누군가를 직접 만나는 것과 질적으로 다른 양상을 보이는 경향이 있다.[17] 복음서에 예수가 나타났다는 기록들을 보면 그는 말도 했고, 음식을 먹기도 했고, 심지어 제자들을 만지기도 했다(눅 24:39-43; 요 20:24-28). 꿈과 환상은 그렇게 많은 사람과 상호 교류가 일어나지 않고 지극히 개인적이며 주관적인 경험을 하게 된다. 바울은 예수가 오백 명의 사람들 앞에 나타난 적도 있다고 했다(고전 15:6).

예수의 부활이 그저 영적인 것이거나 환상에 불과한 것이었다면 제자들이 갖고 있던 부활의 개념과도 어긋나는 일이었을 것이다. 유대인들은 바리새인이나 에세네파 신도들처럼 마지막 날 최종 심판에서 육신이 다시 살아나는 것이 부활이라고 믿었다. 고린도전서 15장 35~54절에서 바울이 한 이야기도 그것이었다. 영적 내세를 믿었던 그리스인들의 이원론적 세계관과는 반대로 그리스도인들은 예수처럼 육신으로 부활할 것이라고 바울은 말했다. 예수는 "잠자는 자들의 첫 열매"가 되었고(고전 15:20), "죽은 자들 가운데서 먼저 나신 이"가 되었다(골 1:18). 예수가 그저 혼령으로 나타나신 것이라면 바울이 왜 그런 말을 했겠는가?

예수의 빈 무덤만 있었다거나 부활 후에 나타난 이야기만으로는 초기 그리스도인들의 신앙이 형성되지 않았을 거라고 N. T. 라이트N. T. Wright는 말했다. 빈 무덤이 발견된 것으로 끝났으면 수많은 의혹만 불러일으키고 말았을 것이다. 당시는 시신 도난도 흔한 일이었으므로 그의 시신도 누가 훔쳐갔거나 어딘가로 옮겼다고 하면 그만이었을 것이다. 또한 부활 뒤에 예수가 나타났다는 건 환상이나 꿈이었다고 치부하면 끝이다. 하지만 두 가지 사건이 동시에 일어났다. 제자들은 예수가 하나님 나라를 세울 메시아라고 믿었다. 그렇기에 제자들은 그가 육신으로 다시 살아났다는 것을 확신할 수 있었다.[18] 그래서 자신 있게 부활의 복음을 전했던 것이다.

여기서 부활의 진위를 의심할 수 없게 하는 다섯 번째 근거가 있다. 바로 제자들이 달라졌다는 점이다. 부활로 인해 두 사람이 획기적인 변화를 겪었다는 건 앞서 이야기했고 역사적으로도 증명이 되었다. 교회를 핍박했던 사도 바울은 부활한 예수를 만났다고 자신의 서신에서 털어놓았다(고전 9:1; 15:8; 갈 1:13-16; 빌 3:6; 행 9, 22, 26). 누구의 입도 거치지 않은 본인의 간증이었다. 아울러 예수의 형제인 야고보는 예수를 믿지 않았지만(막 3:21; 요 7:5), 부활 후에 교회의 지도자가 되었다(행 1:14; 12:17; 15:13; 21:18; 고전 9:5; 갈 1:19). 대체 무엇이 회의적인 야고보의 생각을 바꾸어 자신의 맏형이 하나님의 아들이고 세상의 구원자라고 믿게 만들었을까? 부활 사건이 그 전환점의 강력한 후보가 아닐까 감히 단언해본다(고전 15:7).

마지막으로는 제자들이 보여준 확신과 자신감의 강도를 생각해봐야 한다. 그들은 복음을 전하기 위해 엄청난 고난을 겪었고 그중 대부분이 순교했다. 믿음을 위해 목숨도 내놓겠노라 장담하던 사람도 변심하는 마당에(존스 타운의 '피플스 템플'과 웨이코의 '다윗교'를 생각해보라) 하물며 자기가 믿지도 않는 것을 위해 목숨을 바칠 바보가 어디 있겠는가?[19] 대체 무엇 때문에 예수의 제자들은 처형된 자기 스승의 메시지를 죽음까지 불사하며 전하려 했을까? 분명 그들은 살아나신 그를 보았기 때문이었을 것이다.

결론 : 살아있는 믿음

위의 다섯 가지 사실들은 부활에 대한 강력한 증거들이다. 적어도 나는 그렇게 생각한다. 물론 모든 사람들이 나처럼 생각하지는 않을 것이다. 사람은 자신의 배경과 가치관에 따라 무언가를 믿을지 말지를 결정하는 법이니까.

따라서 이 결론에서는 처음에 언급했던 마가복음의 애매한 부활 이야기로 되돌아가보려고 한다. 여인들은 부활의 두 가지 증거를 갖고 제자들에게 달려갔다. 하나는 빈 무덤이고 또 하나는 살아난 예수 자신의 증언이었다. 처음에 제자들은 반신반의했지만 결국 이 모든 사건은 한 가지 함축적 질문으로 귀결되었다. 부활을 믿을 것인가, 아니면 계속 두려움에 떨고 있을 것인가? 사실은 우리도 그들과 똑같은 처지에 놓여있다. 우리 앞에도 똑같은 증거들이 있고 믿음이냐 불신이냐를 선택해야 한다.

초대 교회 기록들을 읽어보면 그리스도인들의 믿음을 강화한 건 부활의 증거들이 아니라 살아계신 예수와의 지속적인 교류라는 걸 알 수 있다. 함께 모여 예배를 드리거나 성찬을 할 때 그들은 그의 임재를 경험했다. 오순절 날 경험했던 성령의 역사를 그들은 날마다 경험하고 있었다. 또한 교회 안의 교사와 선지자들을 통해, 그리고 기도를 통해 예수와 날마다 소통하고 있었다. 이런 경험적 증거들이 그들의 삶을 변화시켰다.

그들에게 있어 예수는 이 세상에 한 번 왔다가 떠나간 메시아가 아니었다. 여전히 살아서 함께 하는 분이었고 교회를 인도하는 분이었다. 그에 '대해서' 아는 것과 그를 직접 '겪어서' 아는 것은 완전히 다른 차원의 지식이다.

  역사적인 견지에서 볼 때 예수는 많은 면에서 신비롭고 매력적이고 수수께끼 같은 인물이다. 우리는 그가 누구였고, 무엇을 이루려 했는지를 자신 있게 이야기할 수 있지만 그마저도 온전한 것은 아니다. 예수를 알기 위해서는 공생애 기간의 사건들만 연구할 게 아니라 날마다 그를 직접 체험해야 한다. 그와 함께 굴곡진 인생을 걸으며 매일 그를 체험한 사람에게 예수는 역사적 인물 그 이상의 존재가 될 것이다. 그는 세상의 구세주이고 우리 인생에 의미와 소망을 주는 분이다.

  모쪼록 이 책이 당신의 생각과 마음을 자극해서 그를 더 알고자하는 거룩한 바람이 샘솟기를 기대해본다. 복음서에 기록된 예수의 언행은 물론이고 살아계신 예수와의 친밀한 만남을 통해서도 계속해서 예수를 알아가도록 하자.

나쁜 예수
그 오해와 진실

1.

사도 바울은 왜 예수의 부활이 중요한 역사적 사건이라고 보는가?

2.

마가복음에 기록된 부활 사건은 어떤 면에서 논란의 대상이 되고 있는가?
(막 16:1-8)

12

부패한 시체인가 부활한 구주인가?

3.

데이비드 흄은 기적이 자연법칙을 거스르는 것이기에 인정할 수 없다고 말했다. 당신은 그 말에 동의하는가? 그 이유는 무엇인가?

4.

예수의 부활을 기적이 아니라고 본 사람들은 어떤 식으로 부활 사건을 설명했는가?

5.

이 장에서 부활의 증거들로 제시한 다섯 가지 사항들은 무엇인가?

6.

그 증거들이 갖고 있는 문제점들은 무엇인가?

7.

이 책을 읽은 후에도 여전히 이해하기 힘든 예수의 말씀과 행동은 무엇인가? 그 이유는 무엇인가?

8.

이 책을 읽고 예수에 대해 더 깊이 알게 되어 감사한 점이 있다면 이야기해보라.

나쁜 예수

그 오해와 진실

주

색인

1장 : 모든 사람이 예수를 좋아한다?

1. 아더 리드 레이놀즈(Arthur Reid Reynolds)가 1966년에 만든 "나는 그냥 예수가 좋다니까요(Jesus Is Just Alright)"라는 곡은 Doobie Brothers가 1972년에 발매한 'Toulouse Street'라는 앨범에 실리면서 미국에서 큰 인기를 누렸다.

2. 눅 14:26; 마 18:8-9//막 9:43-48; 마 5:29-30; 19:12; 요 6:53-56. 여기서 // 표시는 주로 공관복음(마태, 마가, 누가)에 나오는 평행구절들의 기록들을 의미한다.

3. 러셀은 1927년 3월 6일에 Battersea Town Hall에서 있었던 국가세속학회(National Secular Society) 남 런던 지부 모임에서 이 강의를 했다. 강의 내용은 팸플릿 형태로 출간되었다가 이후에 『나는 왜 기독교인이 아닌가』(사회평론 역간, 2005)라는 책으로 재출간되었다. 다음의 인터넷 주소로 들어가면 원본을 볼 수 있다. users.drew.edu/~jlenz/whynot.html. 사실 러셀은 예수가 세상에 정말로 존재했는지도 의심스러워했지만 일단 책에서는 복음서의 예수(과 기독교)가 심각한 도덕적 결함을 갖고 있다고 말했다.

4. 이 명언은 마크 트웨인(Mark Twain)이 한 말로 알려져 있지만(인터넷을 검색하면 그런 결과가 나옴) 나는 그가 쓴 어느 책에서도 같은 문장을 발견할 수 없었다. 어쩌면 출처가 잘못 알려졌을 수도 있다.

2장 : 혁명가인가, 평화주의자인가?

1. Josephus, *Jewish Wars*, 2.13.3 &&254-55.

2. 같은 책. 2.8.1 &118; Josephus, *Antiquities of the Jews*, 18.1.6 &23; 18.1.1. &&5-7; 행 5:37.

3. Josephus, *Antiquities of the Jews*, 20.5.2 &102.

4. 같은 책. 20 &&97-98. 사도행전 5장 36절에 나오는 '드다'가 같은 사람인지, 아니면 그 전에 활약했던 반란군인지에 대해서는 논란이 이어지고 있다. '누가'는 그를 1세기(기원후 4년의 갈릴리인 유다 이전) 인물로 묘사하고 있기 때문이다.

5. Josephus, *Jewish Wars*, 2.13.5 &&261-63; *Antiquities of the Jews* 20.8.6 &&169-72; 행 21:38.

6. 물론 시몬은 종교적 열심당원이었을 가능성이 있다. 열심당원은 무력 투쟁하던 혁명가가 아니라 신앙에 열심이었던 사람들이었다. 어쩌면 시몬은 이전에 열심당원이었다가 좀 더 평화주의자였던 예수를 따르기로 결심한 사람인지도 모른다. 요세푸스는 '열심당원'을 유대교의 '네 번째 철학자'라고 했다(나머지는 '바리새인', '사두개인', '에세네파'다). 어떤 학자들은 '열심당'이라는 이름도 66~77년의 유대인 반란이 일어나기 전까지는 특정 반란군에게 사용한 이름이 아니었다고 주장한다. 그런 면에서 시몬의 열심당이 어떤 성격이었는지가 많은 의문을 낳고 있다.

7. J. S. Charlesworth, "Psalms of Solomon: A New Translation and Introduction", *The Old Testament Pseudepigrapha*, trans. R. B. Wright, ed. (Garden City, NY: Doubleday, 1985), 2:667.

8. *Rule of the Community* (1QS) 1:9-10; cf. 1QS 2:24; 5:25; War Scroll(1QM) 1:1.

9. Robert Ellsberg, ed., *Gandhi on Christianity* (Maryknoll, NY: Orbis Books, 1991); Martin Luther King Jr.의 연설 "원수를 사랑하라(Loving Your Enemies," Dexter Avenue 침례교회, 1957년 11월 17일, http://mlk-kpp01.stanford.edu/index/php/encyclopedia/documentsentry/doc_loving_your_enemies.

10. Josephus, *Antiquities of the Jews* 18.5.2 &&116-19.

3장: 성난 고발자인가 온유한 목자인가?

1. 예수의 인기에 대해서는 다음의 말씀들을 참조하라. 막 1:37; 2:2, 4, 13; 3:7-9, 20; 4:1, 36; 5:21, 24, 30-32; 6:14-15, 31-34; 7:24; 8:1-3; 9:14-15, 30; 10:1, 13; 11:18; 12:12, 37; 14:1-2 이 외에도 다른 복음서에 같은 이야기들이 기록되어 있다.

4장: 환경 보호론자인가 환경 파괴자인가?

1. 예를 들어 마태복음 9:18-26에서 야이로의 딸을 고치신 이야기는 마가복음의 평행구절인 5:21-43절에서 두 배로 상세하게 기록되어 있다.

2. T.W. Manson, "The Cleansing of the Temple," *Bulletin of the John Rylands Library* 33(1951): 259.

3. 러셀, 『나는 왜 그리스도인이 아닌가』, (사회평론, 2005).

5장 : 율법주의자인가 은혜 충만한 분인가?

1. 'Basic Life Principles' 단체의 전신은 'Institute in Basic Youth Conflicts'다. 이 단체의 역사와 고다드 목사 세미나를 보고싶다면 'Basic Life Principles' 홈페이지(www.iblp.org)를 참조하라.

2. Alissa Wilkinson, "A Sound Foundation," Alissa Wilkinson 블로그, 2014년 2월 28일, www.alissawilkinson.com/blog/a-sound-foundation.

3. 같은 출처.

4. Sara (Roberts) Jones, "Dear Mr. Gothard: One Students' Letter," *Recovering Grace*, 2013년 1월 24일, www.recoveringgrace.org/2013/01/dear-mr-gothard-one-students-letter.

5. 이 인물묘사는 복음서의 말씀들을 종합해서 만든 것이다. 공관복음서는 전부 그를 부자라고 했고 누가복음만 그를 '관리'라고 했으며(눅 18:18), 마태복음만 그가 청년이었다고 기록했다(마 19:20).

6. Leviticus Rabbah 35.6.에 나오는 Acha 랍비 (AD 320)의 말 인용.

7. *Lamentations Rabbah* 1.34.

8. T. France, *The Gospel of Matthew*, New International Commentary (Grand Rapids: Eerdmans, 2007), 748-49.

9. 신 28:1-14; 욥 1:10; 42:10; 시 128:1-2; 잠 10:22; 사 3:10; 집회서 11:17; 31:5-10.

10. R.H. Gundry, *Mark: A Commentary on His Apology for the Cross* (Grand Rapids: Eerdmans, 1993), 565.

6장 : 지옥 불을 외치던 전도자인가 온유한 목자인가?

1. 사도 바울은 데살로니가전서 5장 3절과 데살로니가후서 1장 6-9절 등의 말씀에서 악인들이 형벌을 받을 것이라고 했지만 지옥을 거론하지는 않았다.

2. 외경-에녹1서 26-27; 90:26; 에스드라2서 7:36; 바룩2서 59:5-11.

3. 지옥을 뜻하는 3번째 용어 '타르타루스'는 베드로후서 2장 4절에만 나온다. 그곳은 사후에 받는 고통과 형벌의 장소를 의미한다고 볼 수 있다.

4. 다음의 인터넷 자료들을 참조하라. Mike Floorwalker, "해결되지 않은 10개의 끔찍한 연쇄살인사건(10 Terrifying Unsolved Serial Murders)," *Listverse*, 2013년 4월 17일. www.listverse.com/2013/04/17/10-terrifying-unsolved-serial-murders."미해결 범죄 탑 10(Top 10 Unsolved Crimes)," *Time*, 2015년 3월 27일 접속, http://content.time.com/time/specials/packages/completelist/0,29569,1867198,00.html.

5. 이 견해의 최근 변론을 보려면 다음 책의 논문들을 참조하라. C. W. Morgan and R.A. Peterson, eds., *Hell Under Fire: Modern Scholarship Reinvents Eternal Punishment* (Grand Rapids: Zondervan, 2004).

6. 이 견해의 최근 변론을 보려면 다음의 책을 참조하라. Sharon L. Baker, *Razing Hell: Rethinking Everything You've Been Taught About God's Wrath and Judgment* (Louisville: Westminster John Knox, 2010); cf. Rob Bell, *Love Wins: A Book About Heaven, Hell, and the Fate of Every Person Who Ever Lived* (New York: HarperOne, 2011).

7. 다음의 성경 말씀을 참조하라. 요 3:18; 5:29; 12:25, 48; 행 13:46; 28:24-27; 롬 2:5-12; 6:23; 고전 6:9-10; 갈 6:7-8; 고후 4:3-4; 엡 5:6; 골 3:6, 25; 빌 1:28; 3:19; 딤전 4:16; 5:24; 6:9; 히 3:14-19; 6:4-8; 10:26-31, 39; 벧후 2:3, 6, 9-10, 17, 20-22; 3:7, 16; 요일 2:19; 3:10, 15; 5:16; 계 20:11-15; 22:15.

8. 영혼소멸론의 변론은 다음의 책을 참조하라. Edward William Fudge, *The Fire That Consumes: A Biblical and Historical Study of the Doctrine of Final Punishment*, 3rd ed. (Eugene, OR: Wipf & Stock, 2011); David L. Edwards and John R. W. Stott, *Evangelical Essentials: A Liberal-Evangelical Dialogue* (Downers Grove, IL: InterVarsity Press, 1988); David Hilborn, ed., *The Nature of Hell: A Report by the Evangelical Alliance Commission on Unity and Truth Among Evangelicals* (Carlisle, UK: ACUTE/Paternoster, 2000).

9. Edwards and Stott, *Evangelical Essentials*, 316.

7장 : 가정이 깨지길 바라던 분인가 가정 화목을 바라던 분인가?

1. Ronald Enroth, Youth, *Brainwashing, and the Extremist Cults* (Grnad Rapids: Zondervan, 1977), 84. Enroth의 모든 책들이 비슷한 주제들을 다루고 있음.

2. James R. Lewis, *The Encyclopedia of Cults, Sects and New Religions* (Amherst, NY:Prometheus, 1998); James R. Lewis, *Cults: A Reference Handbook*, Contemporary World Issues (Santa Barbara: ABC-CLIO, 2005).

3. Eusebius, *Church History* 6.8. 역사가들 중에는 이 이야기에 의혹을 품는 사람들이 있다.

4. R.T. France, *The Gospel of Matthew, New International Commentary on the New Testament* (Grand Rapids: Eerdmans, 2007), 723-24.

5. 이 이야기를 비롯해 비슷한 이야기들이 "More Than Dreams"라는 영화에 나온다 (Worcester, PA: Vision Video, 2007). 이 영화에서는 각각의 출연자들이 자신의 체험담을 이야기하고 있으며 모든 게 사실이라고 증언했다.

6. Joseph Hellerman, *When the Church Was a Family: Recapturing Jesus' Vision for Authentic Christian Community* (Nashville: B&H Publishing, 2009), 74.

7. F.F. Bruce, *The Hard Sayings of Jesus* (Downers Grove, IL: IVP Academic, 1983), 120.

8장 : 인종차별주의자인가 포용주의자인가?

1. Mary Beard, "그리스와 로마의 인종차별(Racism in Greece and Rome)," The Times Literary Supplement, 2007년 1월 22일자. http://timesonline.typepad.com/dons_life/2007/01/racism_in_greec.html.

2. 누가복음에서는 유대인 장로들이 예수에게 와서 로마백부장의 부탁을 전달하지만 마태복음에서는 백부장이 직접 와서 부탁을 하는 것으로 되어 있다. 유대인 장로들이 중간역할을 한 것을 이야기에서 배제한 것으로 보인다.

9장 : 성차별주의자인가, 성평등주의자인가?

1. Josephus, *Against Apion* 2.25 &201.

2. Josephus, *Antiquities of the Jews* 4.8.15 &219.

3. Philo, *Embassy to Gaius* 40(319). Philo, *On the Creation* 59(165).

4. Philo, *Questions and Answers on Genesis* 1.33.

5. 같은 책, 1.34.

6. Mishnah *Abot* 1.5.

7. 바빌로니안 탈무드 Menahot 43b. 어떤 이들은 이 기도가 알려진 만큼 매정한 내용이 아니라고 말한다. 남자는 이교도와 여성과 노예들과 달리 토라를 공부할 기회를 가졌기에 축복받았다는 뜻으로 이해한다면 남자의 우월성을 내세우는 게 아니라 특권에 감사하는 기도라고 할 수 있다.

8. Mark L. Strauss, *Truth and Error in the Da Vinci Code* (San Diego: Alethinos Books, 2006), 61-70.

9. 마 26:6-13; 27:56, 61; 28:1; 막 15:40, 47; 16:1; 눅 7:36-50; 8:2; 24:10; 요 7:53-8:11; 12:1-8; 19:25; 20:1-18. 6세기 후반의 교황 그레고리오 1세가 어떤 설교에서 성경에 나오는 여성들은 모두 한 사람이고 같은 마리아라고 말한 뒤부터 이런 혼란이 가중되었다(Homily 33, *Homiliarum in evangelia*, libri 2, Patrologia Latina 76 [Paris: J.-P. Migne, 1844-1864], col. 1239).

10. 이 견해에 대해서는 다음의 책을 참조하라. *Recovering Biblical Manhood and Womanhood: A Response to Evangelical Feminism*, ed. John Piper and Wayne Grudem (Wheaton, IL: Crossway, 2012).

11. 평등주의에 대한 변론은 다음의 책을 참조하라. *Discovering Biblical Equality: Complementarity Without Hierarchy*, ed. Ronald W. Pierce, Rebecca Merrill Groothuis and Grodon D. Fee (Downers Grove, IL: IVP Academic, 2005).

12. 이스라엘의 12지파는 사실상 13지파라고 해야 한다. 요셉의 두 아들인 므낫세와 에브라임이 각각 지파를 형성했기 때문이다. 그러나 레위 족속이 제사장 지파라서 땅을 상속할 수 없기에 지파의 수는 열둘이 되었다.

13. 이 문제는 내가 저술한 다음의 책에서 더 상세한 내용을 찾아볼 수 있다. *How to Read the Bible in Changing Times* (Grand Rapids: Baker, 2011), 238-42, 또한 다음의 기사도 참조하라. "Is There Such a Thing as a Complegalitarian?," *Church Leaders*, 2015년 3월 30일 접속, www.churchleaders.com/pastors/pastor-articles/138365-is-there-such-a-thing-as-a-complegalitarian.html.

10장 : 예수는 반(反) 유대주의자였는가?

1. Martin Luther, "Warning Against the Jews" (1546), *Dr. Martin Luther's Sämmtliche Schriften*, ed. J.G. Walch (St. Louis: Concordia, 1883), 12:1264-67.

2. Robert Michael, *Holy Hatred: Christianity, Antisemitism, and the Holocaust* (New York: Palgrave Macmillan, 2006); Robert Michael, "Luther, Luther Scholars and the Jews," *Encounter* 46, no. 4 (Autumn 1985): 339-56.

3. 마태복음 28장 15절은 예외적이다. "군인들이 돈을 받고 가르친 대로 하였으니 이 말(예수의 시신을 도난당했다는 말)이 오늘날까지 유대인 가운데 두루 퍼지니라." 그러나 이것은 훗날 교회에서 논쟁이 일어났음을 시사한다.

4. 행 13:45; 14:1-5, 19; 17:4-5, 13; 18:12; 20:3; 21:20-21, 27; 23:12; 24:5-9; 25:7.

5. Suetonius, *Twelve Caesars*, Claudius 25.4.

11 장 : 실패한 선지자인가, 승리한 왕인가?

1. Evrett N. Dick, *William Miller and the Advent Crisis* (Berrien Springs, MI: Andrews University Press, 1994); George R. Knoght, *Millennial Fever and the End of the World* (Boise: Pacific Press, 1993).

2. 종말론과 후천년설의 역사를 알고 싶다면 다음의 책을 참조하라. Richard Kyle, *The Last Days Are Here Again: A History of the End Times* (Grand Rapids: Baker, 1998).

3. Albert Schweitzer, *The Quest of the Historical Jesus: A Critical Study of Its Progress from Reimarus to Wrede*, trans. W. Montgomery (1906; repre., New York: Macmillan, 1954), 370-71.

4. Bart D. Ehrman, *Jesus: Apocalyptic Prophet of the New Millennium* (Oxford: Oxford University Press, 1999), 243.

5. 거짓 선지자: 막 14:65; 눅 7:39; 안식일을 어김: 막 2:23-28//마 12:1-8//눅 6:1-5; 막 3:1-6//마 12:9-14//눅 6:6-11; 눅 13:10-17; 14:1-6; 요 5:1-18; 7:19-24; 사탄의 권세로 귀신을 쫓아냄: 막 3:22-27//마 12:25-29//눅 11:14-22; 신성모독: 막 2:7//마 9:3//눅 5:21; 막 14:63-64; 눅 22:70-71; 요 10:33.

6. 막 6:4//눅 4:24//요 4:44; 막 12:1-11//마 21:33-46//눅 20:9-19; 마 5:12; 13:57; 23:29-39; 눅 6:23, 26; 눅 11:47-50; 13:33-35.

7. 창 5:24; 삼상 28:1-25; 왕하 2:11; 욥 19:25-27; 시 16:10; 49:15; 73:24; 사 25:8; 26:19; 53:11; 겔 37.

8. 사 13:10; 24:23; 겔 32:7; 암 5:20; 8:9; 욜 2:10; 3:15; 습 1:15; 계 6:12; 8:12.

9. 고전 15:23; 살전 2:19; 4:15; 5:23; 살후 2:1, 8; 벧후 3:4, 12; 고전 11:26; 15:52; 16:22; 살후 1:7; 계 1:7; 22:7, 12, 20.

10. C. E. B. Cranfield, *The Gospel According to Saint Mark*, rev. ed. (Cambridge: Cambridge University Press, 1977), 500.

11. Mark L. Strauss, *Mark, Zondervan Exegetical Commentary on the New Testament* (Grand Rapids: Zondervan, 2014), 564-67.

12. 마 22:44; 26:64; 막 12:36; 14:62; 눅 20:42-43; 22:69; 행 2:34; 5:31; 7:56; 롬 8:34; 고전 15:25; 엡 1:20; 골 3:1; 히 1:3, 13; 8:1; 10:12-13; 벧전 3:22; 계 3:21; 히 5:6; 7:17, 21.

13. 아이러니하게도 예수의 재림을 계산하는데 이 말씀이 사용되곤 했다. Richard Kyle, *The Last Days Are Here Again: A History of the End Times* (Grand Rapids: Baker, 1998), 36-37.

12장 : 부패한 시체인가 부활한 구주인가?

1. 다음 책들의 내용을 참조하라. John Dominic Crossan and N. T. Wright, *The Resurrection of Jesus: John Dominic Crossan and N.T. Wright in Dailogue* (Minneapolis: Fortress, 2005); Paul Copan and Ronald K. Tacelli, eds., *Jesus' Resurrection: Fact or*

Figment? A Debate Between William Lane Craig & Gerd Ludemann (Downers Grove, IL: IVP Academic, 2000); Gary Habermas and Antony G. N. Flew, *Did Jesus Rise from the Dead? The Resurrection Debate* (New York: HarperCollins, 1987).

2. 상세한 내용은 내가 저술한 다음의 주석을 참조하라. Mark, Zondervan Exegetical Commentary (Grand Rapids: Zondervan, 2014), 714-23, 그 외 어떤 주석을 참조해도 좋다.

3. 부활하신 예수의 나타나심을 개괄적으로 설명한 나의 책을 참조하라. *Four Portraits, One Jesus: A Survey of Jesus and the Gospels* (Grand Rapids: Zondervan, 2007), 513.

4. Bart D. Ehrman, *Jesus: Apocalyptic Prophet of the New Millennium* (Oxford: Oxford University Press, 1999), 228.

5. Bart Ehrman, *Jesus, Interrupted: Revealing the Hidden Contrdictions in the Bible* (New York: HarperOne, 2009), 175-76.

6. David Hume, *An Enquiry Concerning Human Understanding*, ed. L.A. Selby-Bigge, 3rd ed. (Oxford: Clarendon Press, 1975).

7. Craig S. Keener, *Miracles: The Credibility of the New Testament Accounts* (Grand Rapids: Baker Academic, 2011), 1:108.

8. 같은 책, 1:1-6.

9. 십자가에서 기절했다가 살아났다는 설을 자세히 알고 싶으면 다음의 책을 참조하라. Josephus, *Life of Flavius Josephus* 75 &&420-21. 예루살렘이 점령당했을 때 요세푸스는 십자가에 달린 세 친구를 위해 로마 디도 장군에게 간곡히 부탁하여 그들을 내려달라고 했다. 디도의 허락을 받아 그들을 바다에 내려놓고 의사의 치료를 받게 했지만 얼마 못가서 그 중 두 명이 연달아 죽었다. 어설프게 형을 집행한 게 아니라 그냥 도중에 형을 중단한 것이었는데도 세 명중 두 명이 죽었다는 건 예수도 그 상황에서 사망을 이기고 승리했다고 외치며 살아날 가능성이 없었음을 시사한다.

10. Erhman, *Jesus, Interrupted*, 178.

11. Josephus, *Antiquities of the Jews* 18.3.3 &&63-64; Tacitus, *Annales ab Excessu Divi Augusti* 15-44.

12. John Dominic Crossan, *Jesus: A Revolutionary Biography* (San Francisco:

HarperSanFrancisco, 1994), 123-58.

13. David Friedrich Strauss, *The Life of Jesus Critically Examined*, trans. George Eliot and ed. Peter C. Hodgson (Philadelphia: Fortress, 1972), 739.

14. Gerd Ludemann, *What Really Happened to Jesus?*, trans. John Bowden (Louisville: Westminster John Knox, 1993), 80.

15. Paula Fredriksen, *From Jesus to Christ* (New Haven, CT: Yale University Press, 2000), 133.

16. E. P. Sanders, *The Historical Figure of Jesus* (New York: Penguin, 1993), 280.

17. 내가 '경향이 있다'라고 말한 이유는 어떤 환영들은 매우 실제적이고 심지어 육신을 갖고 있는 경우도 보고되었기 때문이다. 죽은 사람에 대한 환영과 부활하신 예수의 나타나심에 대해 그 유사성과 차이점을 논한 흥미로운 내용을 알고 싶다면 다음의 책을 참조하라. Dale Allison, *Resurrecting Jesus: The Earliest Christian Tradition and Its Interpreters* (New York: T&T Clark, 2005).

18. N. T. Wright, *The Resurrection of the Son of God* (Minneapolis: Fortress, 2003), 686-96.

19. Craig S. Keener, *The Historical Jesus of the Gospels* (Grand Rapids: Eerdmans, 2012), 342.

구약

창세기
1:28	96
2	204
12	184
12:1-3	185
29:30	168
29:31	169
49:9-10	23

출애굽기
13:9	58
13:16	58
19-20	244
20:12	155
21:17	155

레위기
19:18	194
25	189

민수기
15:38	58

신명기
5:16	155
6:5	194
6:8	58
11:18	58
14:2	185
21:1	
21:15	168
22:12	58

여호수아
3	26
6	26

열왕기상
11:29-31	91
16:31	166
18:13	166
19:19-21	168

열왕기하
23:10	134

역대하
28:3	134
33:6	134

이사야
2:4	97
5:1-7	92
8:1-4	91
9:6-7	27
11:4	27
11:6	100
11:6-9	98
11:9	100
20:1-6	91
24:23	238
25:6-8	63
25:7-8	241
26:19	42
28:4	91
29:18-21	239
32:15	247
35	42
35:5-6	42 64 97 239 240 241
35:6	42
35:9-10	42
37:16	237
40-55	185
42:6	249
44:3	124
49:3	185
49:6	185 196 249
53	243
53:5	39
53:11	244
55:8-9	148
56:7	69 196
61	189
61:1	239
65:25	98
66:24	141 147

예레미야
7:11	69
7:31	134
8:13	91
19:1-13	91
19:5-6	134
23:5-6	23
24:1-10	91
24:2	94
27:1-22	91
29:17	91
31	124
31:31-34	124 244

32:35	134

에스겔

4:1-15	91
36:26-27	124
39:29	247

다니엘

7:13	259
7:13-14	248 253 263
12	246
12:1-3	246
12:2	133
12:2-3	43
12:3	246

호세아

1:2	91
2:12	91
9:10	91
9:16-17	91

요엘

2:28	124
2:28-32	247

아모스

9:11-12	249

미가

7:1	91

스가랴

9:9	67
12:10	259

외경

집회서

12:4-7	35
33:20	109
33:22	109
33:24	109
50:25-26	180

신약

마태복음

3:10	30
3:12	30
4:1-11	39
4:17	234
4:18-22	158
4:19-22	158
4:20	206
4:22	206
5:9	34
5:17	122
5:19-20	106
5:20	123
5:21-22	106
5:21-30	124
5:22	135
5:23	99
5:27-28	106
5:29-30	108
5:39	34
5:40	34
5:41	34
5:43	34
5:44	35
5:48	34
6:10	252
7:3-5	53
7:13-14	107
7:28	53
8:4	99
8:5-13	187
8:10	187
8:10-12	136
8:11-12	187
8:12	140
8:19	206
8:21-22	159
8:22	206
8:28-34	14
8:29	84
9:3	57
9:9	206
9:13	74
9:18-26	286
9:20-22	206
9:21	206
9:34	57
10	252
10:1-4	209
10:2	209
10:2-16	209
10:4	29
10:5-6	184 253
10:6	185
10:16	162
10:17	253
10:21-22	162

10:23	252	16:18	135	21:42	95
10:28	135	16:21	38	22:1-14	123
10:34	23	16:24	120	22:2-14	55
10:34-35	30	16:24-27	253	22:13	136
10:37	155	16:27	250	22:14	107
10:38	206	16:28	252	22:21	36
11:2-6	41	17:1	255	23:9	159
11:5	41	17:1-8	254	23:10	169
11:12	16	18:8-9	108 120	23:13-36	58
11:19	52	18:9	140	23:33	59
11:23	135	19	160	24:1-51	250
12:14	57	19:9	160	24:2	70
12:24	57	19:10	160	24:29	234
12:28	239	19:11-12	160	24:30-34	234
12:29	44	19:12	120	24:34	256
12:30	65	19:16-22	107	24:36	85
12:31-32	16	19:16-30	117	24:51	136
12:43-45	83	19:21	206	25:29	140
12:46-50	158	19:24	53	25:30	141
12:48-49	155	19:27	206	25:31	252
12:50	167	19:28	57	25:31-46	250
13:40-43	250 252	19:29	160	25:41	136
13:42	135	20:1-16	116	26:6-13	206
13:45-46	120	20:28	244	26:20	209
13:50	135	21:1-9	67	26:26	243
14:3-5	41	21:9	68	26:28	243
14:34-36	56	21:12-13	69	26:32	270
15:3-7	156	21:12-16	32	26:61	70
15:21-28	181 205	21:12-22	14	26:64	253
15:24	181 184	21:13	69	27:16	33
15:26	182	21:18-22	87	27:21-24	219
15:28	182	21:23-27	70	27:24-25	219
16:13-16	37	21:23 – 22:46	70	27:37	32
16:13-20	241	21:33-46	71	27:38	33

27:40	70	3:20-35	90	9:1	252
27:55-56	207	3:21	276	9:2	255
27:57	275	3:22	57	9:2-13	254
27:57-61	274	3:28-29	187	9:9	267
27:61	207	3:31-35	158	9:31	241
28:1-7	268	3:33-35	155	9:43-48	108
28:1-8	207	3:35	165	9:48	134
28:2	269	4:39	80	9:49	16
28:8-10	268	4:41	80	10:14-15	74
28:9	269	5:1-20	80	10:18	117
28:10	270	5:3-5	82	10:17-22	107
28:11-15	275	5:7	82	10:17-31	117
28:16-20	268	5:9	83	10:20	118
28:18	248	5:20	87	10:21	107
28:18-20	253 186 196	5:21-43	43	10:25	117
		5:25-34	206	10:26	118
마가복음		5:28	55	10:27	119
1:12-13	39	6:1-6	192	10:29-30	160
1:14-15	234	6:8-11	209	10:33	241
1:15	29	6:17-20	41	10:33-34	195
1:16-20	158	6:30	209	10:45	245
1:20	158	6:53-56	56	11:1-10	67
1:22	53	7:9-13	156	11:10	68
1:25	81	7:24	181	11:12-14	87
1:33-34	55	7:24-30	181	11:12-24	14
1:44	99	7:27	184	11:12-26	91
2:7	57	8:27-29	37	11:15-17	69
2:16	62	8:27-30	241	11:15-18	32
2:17	74	8:30	38	11:17	69
3:6	57	8:31	38	11:20-26	87
3:10	55	8:32-33	39	11:27-33	70
3:13-19	209	8:34	120	11:27 – 12:40	70
3:18	29	8:34-38	253	12:1-12	71
3:20-21	158	8:38	250	12:10-11	95

12:12	71	15:47	207	6:13	209
12:17	36	16:1	269	6:15	29
12:41-44	205	16:1-8	207 267	6:19	55
13:1-37	250 255	16:5	269	6:20	56
13:2	70	16:6	267	6:29	34 57
13:5-23	257	16:7	270	6:41-42	53
13:12	162 163	16:8	269	7:1-10	187
13:24-25	234 257	16:9-20	268	7:9	187
13:24-27	256 257	20-26	87	7:11-16	43
13:26	257			7:11-17	206
13:26-27	257	**누가복음**		7:18-23	41
13:26-30	234	1:71	191	7:22	239 41
13:28-31	257	2:41-52	156	7:34	52
13:30	256	2:48	157	7:36-50	206
13:32	85	2:51	157	8:1-3	207
13:32-37	257	3:9	30	8:2	208
14:3-9	206	3:16	41	8:19-21	158
14:12	99	3:17	30	8:21	167 155
14:17	209	4:1-11	39	8:26-39	14 80
14:22	243	4:14-30	188 199	8:27	82
14:24	243	4:18-19	189	8:31	83
14:28	270	4:20	190	8:35	87
14:53-72	90	4:21	190	8:39	87
14:58	70	4:22	190	8:40-56	43
14:62	253 258	4:24	242	8:43-48	206
15:7	33	4:24-27	191	9:2-5	209
15:12-14	219	4:28-30	192	9:18-21	241
15:26	32	4:32	53	9:19-20	37
15:27	33	5:11	158	9:22	38 65
15:29	70	5:14	99	9:23	120
15:40-41	207	5:21	57	9:23-27	253
15:41	206	5:32	74	9:26	250
15:43	275	6:11	57	9:27	234 252 254
15:43-47	274	6:12-16	209	9:28	255

9:28-36	254	15	108	21:32	256 258
9:52-56	196	15:12	108	22:7	99
9:59-60	159 167	15:18-19	111	22:14	209
9:60	16	15:20	112	22:19-20	243
9:61-62	167	15:21-22	112	22:20	124
9:62	159	15:23	112	22:30	57 210
10:15	135	15:25-28	113	22:36-38	30
10:17-18	44 239	15:28-29	113	22:69	253 259
10:25	55 193	15:31-32	114 113	23:19	33
10:25-37	192	16:23	135 136	23:20-23	219
10:29	194	17:11-19	196	23:32	33
10:33-34	195	18:1-8	206	23:38	32
10:36-37	195	18:9-14	54	23:49	207
10:38-42	208	18:14	54	23:50	275
10:39	87	18:18-23	107	23:50-54	274
10:41-42	208	18:18-30	117	23:55	207
11:15	57	18:25	53	24	270
11:20	44 239	18:29-30	160	24:1-8	207 275
11:21-22	44	19:28-40	67	24:1-12	268
11:23	65 162	19:38	68	24:4	269
12:5	135	19:43-44	70	24:11	269
12:46	13	19:45-46	69	24:13-35	268
12:49	23 30 76	19:45-47	14 32	24:34	276
12:51-53	30	19:46	196	24:36-49	268
13:6-9	88	20:1-8	70	24:39-43	278
13:22-24	107	20:1-44	70	24:50-51	268 270
13:25	123	20:9-19	71 93		
13:28	136	20:17	95	**요한복음**	
13:28-29	187	20:25	36	2:13	223
13:33	242	21:1-4	205	2:13-17	69
14:12-14	115	21:5-36	250 255	2:14-25	32
14:15-24	114	21:6	70	2:19	70
14:16-24	55	21:16	162	3:3-7	167
14:26	155 159 175	21:27-32	234	3:36	145

4	205
4:22	184 223
5:14	106
6:4	223
6:70	209
7:5	157 276 279
7:13	222
8:7	206
8:31-47	225
8:44	86
9	222
9:22	222
9:41	225
10:8-13	225
11:1-42	208
11:25	43
12:1-8	206
12:12-19	67
12:13	68
12:32	142
14:6	142
19	223
19:14-15	219
19:19	32
19:38	223
19:38-42	274
20	270
20:1	269
20:1-10	269
20:1-18	275
20:3-10	270
20:11-13	269
20:11-18	269
20:14-18	207
20:14-25	32
20:24-28	278
20:26-29	269
21:1-23	269

사도행전

1:1-11	268
1:3-11	268 270
1:8	186 196
1:13	29
1:14	276 279
2	124
2:16-21	247
2:31	274
2:32-36	248
2:33	248
3:21	143
5:36-38	246
8:12	249
9	279
9:22	279
9:26	279
12:17	276
13:36-38	274
13:46	186
13:46-47	186
13:47	249
15:13	279
15:16-17	249
	249
18:2	203
18:6	186
18:18-19	203
18:26	203
19:8	249
21:38	26
22:3	208
28:23	249
28:31	249

로마서

1:16	187
2:6	146
2:12	145
5:8	127
5:18	143
6:22	120
8:1-17	125
8:15	167
8:29	43
10:4	122
11:32	143
16:1	203
16:3	203
16:7	203

고린도전서

3:16	95
6:9	145
9:1	279
9:5	276
11	243
11:5-6	202
11:23	243
11:24-25	243
11:25	124 244
14:34	202
15:3-4	274

15:3-8	276	
15:4	275	
15:5	276	
15:6	278	
15:7	279	
15:8	278	
15:14-15	266	
15:17	266	
15:19	266	
15:20	278 43 246	
15:22	143	
15:23	43	
15:35-54	278	
15:42-44	246	
15:50-56	247	
15:50-57	43	
15:52-53	43	

고린도후서
5:17	125
6:16	95
11:24	226

갈라디아서
1:1	31
1:3	31
1:13-16	279
1:19	279
2:20	122
3:26	167
3:28	211
6:7-8	145

에베소서
2:8-9	125
2:21	95
5:21	212
5:22	202
5:22-24	212

빌립보서
2:10-11	260
3:6	279
4:2-3	203

골로새서
1:18	245
1:19-20	143
3:18	202

데살로니가전서
1:1	31
1:3	31
3:13	250
4:16-17	234

디모데전서
2:3-4	144
2:4	144
2:5	142
2:11-12	202
2:12	210

디도서
2:5	202
2:11	143

히브리서
8-10	251
8:6-13	124
9:27	144
10:1	122
10:11-14	95
10:14	122
10:26-27	146

야고보서
1:1	31
2:1	31
2:14-26	125
5:7-8	150

베드로전서
2:5	211
2:9	211
3:1	212
5:8	86

베드로후서
1:16	250
2:4	84
3:4	260
3:8	260
3:9	260

요한일서
2:28	250
3:1-2	167
3:10	167
3:16	46
4:11	127

5:12	142

요한계시록

1:7	160
2:20-22	166
7:9-10	197
9:1-2	84
9:11	84
11:7	84
17:8	84
19:20	135
20:1	84
20:3	84
20:10	135
20:13-15	135

나쁜 예수 그 오해와 진실

지은이 마크 L. 스트라우스
옮긴이 안정임

2018년 12월 25일 1판 1쇄 펴냄

펴낸곳 도서출판 예수전도단
출판 등록 1989년 2월 24일(제2-761호)
주소 서울특별시 마포구 성지 1길 7 (합정동)
전화 02-6933-9981 · **팩스** 02-6933-9989
전자우편 publ@ywam.co.kr
홈페이지 www.ywampubl.com

ISBN 978-89-5536-577-1

책값은 뒤표지에 있습니다.
잘못된 책은 바꾸어 드립니다.